Ekbert Hering
Andreas Hermann
Eckard Kronmüller

Unternehmenssimulation mit dem PC

Computerliteratur

Mathematische Probleme der Betriebswirtschaft in BASIC mit dem IBM PC
von E. Hering

Marketing mit dem PC
von E. Hering und U. Mühleisen

Turbo Pascal Tools
Mathematische Verfahren und Programmroutinen zur Auswertung experimenteller Daten
von M. Weber

Systemdynamik
Grundwissen, Methoden und BASIC-Programme zur Simulation dynamischer Systeme
von H. Bossel

Dynamische Systeme und Fraktale
Computergrafische Experimente mit Pascal
von K.-H. Becker und M. Dörfler

Vieweg

Ekbert Hering
Andreas Hermann
Eckard Kronmüller

Unternehmenssimulation mit dem PC

Friedr. Vieweg & Sohn Braunschweig / Wiesbaden

CIP-Titelaufnahme der Deutschen Bibliothek

Hering, Ekbert:
Unternehmenssimulation mit dem PC /
Ekbert Hering; Andreas Hermann;
Eckard Kronmüller. – Braunschweig;
Wiesbaden: Vieweg, 1989
ISBN-13:978-3-528-04604-0 e-ISBN-13:978-3-322-84094-3
DOI: 10.1007/978-3-322-84094-3
NE: Hermann, Andreas:;
Kronmüller, Eckard:

Das in diesem Buch enthaltene Programm-Material ist mit keiner Verpflichtung oder Garantie irgendeiner Art verbunden. Die Autoren und der Verlag übernehmen infolgedessen keine Verantwortung und werden keine daraus folgende oder sonstige Haftung übernehmen, die auf irgendeine Art aus der Benutzung dieses Programm-Materials oder Teilen davon entsteht.

Der Verlag Vieweg ist ein Unternehmen der Verlagsgruppe Bertelsmann.

Alle Rechte vorbehalten
© Friedr. Vieweg & Sohn Verlagsgesellschaft mbH, Braunschweig 1989

Das Werk einschließlich aller seiner Teile ist urheberrechtlich geschützt. Jede Verwertung außerhalb der engen Grenzen des Urheberrechtsgesetzes ist ohne Zustimmung des Verlags unzulässig und strafbar. Das gilt insbesondere für Vervielfältigungen, Übersetzungen, Mikroverfilmungen und die Einspeicherung und Verarbeitung in elektronischen Systemen.

Umschlaggestaltung: Ludwig Markgraf, Wiesbaden

ISBN-13:978-3-528-04604-0

Vorwort

Unternehmerische Entscheidungen müssen schnell gefällt werden und sind oft von großer Tragweite. Bei den vielen Unsicherheiten über Märkte, Produktentwicklungen und das Verhalten der Wettbewerber sowie die äußerst komplexen, einem ständigen Wandel unterworfenen Beziehungen der Unternehmen zu den Beschaffungs- und Absatzmärkten reicht die momentane Kenntnis der Daten über alle diese Bereiche nicht aus. Vielmehr müssen die Grundstrukturen aufgezeigt und die einzelnen Systemelemente in ihren gegenseitigen Abhängigkeiten und Beeinflussungsgraden berücksichtigt werden. Schon vor etlichen Jahren hat sich das vernetzte Denken in dynamischen Systemstrukturen in den Wirtschaftswissenschaften unter der Beziehung *System Dynamics* etabliert. Aufgabe der Simulation ist es, ein Modell des Unternehmens zu erstellen und sein Verhalten in einer dynamischen Umgebung zu untersuchen. Ihr Ziel ist es, Organisations-, Fertigungs- und Produktstrukturen sowie Marktbeziehungen so zu gestalten, daß Unternehmen in einer rasch sich ändernden Umgebung ertragreich überleben können.

In diesem Buch haben wir zur Modellerstellung eigene Symbole entworfen, die es nach unserer Meinung besser erlauben, sowohl die einzelnen Systemelemente klar zu unterscheiden, als auch das Gesamtsystem in seiner dynamischen Wirkungsvielfalt vorhersagbar und erfahrbar zu machen. Zur Simulation auf dem PC haben wir keine eigenen Programme entwickelt, sondern haben die bereits in vielen Simulationsmodellen weltweit erprobte Sprache DYNAMO verwendet. Mit der Version Professional DYNAMO Plus von der Firma Pugh-Roberts Association steht ein äußerst leistungsfähiges und benutzerfreundliches Softwarepaket zur Verfügung, das wir eingesetzt haben. Deshalb war es möglich, in relativ kurzer Zeit diese Modelle zu programmieren und sich vor allem den Ergebnissen der Simulation zuzuwenden.

Das vorliegende Buch ist in folgende Kapitel gegliedert:

Im *ersten* Kapitel wird eine *Einführung* in die *Simulation* gegeben und die Methode des *Systems Dynamics* in ihren Vorteilen gegenüber anderen Verfahren diskutiert.

Das *zweite* Kapitel stellt das *Grundmodell* einer Unternehmung vor, bestehend aus den Bereichen Beschaffung, Produktion und Absatz. Das Verhalten wird simuliert und die Auswirkungen von Störungen in der Beschaffung, in der Produktion und im Absatz getestet.

Die *Beschaffung* und die *Lagerhaltung* stehen im Mittelpunkt des *dritten* Kapitels. Dabei wird die bedarfs- und verbrauchsgesteuerte Disposition betrachtet. Bei der verbrauchsgesteuerten Disposition wird das Verhalten bei Lieferausfällen oder höherer Absatzmengen für das Bestellpunkt- und das Bestellrhytmusverfahren sowie das Drei-Behälter-System simuliert.

Im *vierten* Kapitel werden im Bereich der *Produktion* unterschiedliche Organisationstypen diskutiert. Es sind dies die *Werkstattfertigung*, die *Fließfertigung* und die *Kanban-Steuerung*. In allen drei Fällen werden die Stückzahlveränderungen bei Produktionsstörungen, bei Produktionsengpässen und Absatzmengenschwankungen analysiert.

Das *fünfte* Kapitel behandelt den *Absatz*. Dabei stehen drei Problemkreise zur Diskussion: Die Rolle der *Wettbewerbskräfte*, die Wirkungen von *Marketing-Maßnahmen* zur Stärkung der Wettbewerbsposition und die Rolle der Abhängigkeiten von *Wechselkursschwankungen*. Dieses Kapitel nimmt einen besonders breiten Raum ein, weil vor allem die Chancen und Gefahren in den Märkten für viele Unternehmen zur Überlebensfrage geworden sind.

Im *sechsten* Kapitel werden alle besprochenen Teilbereiche zu einem *Gesamtmodell* der Unternehmung zusammengefaßt und vor allem die *Kosten- und Ertragsentwicklung* bei Nachfragestörungen, Produktveralterung oder Rohmaterialpreiserhöhung untersucht.

Die *prinzipielle Vorgehensweise* bei der Modellerstellung wird in Kapitel *sieben* vorgestellt.

Kapitel *acht* führt in das Programmieren von DYNAMO ein und zeigt das Arbeiten mit dem Softwarepaket Professional DYNAMO Plus.

Im *Anhang* sind die Programme für alle durchgeführten Modelle zusammengestellt. Selbstverständlich sind diese auch auf Diskette erhältlich.

Zu danken haben die Verfasser in erster Linie dem Vieweg-Verlag und seiner bewährten Mannschaft, allen voran Herrn Dumke, der sich wie immer mit großem Einsatz aller zu lösenden Probleme annahm. Frau Elke Schwab hat sich mit dem Thema der Simulation künstlerisch auseinandergesetzt und viele grafische Entwürfe zur Umschlagsgestaltung entworfen. Dafür möchten wir ihr herzlich danken. Dank schulden wir auch der Mannheimer Schule, vor allem Herrn Prof. Dr. G. v. Kortzfleisch und Prof. Dr. E. Zahn von der Universität Stuttgart, daß sie uns in das Denken in Systemzusammenhängen eingeführt und das Programmieren von DYNAMO gelernt haben. In einem wertvollen Praxiseinsatz in einem metallverarbeitenden Industriebetrieb wurden unsere Fähigkeiten in der Systemanalyse und bei der Modellerstellung unter Berücksichtigung realer Daten und Fakten geschult. Ferner konnten wir feststellen, daß die Simulation eine wichtige Grundlage für strategische Entscheidungen liefert. Die meisten Teile des Buches sind aus diesen Praxisproblemen entstanden. Dafür sind wir den Herren G. Schrödter und Dr. P. Rothenbacher von der Firma SHW sehr dankbar. Zum Schluß wünschen wir allen unseren Lesern, daß sie erkennen mögen, wie leistungsfähig diese Simulationsmethoden sind und wie notwendig sie überall dort eingesetzt werden sollten, wo es überlebensfähige Organisationsstrukturen und belastungsfähige flexible Fertigungsmöglichkeiten zu entwickeln gilt, um die vielfältigen und sich rasch ändernden Kundenwünsche erfüllen und in den Turbulenzen der Unternehmensumwelt bestehen zu können. Gerne nehmen wir Kritik und Verbesserungen entgegen.

Ekbert Hering, Andreas Hermann und Eckard Kronmüller

Heubach-Lautern, Großbettlingen, Eutendorf Im August 1988

Inhaltsverzeichnis

1 Einführung

1.1 Grundlagen

1.1.1 Das Wesen der Simulation

Durch die vor allem in großen Unternehmen festzustellende Vielzahl an Abteilungen, die auf bestimmte Tätigkeiten spezialisiert sind, wird es immer schwieriger, Auswirkungen von Entscheidungen, die ein *ganzes* Unternehmen oder einen Konzern betreffen, richtig zu beurteilen. Aber auch in kleinen und mittleren Unternehmen sind die Auswirkungen der Abhängigkeiten vor allem von Kunden, Lieferanten und dem Wettbewerb nur sehr schwer abzuschätzen. Die in einzelnen Teilbereichen ermittelten Zahlenwerte, Kennzahlen und Trends sind zwar für diese speziellen Bereiche gültig, können aber in aller Regel nicht zur Beurteilung der Entwicklung des gesamten Unternehmens herangezogen werden. Um das Verhalten eines Unternehmens in seiner Gesamtheit beurteilen zu können, ist es deshalb notwendig, ein *Modell des realen Unternehmens* zu erstellen. Ein solches Modell werden die wechselseitigen Abhängigkeiten durch geeignete mathematische Gleichungen beschrieben (wie sie auch in der Regelungstechnik Verwendung finden) und durch ein Strukturbild grafisch veranschaulicht. Mit Hilfe eines solchen Modells sind die Auswirkungen verschiedener externer Situationen (z. B. Wettbewerb) und auch interner Entscheidungen (z. B. Rationalisierung) sowie eventuell auftretende Zielkonflikte erkennbar, ohne daß Eingriffe in das tatsächliche Unternehmen vorgenommen werden müssen. Die Möglichkeit, Veränderungen im Modell *ohne Eingriffe* in das Unternehmensgeschehen vornehmen zu können, und deren Auswirkungen zu berechnen, ist das Wesen der Simulation. Durch den Einsatz von Simulationsprogrammen kann der Benutzer somit das augenblickliche Verhalten des Unternehmens und dessen Entwicklungsmöglichkeiten im Modell studieren. Weiterhin können gezielte Veränderungen am Modell vorgenommen werden, deren Auswirkungen wichtige Erkenntnisse für die Zukunftsplannung enthalten.

Eine solche Simulation gibt beispielsweise Aufschluß über die Stabilität eines Systems der Unternehmung bei veränderten Umweltbedingungen (z.B. Ertragssituation bei Umsatzeinbußen) und beschreibt die dafür verantwortlichen Einflußgrößen.

1.1.2 Ziele der Simulation in der Unternehmung

a) Allgemeine Ziele

Die Simulation in einer Unternehmung beschränkt sich nicht darauf, allgemeine Aussagen zu formulieren, sondern erhält ihre Bedeutung vor allem darin, daß sie externe und interne Einflüsse ausführlich und in ihren tatsächlichen Abhängigkeiten zu beschreiben vermag. Sie bietet damit optimale Entscheidungsgrundlagen an, weil sie es auch gestattet, das Unternehmen in seiner Gesamtheit zu studieren.

b) Interne Wechselwirkungen

Eine Simulation zeigt im internen Bereich auf, wie sich Veränderungen in einzelnen Teilbereichen auf die mit ihnen in Wechselwirkung stehenden Unternehmensfunktionen auswirken. Als Beispiel sei die Auswirkung des Abbaus von Lagervorräten auf die Produktion genannt. Nicht nur die wechselseitige Abhängigkeit (*Interdependenz*) von *Gütern*, sondern auch von *Kapital* (unterschiedlicher Währung) und *Information* ist darstellbar.

c) Externe Einflußgrößen

Die Reaktion einer Unternehmung auf externe Einflußgrößen (z.B. auf Wechselkursschwankungen) kann mit einem Simulationsmodell untersucht werden. Im Ergebnis wird sichtbar, wie *sensibel* eine Unternehmung auf Änderungen der Systemumgebung reagiert. Dieser Test der *Robustheit* eines Unternehmens bei sich teilweise turbulent ändernden Umweltbedingungen ist von großer Wichtigkeit zur Beurteilung der *Chancen* für das ertragreiche Überleben und zum Erkennen der *Gefahren* für das Unternehmen.

d) Grundlage strategischer Entscheidungen

Mit Hilfe eines Modells, das sowohl interne als auch externe Einflußgrößen in ihrer Wechselwirkung beschreibt, können die mittel- und langfristigen Wirkungen alternativer Unternehmensentscheidungen durchgespielt werden. Damit dient eine Simulation auch als Grundlage prinzipieller unternehmensspezifischer Grundastzentscheidungen, die unter dem Begriff *strategische Planung* zusammengefaßt werden können. In ihr wird u. a. festgelegt, mit welchen Produkten das Unternehmen auf welchen Märkten zu operieren plant, um eine wirtschaftlich sinnvolle Weiterentwicklung zu garantieren.

1.1.3 Vorteil der Simulation

Wie bereits erwähnt, gibt es eine Füllc von Vorteilen einer Unternehmenssimulation. Der Hauptvorteil besteht jedoch darin, daß es nur in einer ganzheitlichen, die gegenseitigen Verflechtungen und Wechselwirkungen berücksichtigenden Betrachtungsweise möglich ist, in einer sich schnell verändernden Unternehmensumwelt die Chancen und Gefahren für ein Unternehmen im voraus und in kurzer Zeit zu erkennen und entsprechend zu reagieren. Das Modell bietet zudem die Möglichkeit, verschiedene Entscheidungsalternativen sofort auf ihre Auswirkungen hin zu beurteilen und hilft somit, kurz-, mittel- und langfristig die für das Gesamtunternehmen optimalen Alternativen zu bestimmen.

1.2 Geschichtliche Entwicklung

Die Simulation ganzer Unternehmen und Unternehmenszweige, bekannt unter dem Begriff *Industrial Dynamics*, wurde von Jay W. Forrester Ende der fünfziger Jahre am Massachussetts Institute of Technologie (MIT) entwickelt. Die Grundlagen dazu bildeten zum einen das *regelungs-* und *steuerungstechnische* Verständnis, das Forrester als Elektoingenieur bei der Entwicklung eines Servomechanismus einsetzte. Zum anderen war er seit 1956 Inhaber des Lehrstuhls für *Industrial Management*. Das Wissen über das Verhalten von zielsuchenden, technischen Sytemen versuchte er auf wirtschaftswissenschaftliche Gebiete anzuwenden. Dabei erkannte er, daß sich die Regelkreise der Technik auch für betriebswirtschaftliche Fragestellungen vorzüglich eignen.

Im Jahre 1961 veröffentlichte er das Buch "Industrial Dynamics" (1), das dieses betriebswirtschaftliche Anwendungsgebiet beschreibt. In der folgenden Zeit setzte er das Simulationssystem auch in sozialwissenschaftlichen (z.B. in der Bildungspolitik) und makrökonomischen Bereichen ein (z.B. im Weltmodel, in dem u. a. die Entwicklung der Weltbevölkerung und die Folgen für Energie, Nahrung und Klima untersucht wird). Im Jahre 1968 veröffentlichte er das Werk "Principles of Systems" (2), im Jahre 1969 "Urban Dynamics" (3) und im Jahre 1971 "World Dynamics" (4). Alle diese Bereiche beschreiben die dynamische Struktur von Systemen und diese Betrachtungsweise wird deshalb umfassend als *System Dynamics* (Systemdynamik) bezeichnet. Mit seinen jüngsten Werken hat er in der Fachwelt für Aufregung gesorgt und auch Kritik an System Dynamics hervorgerufen.

Wie leistungsfähig die Denkweise von System Dynamics ist, zeigt sich unter anderem darin, daß diese Systembetrachtung Grundlage der Weltbestseller von Meadows "Grenzen des Wachstums" (5) und "Global 2000" (6) ist. "Global 2000" wurde im Jahre 1977 von der amerikanischen

Regierung in Auftrag gegeben, um Lösungsansätze für die Probleme der Welt zu finden (u. a. Ernährung, Umweltvergiftung und Klimaveränderungen).

1.3 Vergleich mit anderen Simulationsmethoden

In den Wirtschaftswissenschaften gibt es mehrere Methoden der Modellbildung. Allen gemeinsam ist jedoch, daß sie das Verhalten bestehender Systeme erklären und dadurch bei Veränderungen Vorhersagen über die Reaktionen des Modells ermöglichen. Die wichtigsten Verfahren werden im folgenden kurz behandelt.

1.3.1 System Dynamics

System Dynamics benötigt zum Aufbau eines Modells zuerst *Informationen* über die *Struktur* und die *Wechselbeziehungen* (Interdependenzen) zwischen den einzelnen Elementen, bevor das Modell mit Daten vervollständigt wird (*konzeptbasierte* Methode).

In das Modell können auch nicht-lineare Zusammenhänge aufgenommen werden, wie sie oft in der Realität anzutreffen sind. Bild 1-1 zeigt als Beispiel für einen nicht-linearen Zusammenhang den Kostenverlauf in Abhängigkeit der Stückzahl bei einer Massenproduktion und gleichbleibender Produktionskapazität.

Die einzelnen Vorgänge in einem System werden bei System Dynamics mit in sich geschlossenen Informationsschleifen (*Regelkreise*) dargestellt, die miteinander verbunden werden. Zur Verdeutlichung dient folgender, in Bild 1-2 dargestellter Zusammenhang zwischen produzierter Menge, Angebotspreis und Nachfrage.

Ein Hersteller kann bei größeren Mengen häufig kostengünstiger produzieren. Deshalb ist es ihm möglich, ohne Ertragseinbuße einen geringeren Angebotspreis zu fordern. Der Verbraucher reagiert idealerweise mit einer erhöhten Nachfrage. Diese Nachfrageerhöhung beeinflußt wiederum die Produktionsmenge, so daß an dieser Stelle der Regelkreis geschlossen wird.

Sollen neben wirtschaftlichen auch *soziale* Verflechtungen und *Umwelteinflüsse* berücksichtigt werden, dann handelt es sich um ein *sozioökonomisches* Modellsystem. Große Systeme mit einer Vielzahl von miteinander in Wechselwirkung stehenden Elementen weisen eine hohe Komplexität auf. Das Gesamtverhalten solcher Systeme bei gleichzeitiger Veränderung meherer Einflußgrößen in unterschiedlicher Höhe ist nicht mehr erfaßbar. Solche komplexe Strukturen, wie wir sie in allen

Umweltbeziehungen oder auch bei multinational tätigen Unternehmen kennen, müssen im Modell beschrieben werden und durch Rechnerunterstützung simuliert werden.

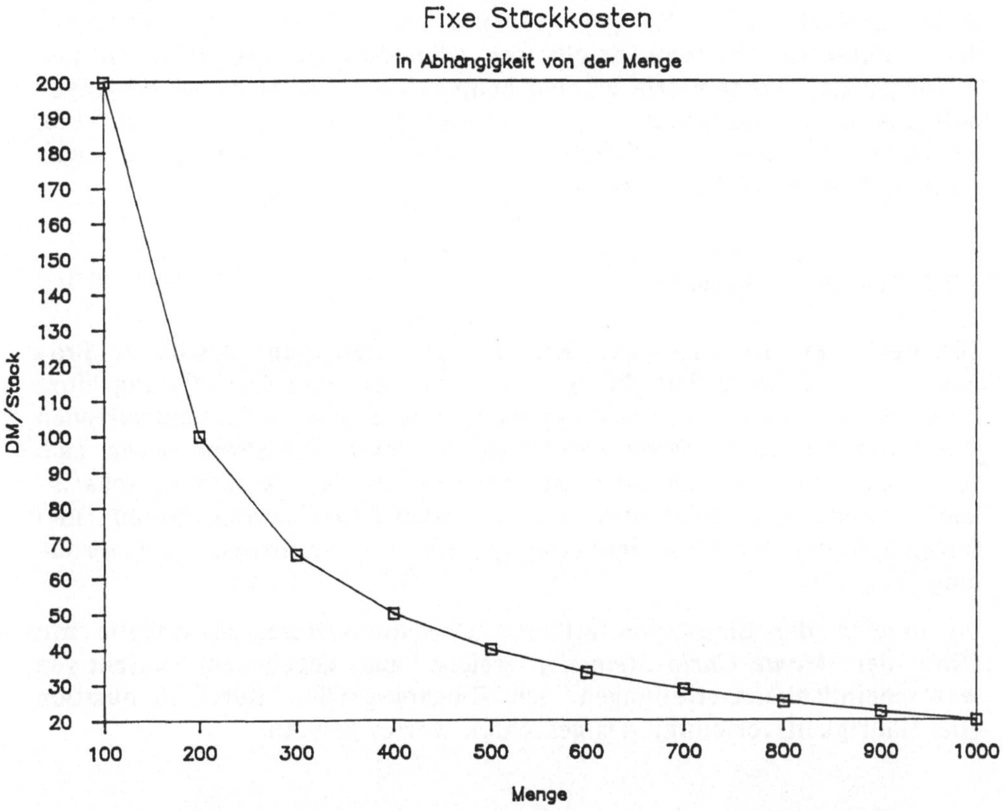

Fixe Stückkosten
in Abhängigkeit von der Menge
DM/Stück
200
190
180
170
160
150
140
130
120
110
100
90
80
70
60
50
40
30
20
100
200
300
400
500
600
700
800
900
1000
Menge

Bild 1-1 Grafische Darstellung eines nicht-linearen Zusammenhangs

Erhöhung der Nachfrage
Preis
Nachfragemenge

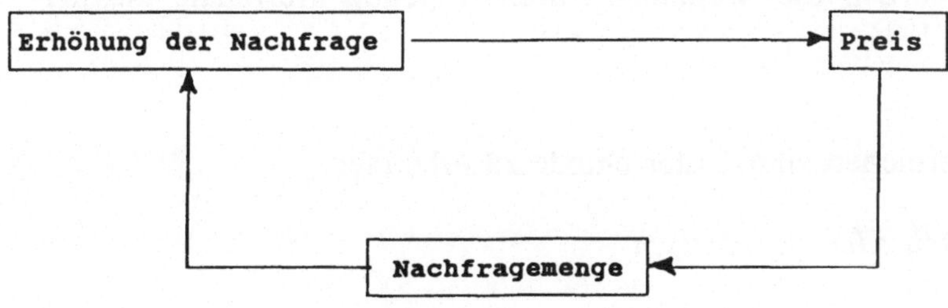

Bild 1-2 Beispiel für einen Regelkreis

1.3.2 Ökonometrie

In der *Ökonometrie* werden Hypothesen und Theorien durch verschiedene Schätzverfahren *quantitativ* erfaßt und geprüft. Dabei liegt der Schwerpunkt sowohl auf der *Datenerfassung* als auch auf der *mathematisch-statistischen* Auswertung. Im Gegensatz zu System Dynamics werden bei dieser Methode zuerst die gewonnenen Daten analysiert und daraus auf die Struktur des Systems geschlossen (*datenbasierte* Methode). In den Anfängen der Ökonometrie wurden hauptsächlich Nachfrage- und Angebotsfunktionen untersucht, wie sie in der Mikroökonomie üblich sind. Heutzutage werden volkswirtschaftliche Gesamtzusammenhänge in sogenannten *Makromodellen* studiert.

1.3.3 Operations-Research

Die Verfahren des *Operations-Research* gestatten, ganz bestimmte Probleme (z.B. optimale Zuordnung von Elementen oder Optimierung einer Zielfunktion unter Nebenbedingungen) mit eigens dafür entworfenen Verfahren zu lösen. Diese Operations-Research-Verfahren lassen sich vorteilhaft auf viele Optimierungsaufgaben in der Betriebswirtschaftslehre anwenden, beispielsweise zur optimalen Lagerhaltung, kosten- und fertigungsoptimalen Maschinenbelegung oder zur optimalen Warenverteilung (7).

Im Bereich der Simulation arbeiten Operations-Research-Modelle mit Hilfe der *Monte-Carlo-Methode*, welche aus gegebenen subjektiven Wahrscheinlichkeitsverteilungen der Eingangsgrößen durch Simulation eine Häufigkeitsverteilung des gesuchten Wertes gewinnt.

1.3.4 Vergleich der Methoden

Zur genaueren Beurteilung der Simulationsmethoden werden entsprechende Eigenschaften miteinander verglichen. Nachdem die Begriffe linear bzw. nicht linear und daten- bzw. konzeptbasiert bereits besprochen wurden, werden die Methoden durch folgende Merkmale klassifiziert (s. Tabelle 1-1).

In folgenden Bereichen sind Unterschiede zu erkennen:

a) Deterministisch oder stochastisch

Wenn einem Modell eindeutig festgelegte Zahlen zugrundegelegt werden, handelt es sich um ein *deterministisches* Modell, das der Konzeption von

Tabelle 1-1 Vergleich der Simulationsverfahren

nicht linear	S ÖO	linear
deterministisch	S ÖO	stochastisch
geschlossen	S Ö O	offen
konzeptbasiert	S ÖO	datenbasiert
kontinuierlich	S ÖO	diskret
dynamisch	SÖ O	statisch

OR-Verfahren O
Ökonometrie Ö
System Dynamics S

System Dynamics weitgehend entspricht. Im Gegensatz dazu benutzen die Verfahren der Ökonometrie und Operations Research Werte, die mit Hilfe von Zufallsverteilungen und Wahrscheinlichkeiten erzeugt werden. Dies führt zu *stochastischen* Modellen.

b) Geschlossen oder offen

Externe Einflüsse, die sich im Laufe der Zeit ändern, charakterisieren ein *offenes* System. Bei System Dynamics wird versucht, solche äußeren (exogenen) Einflüsse durch die Aufnahme in das Modell zu berücksichtigen. Dadurch erhält man ein geschlossenes System. In der Ökonometrie können sowohl offene als auch geschlossene Systeme behandelt werden.

c) Kontinuierlich oder diskret

In diskreten Systemen werden Einzelereignisse getrennt studiert. Dies ist in der Ökonometrie und bei Verfahren des Operations-Research der Fall. In System Dynamics dagegen wird die Folge von Ereignissen in Form von stetigen Strömen (kontinuierlich) beschrieben, die allerdings aus programmtechnischen Gründen diskretisiert werden müssen.

d) Dynamisch oder statisch

Dynamische Systeme sind dadurch gekennzeichnet, daß sich ihre Variablen im Zeitverlauf ändern und diese Auswirkungen beobachtet werden können, wie dies bei System Dynamics und der Ökonometrie der Fall ist. In Operations Research werden dagegen statische Systeme durch festgelegte, unveränderliche mathematische Gleichungen beschrieben, die nur eine bzw. wenige Lösungen liefert. Bei Veränderungen muß das Modell mit die entsprechenden mathematischen Gleichungen neu erstellen.

Der Vergleich in Tabelle 1-1 zeigt, daß die Ökonometrie und die Verfahren des Operations Research zu den linearen, stochstischen, datenbasierten und diskreten Methoden gehören. Hierbei ist vor allem die genaue Erfassung möglichst großer Datenmengen wichtig. Daraus werden Optima für Teilgebiete (Suboptima) ermittelt. Das Gesamtoptimum des Unternehmens läßt sich in den meisten Fällen nicht durch die Kenntnis der Teiloptima bestimmen.

Mit System Dynamics können die Modellgrenzen beliebig gezogen werden, so daß ein ganzes Unternehmen in eine Konzeption einbezogen werden kann. Eine solche globale Betrachtungsweise liefert dann zwar keine exakten Ergebnisse (Punktgenauigkeit), dafür sagt es aber die Entwicklungsmöglichkeiten voraus, innerhalb der sich ein Unternehmen entwickeln wird. Diese Ergebnisse sind für eine strategische Unternehmensbestimmung entscheidend. Selbstverständlich kann ein Modell auch so ausführlich bestimmt werden, daß genaue Aussagen möglich sind.

1.4 Voraussetzung für Modelle in System Dynamics

Bei der Erstellung eines Modells in System Dynamics müssen folgende Voraussetzungen erfüllt sein, wenn die Ergebnisse gültig sein sollen:

a) Abbildung durch Rückkopplungen

DDas Modell bildet ein reales System ab, das vor allem durch Rückkopplungsbeziehungen und Informationsflüsse beschrieben werden kann.

b) Kontinuierliches System

Es handelt sich um kontinuierliche Systeme, die bei der Programmierung diskretisiert werden. Beim Auftreten von diskreten Ereignissen werden diese in kontinuierlich verlaufende Ströme zusammengefaßt. So werden beispielsweise die täglich eingehenden Forderungen nicht einzeln berücksichtigt, sondern über den Tagesverlauf verteilt betrachtet.

c) Informationen

Grundlage zur Erstellung eines Modells sind Informationsstrukturen der Modellelemente und Informationsflüsse zwischen den Systemelementen.

d) Auswahl der Systemelemente

Um die Komplexität des Modells möglichst klein zu halten, sollten nur diejenigen Elemente und ihre Beziehungen in ein Modell aufgenommen werden, die für das betrachtete Problem unbedingt erforderlich sind.

1.5 Grenzen von System Dynamics

Nach der Veröffentlichung von Forresters erstem Weltmodell wurde eine Vielzahl von kritischen Einwänden erhoben. Die wichtigsten werden hier zusammengestellt, um die Grenzen des Einsatzes von System Dynamics zu beschreiben:

a) Mangel an Datenmaterial

In den Anfängen wurde hauptsächlich der Mangel an Datenmaterial kritisiert, weshalb die Aussagekraft von verschiedenen Modellen bezweifelt wurde. Dieser Mangel wurde dadurch behoben, daß inm folgenden ein ausreichend fundiertes Zahlenmaterial benutzt wurde.

b) Erfassen von qualitativen Einflußgrößen

Ein allgemeingültiges Modell hat nicht nur Elemente, die quantifizierbar, d. h. in Zahlen ausdrückbar sind. Vielmehr spielen vor allem der Einfluß qualitativer Größen, die nur Eigenschaften beschreiben, eine wichtige Rolle (z. B. das Beriebsklima). Um diese qualitativen Einflüsse im Modell berücksichtigen zu können, müssen sie in Zahlen umgewandelt werden (Operationalisierung). Es kommt dabei zu Schwierigkeiten, wenn Daten fehlen oder Variablen nicht allgemeingültig definiert sind. Tritt ein solches Problem auf, so ist zu entscheiden, ob für das Bestimmen des Parameters oder der Variablen statistische Schätzverfahren angewendet werden sollen, wie es die Ökonometriker tun, oder ob Abweichungen des Parameters keinen Einfluß auf das Ergebnis der Simulation haben.

c) Informationsquellen

Als Grundlage für ein Modell werden bei System Dynamics *Expertenbefragungen* durchgeführt, da Personen, die sich bereits längere Zeit mit einem System befassen, einen besseren Einblick in die Zusammenhänge besitzen. Bei der Befragungsmethode greifen die meisten Kritikpunkte an. Man bekommt bei einer Befragung sicherlich nicht nur eindeutige, sondern auch in sich widersprechende Informationen, so daß eine besondere Sensibilität bei der Selektion der Daten erforderlich ist. Als Informationsquelle können ebenfalls Computersysteme, die auf einem speziellen Wissensgebiet die Kompetenz von menschlichen Experten besitzen (Expertensysteme) benutzt werden. Die Daten im betriebswirtschaftlichen Bereich können meist durch Überschlagsrechnungen auf ihre Gültigkeit überprüft werden.

d) Gültigkeit der Ergebnisse

Es ist praktisch völlig unmöglich, ein so globales Unternehmensmodell zu erstellen, daß auf sämtliche Fragestellungen entsprechend verwertbare Antworten geliefert werden können. Ein solches Modell wäre derart komplex und würde in Teilbereichen keine brauchbaren Ergebnisse mehr liefern können. Statt dessen ist es sehr zweckmäßig, genau die Aufgabe einer Simulation festzulegen, nach diesen Vorgaben das Modell zu erstellen und zu simulieren. In diesem Fall ist man sicher, daß genau die richtigen Fragen beantwortet werden.

e) Anpassung eines Simulationsmodells

Es genügt nicht, wenn bei gegebenen Parametern das Verhalten eines Modells dem des realen Systems entspricht. Bei geänderten Bedingungen nämlich kann ein solches Modell völlig falsche Ergebnisse liefern. Daraus ergibt sich die Erkenntnis, daß es nicht genügt, Parameter solange abzuändern bis ein Modell die gewünschten Reaktionen zeigt. Vielmehr muß vor allem die Struktur des Modells, d. h. die Elemente und ihre Wechselbeziehungen, mit der Struktur des Realsystems übereinstimmen.

Zusammenfassend kann man System Dynamics als äußerst aussagekräftige Methode zur Bildung von Simulationsmodellen bezeichnen, wenn kontinuierliche Vorgänge vorliegen, keine punktprognostischen Vorhersagen verlangt werden und das Simulationsmodell zielgerichtet erstellt wird.

1.6 Systemelemente

Um ein Modell in System Dynamics beschreiben zu können, werden die nachfolgend beschriebenen, von den Verfassern neu entwickelten Systemelemente (7) benutzt. Vor allem die grafische Darstellung der Elemente und ihrer Vernetzung erlaubt es, das Modell übersichtlich und anschaulich darzustellen.

a) Zustände (levels)

Die Zustände im Modell beschreiben den jeweils aktuellen Bestand an Informationen, Material, Personen und Kapital. Da diese Bestände bei Simulationsbeginn normalerweise nicht Null sind werden sie mit Anfangswerten versehen, so daß im Verlauf einer Simulation die Änderungen dieser Größen beobachtet werden können. Eine Veränderung des Zustands bewirken die auf den Zustand einwirkenden Zu- und Abflußraten, wobei diese Flußraten über die Zeit integriert werden. Notwendigerweise erfordert eine solche Berechnung der Zustände eine Übereinstimmung in der Dimension der Zu- und Abflußraten und dem Inhalt des Zustandes. Durch die über die Zeit erfolgende Integration erhält ein Zustand ein Gedächtnis über die Vergangenheit, das jedoch keine Aufschlüsselung von Zu- und Abflußraten ermöglicht, da nur die Höhe des aktuellen Bestandes sichtbar ist. Zustände können nur durch das Einwirken einer Flußrate verändert werden, d.h. ein Zustand kann niemals direkt von einem anderen Zustand oder einer Information beeinflußt werden.

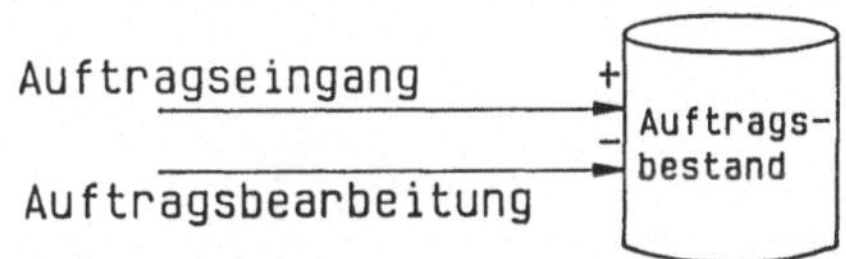

Bild 1-3 Symbol für einen Zustand

Als Symbol für einen Zustand wurde ein stehender Zylinder gewählt, der die Speicherfähigkeit der einwirkenden Zu- und Abflußraten kennzeichnet. In das Symbol wird die Variablenbezeichnung und die Nummer eingetragen. Da der Speicher Träger von Informationen ist, können von ihm auch Informationsströme zu anderen Strukturelementen ausgehen.

Im folgenden Beispiel stellt der Zustand den Bestand an Aufträgen dar, wobei der Auftragseingang als Zufluß positiv in den Zustand eingeht. Eine Abnahme des Auftragsbestandes bewirkt die Auftragsbearbeitung, welche somit ein negatives Vorzeichen bekommt.

b) Raten

Die im Modellsystem auftretenden Zu- und Abflüsse verändern die Zustände im Modellsystem. Es handelt sich dabei um eine Veränderung, die auf eine Zeiteinheit bezogen ist und welche als *Veränderungsgeschwindigkeit eines Zustands* bezeichnet werden kann. Eine Rate kann nur auf einen Zustand einwirken, mit der Ausnahme bei Informationsflüssen, die auch in Hilfsvariable eingehen können. Von einer Rate werden Informationen von Konstanten, Hilfsvariablen und Zuständen aufgenommen und daraus mit Hilfe einer Formel die Höhe des Flusses je Zeiteinheit errechnet. Eine Kombination von Rechteck und Dreieck symbolisiert eine Flußrate. Die Pfeilrichtung zeigt immer in Richtung des Zustandes, der durch die Rate beeinflußt wird. Eine Aufteilung des Symbols gewährleistet die Angabe der Symbolnummer (Feld 1), der Ratenbezeichnung (Feld 2) und bei Verzögerungen die Kennzeichnung der Ordnung der Differentialgleichung (Feld 3).

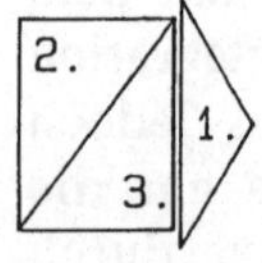

Bild 1-4
Symbol für eine Rate

Das folgende Beispiel soll die Wirkungsweise einer Rate verdeutlichen (s. Bild 1-5).

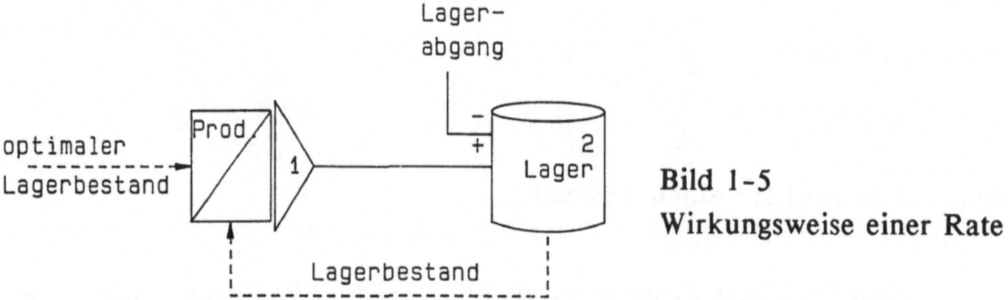

Bild 1-5
Wirkungsweise einer Rate

In einem Produktionsbetrieb soll immer eine bestimmte Menge an Produkten am Lager (2) vorhanden sein, um die Kunden optimal befriedigen zu können. Es erfolgt über die Produktionsrate (1) eine Anpassung an den optimalen Lagerbestand, der vorgegeben ist.

Oft bereitet es Schwierigkeiten, zwischen Raten und Zuständen zu unterscheiden, was aber notwendig ist, um eine Systemstruktur richtig zu entwerfen und die kybernetischen Zusammenhänge zu verstehen. Eine Abgrenzung ist möglich, wenn man das Modell gedanklich plötzlich anhält. In diesem Augenblick müssen alle Raten verschwinden und nur die Bestände in den Zuständen dürfen noch vorhanden sein.

c) Verzögerungen

In jedem System treten Verzögerungen im Güter- oder Informationsstrom auf. Es gibt beispielsweise Transportverzögerungen im Materialfluß oder

Verzögerungen beim Erkennen von Umwelteinflüssen, auf welche das Unternehmen reagieren muß. Solche Verzögerungen treten immer im Zusammenhang mit Raten auf, daher der Einschub an dieser Stelle. Wie bereits bei den Raten erwähnt wurde, wird eine etwaige Verzögerung im 3. Feld der Rate gekennzeichnet. Auf Verzögerungen 1. und 3. Ordnung wird im folgenden näher eingegangen.

Bei einer Verzögerung 1. Ordnung wird angenommen, daß die Rate von dem dazugehörenden Zustand direkt abhängt (lineare Abhängigkeit). Dies hat zur Folge, daß sich Veränderungen der Eingangsgrößen auf den Ausgang sofort auswirken und danach geometrisch abnehmen. Bild 1-6 zeigt die Reaktion einer Verzögerung 1. Ordnung auf einen Sprungeingang.

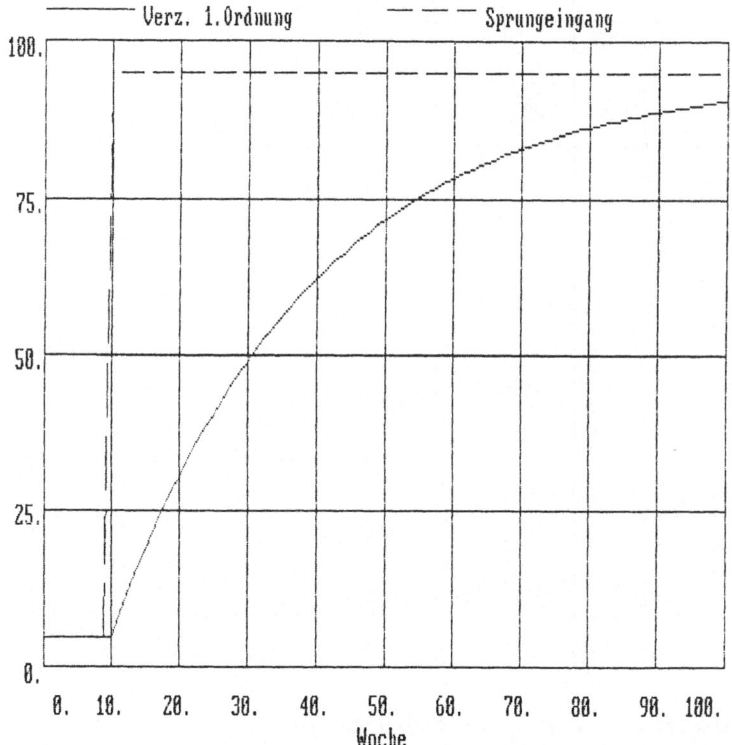

Bild 1-6 Sprungantwort einer Verzögerung erster Ordnung

Eine Verzögerung 3. Ordnung entsteht dadurch, daß eine Rate von zwei anderen Zuständen abhängig ist, dessen Raten ebenfalls Verzögerungen aufweisen. Dies soll an Hand eines Beispiels erklärt werden:

Der Ablauf einer Produktion soll aus der Arbeitsvorbereitung, der Fertigung und der Qualitätskontrolle bestehen. Bei einem sprunghaften Anstieg der Aufträge kommt es zu Verzögerungen bei der Arbeitsvorbereitung (Herstellung der benötigten Werkzeuge etc.), danach werden Fertigungszeiten benötigt und zuletzt tritt eine zeitliche Verzögerung bei der Qualitätskontrolle ein. Wenn in jedem der drei Bereiche Verzögerungen 1. Ordnung vorkommen, kann die gesamte Produkion durch eine Verzögerung 3. Ordnung ersetzt werden. Diese Verkürzung ist natürlich nur möglich, wenn die einzelnen Teilbereiche für das restliche Modell nicht mehr benötigt werden. Bild 1-7 zeigt einen Sprungeingang und die dazugehörige Sprungantwort 3. Ordnung.

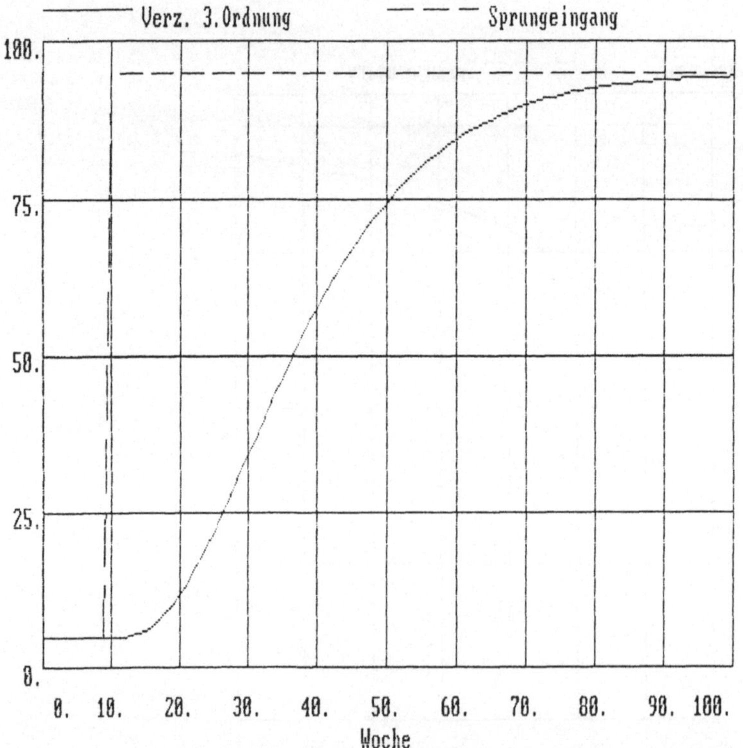

Bild 1-7 Sprungantwort mit Verzögerung dritter Ordnung

Nur eine genaue Analyse des Realsystems kann Aufschluß darüber geben, welche Verzögerungen vernachlässigbar klein sind und welche zusammengefaßt werden können. Die Einflüsse auf die Verzögerungen müssen genau bestimmt werden, da diese einen wesentlichen Einfluß auf das zeitliche Verhalten des kybernetischen Systems haben. Es ist deshalb angebracht, diese Zusammenhänge im Realsystem sorgfältig zu untersuchen, um eine möglichst genaue Abbildung im Modell vornehmen zu können.

d) Hilfsvariable

Unter Verwendung von Hilfsvariablen kann ein Modell übersichtlicher gestaltet werden, indem wichtige Informationen außerhalb von Raten verarbeitet werden. Die Anwendung ist auch erforderlich, wenn gleiche Informationen oder Parameter für mehrere Entscheidungsregeln benötigt werden. Einzelne für das Modellsystem wichtige Hilfsvariablen können über den zeitlichen Verlauf beobachtet werden. Der Eingang in eine Hilfsvariable bildet immer eine Information von einem anderen Systemelement. Das Symbol für eine Hilfsvariable ist ein Kreis mit dem Variablennamen und der Symbolnummer. Zu Verdeutlichung soll folgendes Beispiel dienen (s. Bild 1-8):

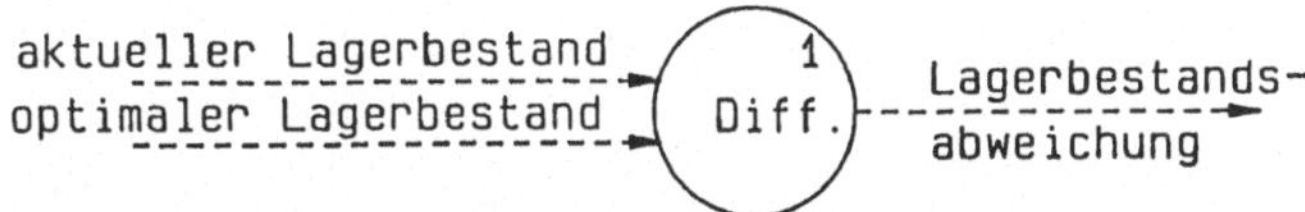

Bild 1-8 Symbol für eine Hilfsvariable

Aus dem aktuellen Lagerbestand und dem vorgegebenen optimalen Lagerbestand, wird die jeweilige Differenz (Diff. 1) gebildet und steht als Hilfsvariable Lagerbestandsabweichung zur Verfügung. Diese Hilfsvariable beeinflußt dann die Produktionsrate, indem die Information an diese weitergeleitet wird.

e) Konstante

Eine Konstante ändert ihren Wert während des gesamten Simulationslaufes nicht. Das Symbol für eine Konstante ist eine kurze Linie mit einem Punkt. Die im folgenden dargestellte Konstante ist die durchschnittliche Verzögerungszeit, die zwischen der Bestellung von Waren und ihrem Eingang in das Lager auftritt (s. Bild 1-9).

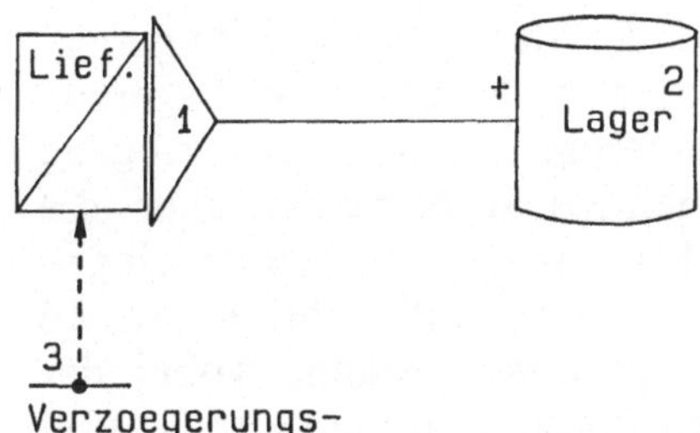

Bild 1-9 Beispiel für eine Konstante

f) Flußlinien

Zusätzliche Informationen erhält man in einem Modellsystem, wenn die Flußlinienarten unterschieden werden. Dies ermöglicht dem Betrachter des Modells eine schnellere Orientierung in der Fülle der wirkenden Interdependenzen. Es werden folgende Linien für die Darstellung verwendet (s. Bild 1-10):

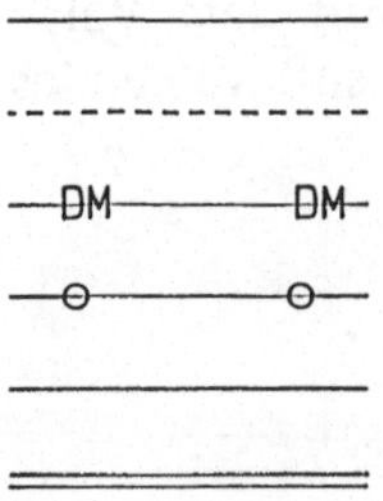

—DM———DM—

Bild 1-10 Arten von Flußlinien

1.7 Informationsverarbeitung

Die in einem Modellsystem benötigten Informationen können aus Zuständen oder aber direkt aus Material- und Güterraten entnommen werden. Um Informationen zu speichern, werden in das Modell Informationsraten und -zustände aufgenommen, die wie materielle Systemelemente behandelt werden, so daß Informationen über Raten in Zustände einwirken, von wo aus sie an andere Systemelemente weitergegeben werden können. Die Gleichbehandlung von Material- und Informationsraten bezieht sich auch auf eventuell auftretende Verzögerungen in den Informationswegen. Im Modellsystem kann auch eine einzige materielle Rate auf zwei Zustände einwirken:

1. Auf den Zustand, der die Menge des Materials speichert;

2. Auf einen Informationszustand, welcher die Daten der Rate festhält.

Beim Betrachten einer Produktionsrate und des dazugehörigen Lagerzustandes kann die Höhe der Gesamtproduktion nicht aus dem Lagerzustand entnommen werden, da dieser die Differenz von Zu- und Abgang ausweist. Die für die Kostenrechnung wichtige Information über die kumulierte Menge der Produktion wird daher aus dem zusätzlich eingeführten Informationszustand entnommen. Dieser Informationszustand wird von derselben Flußrate gespeist wie der Lagerbestand, wobei der Informationszustand die Höhe der bisherigen Produktion ausweist (s. Bild 1-11).

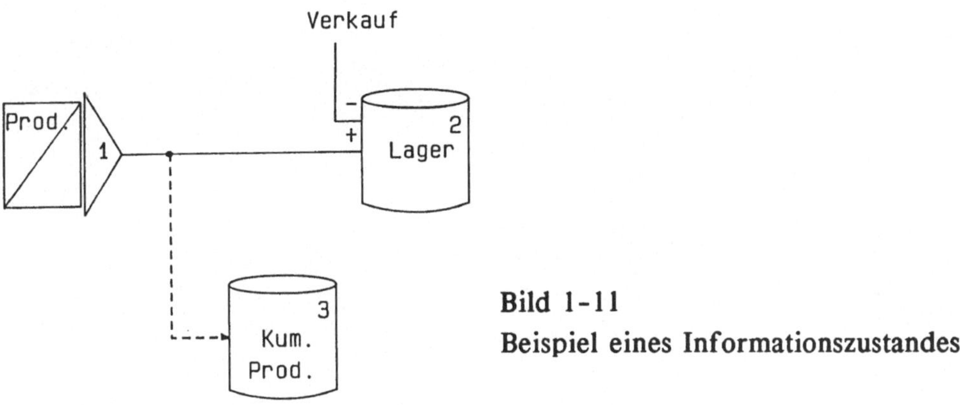

Bild 1-11
Beispiel eines Informationszustandes

1.8 Offene und geschlossene Systeme

Ein offenes System wird dadurch gekennzeichnet, daß es eine oder mehrere exogene Variablen aufnimmt, welche sich während des Zeitablaufs verändern. Solche exogene Variablen weisen also eine zeitliche Abhängigkeit auf und beeinflussen das System von außerhalb. Wenn seinerseits eine Abhängigkeit von dem System auf eine exogene Variable besteht, so handelt es sich um eine endogene Variable, die in das System mit aufgenommen werden muß.

Ein Beispiel für ein offenes System ist ein Produzent, der keinen großen Marktanteil hat und somit nur seine Produktionsmenge dem jeweils herrschenden Marktpreis anpassen kann (s. Bild 1-12). Der exogene Anteil, der die Offenheit des Modellsystems darstellt, liegt im Marktpreis, da dieser von der Zeit abhängig ist.

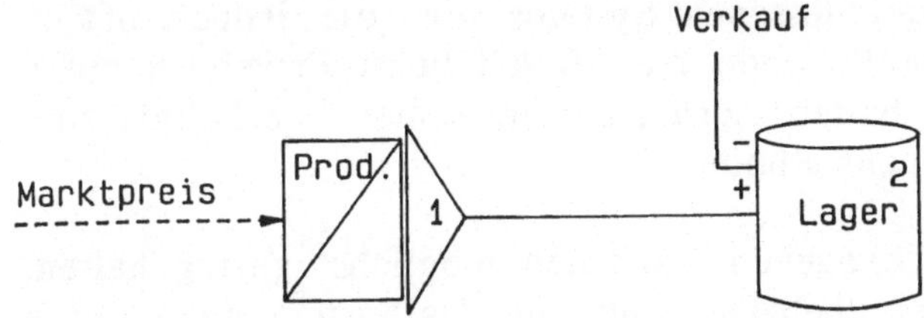

Bild 1-12 Beispiel für ein offenes System

Geschlossene Systeme werden im Gegensatz zu offenen Systemen nicht von exogenen Variablen beeinflußt. Als Beispiel soll hier der Zusammenhang zwischen Absatzlager, Absatzpreis und der Produktionsmenge betrachtet werden (s. Bild 1-13).

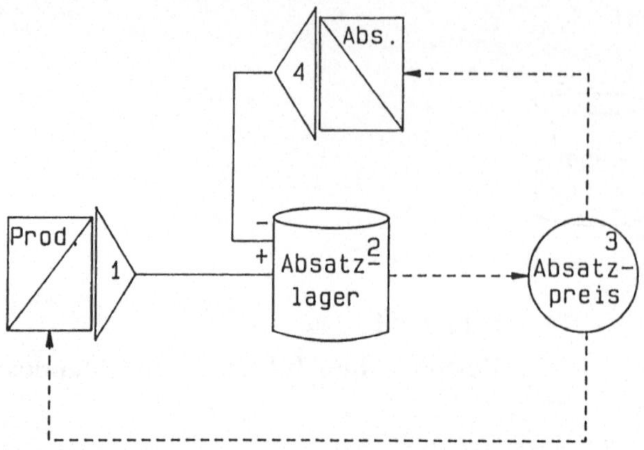

Bild 1-13 Beispiel für ein geschlossenes System

Das Beispiel zeigt, daß die Produktionsrate (Prod. 1) das Absatzlager (2) beeinflußt. Die Höhe des Absatzlagers ist für den Absatzpreis (3) verantwortlich. Je nach Absatzpreis findet über die Absatzrate (Abs. 4) eine Abnahme des Absatzlagers und über die Produktionsrate (Prod. 1) eine Zunahme statt.

Es ist klar zu erkennen, daß keine exogene Einflüsse auf das Modellsystem wirken und es sich somit um ein geschlossenes System handelt. Beim Betrachten eines einzelnen Systemelements weist dieses immer Offenheit auf, was verdeutlicht, daß es immer auch auf den Standpunkt des Betrachters ankommt. Sofort sieht man aber auch, daß ein solch geschlossenes Modellsystem das Realsystem nur unvollkommen abbilden kann, da beispielsweise im Absatz saisonale Schwankungen auftreten können und die Produktion auch von anderen Einflüssen bestimmt werden kann (z.B. Beschaffungsengpaß). Diese Erkenntnis weist auf die Unvollkommenheit eines geschlossenen Systems hin, die jedoch oft in Kauf genommen werden muß, wenn ein Modell beim Erweitern einen Zuwachs an Komplexität erhalten würde, der in keinem Verhältnis zum gewonnenen Erkenntniszuwachs stünde.

Man sollte die Anzahl der exogenen Variablen möglichst gering halten, da sie immer mit Meßfehlern behaftet sind, die das System nicht durch Rückkopplung neutralisieren kann. Eventuell auftretende exogene Variablen können als Erreger benutzt werden, um das Verhalten des Systems zu analysieren. Als Erregerfunktion können Sprungfunktionen, Sinusschwingungen oder Zufallsvariable verwendet werden. Normalerweise werden jedoch Störgrößen auf das Modellsystem gegeben oder Parameter abgeändert, um das dynamische Verhalten eines Systems zu untersuchen.

Das Streben nach einem geschlossenen Modellsystem bringt die Gefahr mit sich, daß wesentliche exogene Einflüsse auf das System vernachlässigt oder unterschätzt werden. Es ist daher beim Untersuchen eines Systems das Augenmerk nicht nur auf die innere Struktur zu legen, sondern auch auf die externen Einflüsse auf das System.

1.9 Positive und negative Rückkopplung

Wenn der *Informationsausgang* eines Zustandes auf eine Rate einwirkt, die wiederum *denselben Zustand beeinflußt*, so handelt es sich um eine Rückkopplung.

Bei der *positiven Rückkopplung* erfolgt *kein Vorzeichenwechsel*, weil es sich um einen Wachstums- oder einen Schrumpfungsprozeß handelt. Dies hat zur Folge, daß sich der Zustand mit fortschreitender Simulationszeit immer weiter vom Anfangswert nach oben (Wachstum) oder nach unten (Schrumpfung) entfernt. Zur Verdeutlichung einer positiven Rückkopplungsschleife soll ein Bankkonto mit einem festen Betrag und konstantem Zinssatz für einen bestimmten Zeitraum betrachtet werden (s. Bild 1-14).

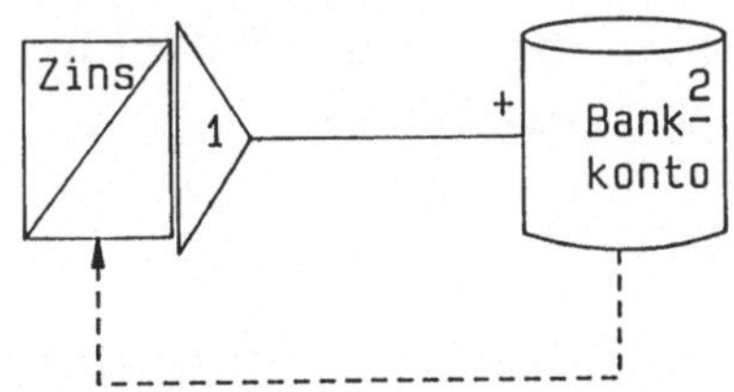

Bild 1-14 Positive Rückkopplungsschleife

Die laufenden Zinsen (Zins 1) werden demselben Bankkonto (2) gutgeschrieben, was zu einem Wachstumsprozeß führt. Mit der abgebildeten Symbolik wird dieser Strukturzusammenhang (Rückkopplung) verdeutlicht, ohne daß detaillierte Kenntnisse über die Höhe der einzelnen Parameter bekannt sein müssen.

Bei der *negativen* Rückkopplung erfolgt in der Schleife ein *Vorzeichenwechsel*, so daß immer das Bestreben besteht, den Zustand einer vorgegebenen Größe anzugleichen. Somit weisen die Raten immer ein anderes Vorzeichen auf als die Differenz des tatsächlichen und des optimalen Wert des Zustandes. Ob und wie die vorgegebene Größe erreicht werden kann, ist vom jeweiligen Modellsystem abhängig. Ein Beispiel soll dies verdeutlichen (s. Bild 1-15):

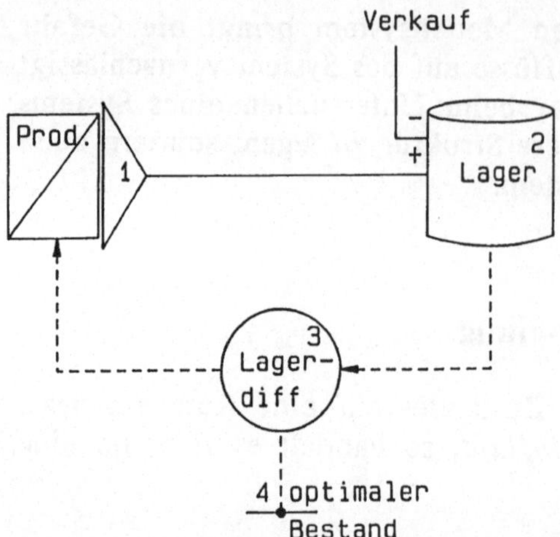

Bild 1-15 Negative Rückkopplungsschleife

Bei vorgegebenem optimalen Lagerbestand wird die Differenz zwischen dem optimalen und dem tatsächlichen Lagerbestandes in einer Hilfsvariable (Lagerdiff. 3) gebildet, die dann die Rate der Produktion (Prod. 1) beeinflußt. Eine Vorzeichenumkehr (der tatsächliche Lagerbestand besitzt ein Minuszeichen) erfolgt also bereits in der Hilfsvariablen. Diese Produktionsrate wirkt auf die Lagermenge (Lager 2), die von der Produktionsrate (Prod. 1) vergrößert und vom Verkauf verringert wird.

2 Grundmodell einer Unternehmung

2.1 Einführung

Mit den im vorigen Kapitel eingeführten Systemelementen wird ein Grundmodell einer Unternehmung aufgebaut und sein Verhalten erklärt. Es zeigt die prinzipiellen Unternehmensfunktionen, die als sich gegenseitig beeinflussende Systemelemente verstanden werden sollen. Weiterhin bildet das Modell die Grundlage für eine spätere Weiterentwicklung im Sinn einer feineren Aufgliederung der einzelnen Unternehmensbereiche zu einem erweiterten Gesamtmodell. Nach dem Erkennen von Problemen im Grundmodell (z.B. negative Auswirkung hoher Durchlaufzeiten auf den Absatz), können einzelne Teilgebiete weiter verfeinert werden, um das Verhalten in diesen Bereichen genauer zu untersuchen.

Aus dem Grundmodell wird bereits der Zusammenhang zwischen Beschaffung, Produktion und Absatz ersichtlich, obwohl es die große Vielfalt von Produkten und deren Produktionsmöglichkeiten nicht berücksichtigen kann. Das Modell ist so konzipiert, daß es dem Leser ermöglicht, Parallelen zu einem ihm bekannten Unternehmen zu finden sowie Ansatzpunkte und Anregungen für eine eigene Modellerstellung.

Das im Strukturdiagramm dargestellte Grundmodell (Bild 2-1) setzt sich aus den Bereichen Beschaffung, Produktion und Absatz zusammen. In den Bildern 2-2 bis 2-4 sind die Bereiche noch einmal gesondert abgebildet.

In der einführenden Modellkonzeption sind die genannten Bereiche durch eine Rückkopplungsschleife miteinander verbunden, so daß bei einer Änderung des Absatzpreises (AP 6) das Produktionsmengenprogramm (PMP 11) und die Beschaffung (B 12) beeinflußt wird. Das Produktionsmengenprogramm (PMP 11) nimmt über die Produktion (P 4) und das Absatzlager (AL 5) Einfluß auf den Absatzpreis (AP 6)und schließt damit die Rückkopplungsschleife. Durch ständig wechselnde Absatzpreise ergeben sich immer wieder neue Situationen, auf die die Kunden mit einer Änderung ihrer Nachfrage und das Unternehmen mit einer Anpassung ihres Produktionsprogramms reagieren kann.

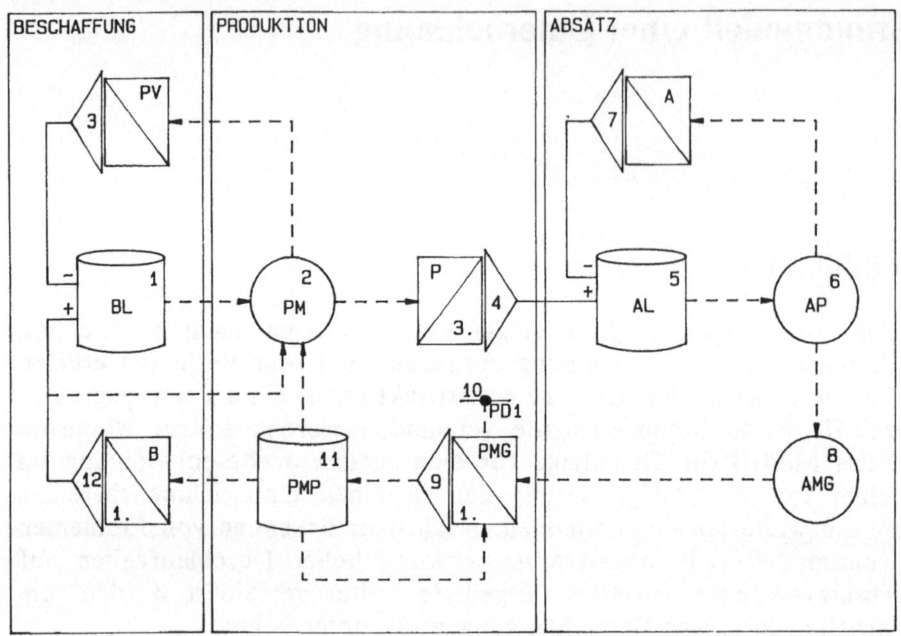

Bild 2-1 Strukturdiagramm des Grundmodells

Neben dieser, die verschiedenen Unternehmensbereiche verbindenden Schleife, treten in jedem Unternehmensbereich spezielle Rückkopplungsschleifen auf.

- Beschaffung
  Im Beschaffungsbereich wirkt die Produktionsmenge (PM 2) auf den Produktionsverbrauch (PV 3) und somit auf das Beschaffungslager (BL 1). Gleichzeitig wirkt das Beschaffungslager (BL 1) mit noch anderen Elementen auf die Produktionsmenge (PM 2) und schließt dadurch den Kreis.

- Produktion
  Ohne die Rückkopplung zwischen Produktionsmengenprogramm (PMP 11) und gewünschter Produktionsmenge (PMG 9) wäre eine Planung der gewünschten Produktionsmenge (PMG 9) nur bedingt möglich, da dadurch der Abgleich mit bereits bestehenden Aufträgen vorgenommen wird.

- Absatz
  Da die Absatzmenge (A 7) einerseits vom Absatzpreis (AP 6) abhängig ist und zum anderen auf das Absatzlager (AL 5) einwirkt, das wiederum den Absatzpreis (AP 6) beeinflußt, entsteht auch hier im Absatzlager (AL 5) eine Rückkopplungsschleife.

Im folgenden sollen die Zusammenhänge zwischen den einzelnen Systemelementen innerhalb eines Unternehmensbereichs genauer beschrieben werden.

a) Beschaffung

Es wird mit der Beschaffung (s. Bild 2-2) begonnen, die gewissermaßen die Voraussetzung für die Produktion und den Absatz ist.

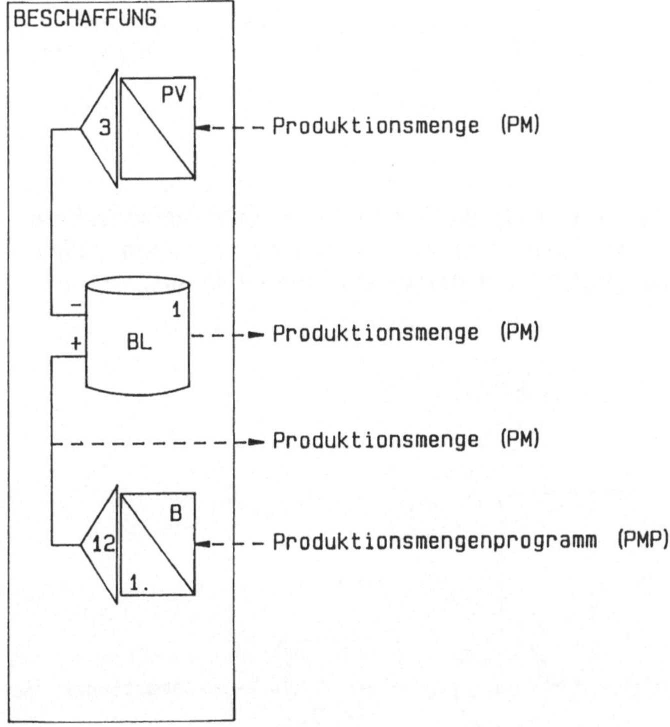

Bild 2-2 Strukturdiagramm des Beschaffungsbereichs

Der Beschaffungsbereich setzt sich aus dem Beschaffungslager (BL 1), der Beschaffung (B 12) und dem Produktionsverbrauch (PV 3) zusammen.

Im Grundmodell umfaßt das Beschaffungslager (BL 1) sämtliche Halbfabrikate, Teile oder Rohstoffe, die für die spätere Produktion benötigt werden. Als Anfangswert für das Beschaffungslager werden im Modell 100 Einheiten angenommen.

Zum Produktionsbereich bestehen folgende Verbindungen:

Die Daten aus dem Produktionsmengenprogramm (PMP 11) werden an die Beschaffung (B 12) weitergeleitet und lösen somit eine Materialbeschaffung aus, die mit einer zeitlichen Verzögerung von durchschnittlich zwei Wochen in das Beschaffungslager (BL 1) eingeht, in dem dann das benötigte Rohmaterial bereitsteht. Gleichzeitig wird das Beschaffungslager um den Produktionsverbrauch (PV 3) reduziert, welcher der in die Produktion (P 4) gehenden Menge entspricht. Durch die Information über die Höhe der momentanen Beschaffungsmenge (B 12), d.h. der bereits auf dem Weg befindlichen Güter und der Höhe des Beschaffungslagers (BL 1) wird die Produktionsmenge (PM 2) beeinflußt, wodurch eine Planung der Produktionsmenge ohne Berücksichtigung der tatsächlichen vorhandenen Rohmaterialien vermieden wird.

b) Produktion

Der Produktionsbereich (s. Bild 2-3) wird mit Hilfe einer gewünschten Produktionsmenge (PMG 9), dem Produktionsmengenprogramm (PMP 11), der Produktionsmenge (PM 2) und der Produktion (P 4) dargestellt.

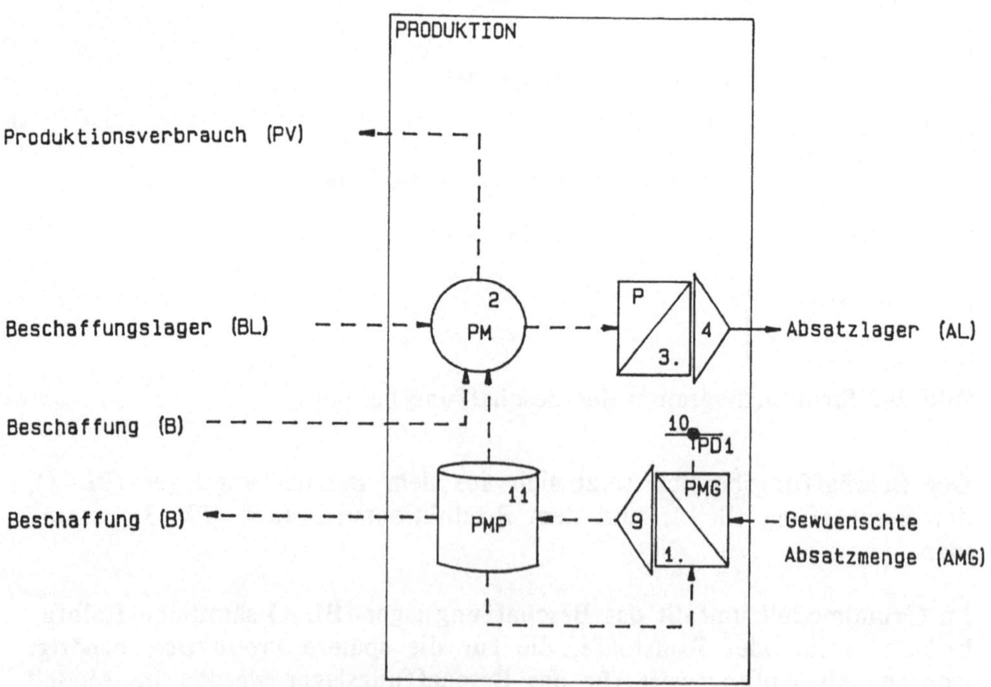

Bild 2-3 Strukturdiagramm des Produktionssektors

Eine Verbindung zwischen dem Absatzbereich, speziell der gewünschten Absatzmenge (AMG 8) mit dem Produktionsmengenprogramm (PMP 11) wird durch die gewünschte Produktionsmenge (PMG 9) hergestellt. Die Rate der gewünschten Produktionsmenge (PMG 9) ist die Differenz aus der gewünschten Absatzmenge (AMG 8) und dem Produktionsmengenprogramm (PMP 11), dividiert durch die Anpassungskonstante (PD1). Somit ergibt sich für die gewünschte Produktionsmenge:

PMG = (AMG-PMP) / PD1

Die Anpassungskonstante bewirkt, daß auf Abweichungen im Absatzbereich nur mit einem Bruchteil der Veränderung reagiert wird und somit eine verzögerte Anpassung an Schwankungen erfolgt. Das Produktionsmengenprogramm (PMP) mit einem Anfangswert von beispielsweise 400 Einheiten gibt Auskunft über die neuen Produktionsaufträge und wirkt mit Informationen aus dem Beschaffungsbereich auf die Produktionsmenge (PM 2), welche ihrerseits in die Produktionsrate (P 4) eingeht. Die Produktion wird im Modell durch eine Verzögerung dritter Ordnung und einer durchschnittlichen Verzögerungszeit von 10 Wochen (Zeit von Produktionsanfang bis zur Fertigstellung eines Produktes) realisiert. Der Ausgang der Produktionsrate (P 4) bewirkt eine Zunahme der Fertigerzeugnisse im Absatzlager (AL 5) und verbindet damit die beiden Unternehmensbereiche Produktion und Absatz.

c) Absatz

Der Absatzbereich (s. Bild 2-4) setzt sich aus dem Absatzlager (AL 5), dem Absatzpreis (AP 6), dem Absatz (A 7) und einer gewünschten Absatzmenge (AMG 8) zusammen.

Im Absatzlager (AL 5), das beispielsweise einen Anfangsbestand von 800 Einheiten enthält, bewirkt die Produktion (P 4) eine Zunahme, der Absatz (A 7) eine Abnahme des Lagerbestands, welcher dann mit dem in Bild 2-5 dargestellten Zusammenhang den Absatzpreis (AP 6) bestimmt.

Aus diesem Bild sind die Auswirkungen auf den Absatzpreis (AP 6) bei geringem Angebot (niedriger Lagerbestand AL 5) deutlich zu erkennen.

Bei einem Lagerbestand (AL) von beispielsweise 200 Einheiten ergibt sich ein Absatzpreis (AP) von 690 DM/Einheit, während ein Lagerbestand von 1000 Einheiten nur noch einen Absatzpreis von 430 DM/Einheit erzielt. Daraus ist der Einfluß eines zu hohen Angebots ersichtlich, das durch eine zu hohe Produktion erzeugt wurde.

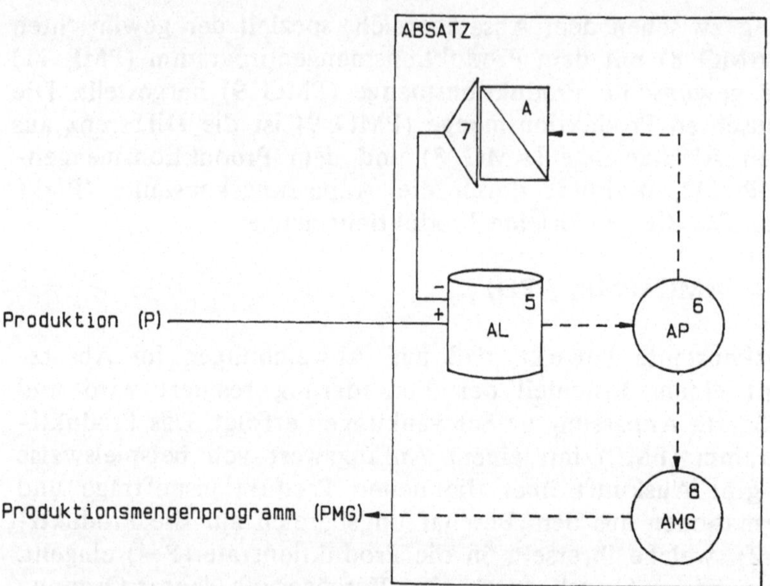

Bild 2-4 Strukturdiagramm des Absatzsektors

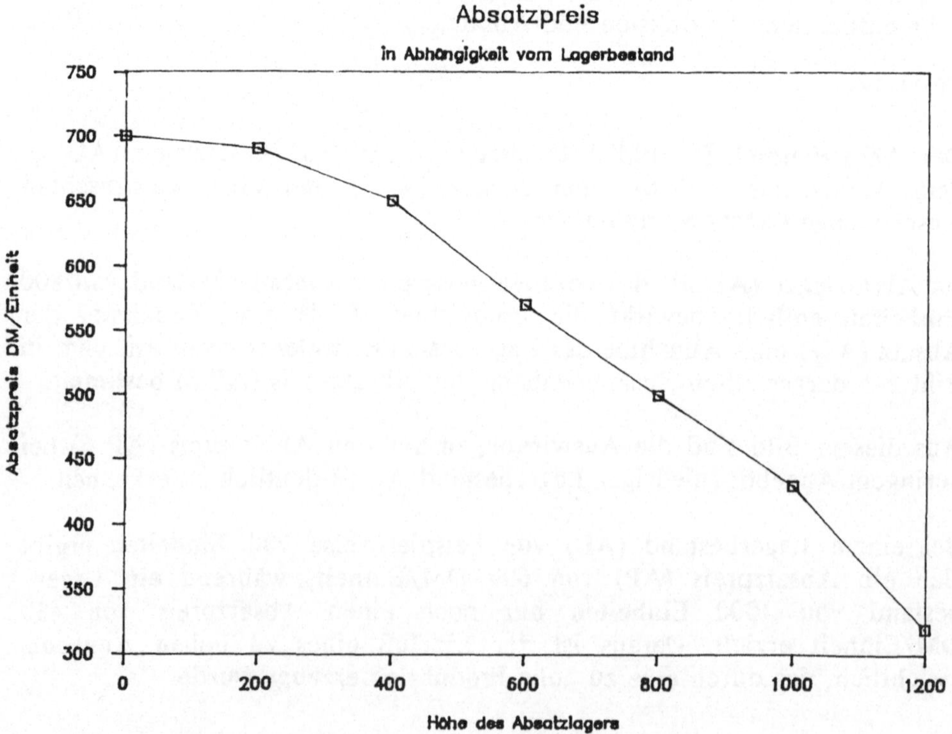

Bild 2-5 Absatzpreis in Abhängigkeit vom Lagerbestand

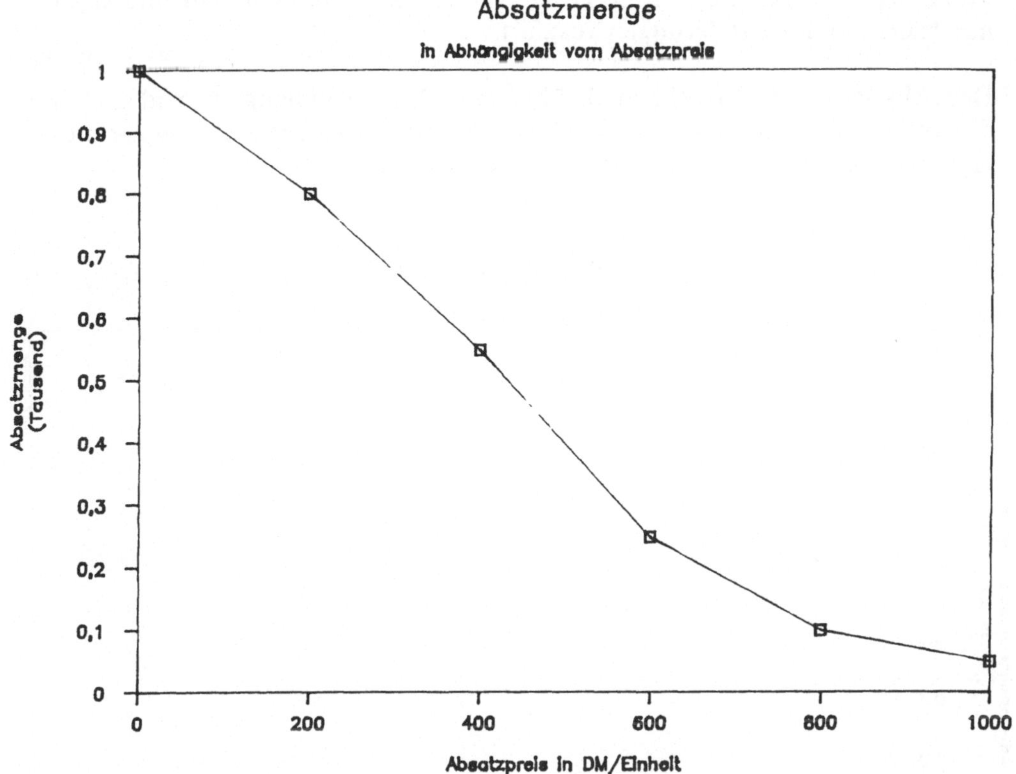

Bild 2-6 Absatzmenge in Abhängigkeit vom Absatzpreis

Wie die Absatzmenge (A) von dem Absatzpreis (AP) abhängt, ist in Bild 2-6 dargestellt (zu den Einflüssen des Wettbewerbs und den Wirkungen von Marketingmaßnahmen, siehe Abschn. 5.1 und 5.2).

Bild 2-6 zeigt, daß bei einem niedrigen Absatzpreis (AP) die Absatzmenge (A) groß ist, während bei einem hohen Absatzpreis nur wenig Güter verkauft werden können. So können bei einem Absatzpreis (AP) von 200 DM/Einheit 800 Einheiten/Woche verkauft werden und nach einem Preisanstieg auf 800 DM/Einheit geht die Absatzmenge (A) auf 100 Einheiten/Woche zurück. Das unterschiedliche Verhalten der Käufer auf Preisänderungen wird durch die Nichtlinearität der Preis-Absatz-Funktion sichtbar. Im Bereich zwischen 0 DM/Einheit und 600 DM/Einheit fällt die Absatzmenge fast proportional zum Preisanstieg ab. Bei 600 DM/Einheit und 800 DM/Einheit sind Änderungen im Kaufverhalten zu erkennen. An diesen Punkten wird die Nachfrage unelastischer, d.h. die Absatzmenge reagiert weniger empfindlich auf Preisänderungen. Dies bedeutet, daß eine Käuferschicht vorhanden sein muß, die trotz

Preissteigerung nicht auf diese Güter verzichten kann oder will und somit nur träge auf Preisänderungen reagiert.

Der Absatzpreis (AP) geht auch über den Zusammenhang in Bild 2-7 in die gewünschte Absatzmenge (AMG) ein und bildet dadurch die Grundlage zur Produktionsmengenplannung (PMP).

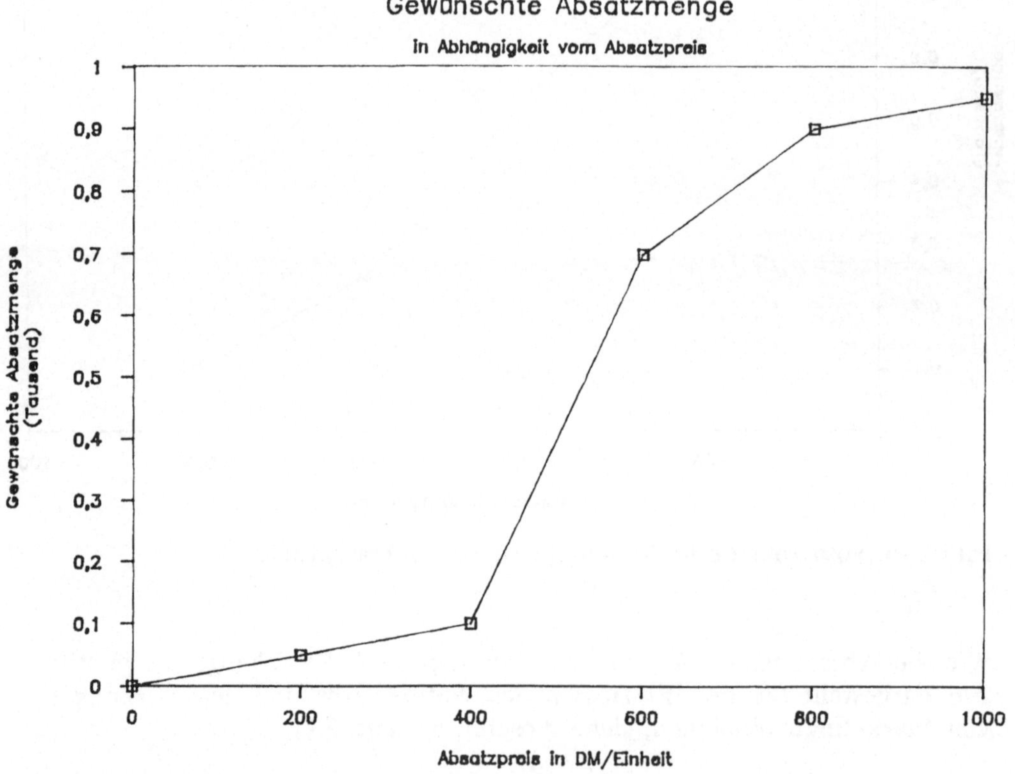

Bild 2-7 Gewünschte Absatzmenge in Abhängigkeit vom Absatzpreis

Bild 2-7 entspricht einer Angebotskurve, die bei niedrigem Preis eine niedrige gewünschte Produktionsmenge (PMG) und bei hohem Preis eine hohe gewünschte Produktionsmenge aufweist. Bei einem Absatzpreis (AP) von mehr als 400 DM/Einheit kann das Unternehmen kostendeckend produzieren, so daß sich bei einer Preissteigerung von 200 DM/Einheit die gewünschte Produktionsmenge (PMG) schlagartig von 100 Einheiten/Woche auf 700 Einheiten/Woche erhöht. Wenn das Unternehmen die Produktmenge von 700 Einheiten/Woche erreicht, steigen die Kosten im Verhältnis zu den Erlösen überproportional an, wodurch das Interesse des Unternehmens, mehr zu verkaufen, abnimmt. Dies spiegelt sich in der Abflachung des Kurvenverlaufs wider.

Zusammenfassend ist zu sagen, daß beispielsweise bei einer Reduzierung des Preises von 500 DM/Einheit auf 400 DM/Einheit die Kunden mit einer erhöhten Nachfrage von 550 Einheiten/Woche reagieren und das Unternehmen die Produktion auf 100 Einheiten/Woche reduziert. Diese Produktionsänderung wirkt sich über eine Informationsverzögerung bei der Programmplanung, einer Verzögerung bei der Beschaffung der Rohstoffe und einer Verzögerung bei der Produktion wieder auf das Absatzlager und somit auf den Absatzpreis aus. Umgekehrt bewirkt eine Erhöhung des Abstzpreises von 500 DM/Einheit auf 600 DM/Einheit über dieselben Verzögerungen eine Verminderung der Nachfrage auf 250 Einheiten/Woche und eine Steigerung der Produktion auf 700 Einheiten/Woche. Im folgenden werden für das Grundmodell die Auswirkungen unterschiedlicher Störungen im Unternehmensablauf untersucht.

2.2 Verhalten des Grundmodells

Das Grundmodell befindet sich bei den gegebenen Anfangswerten (Anfangsbestand des Absatzlagers 800 Einheiten, Anfangsbestand des Produktionsmengenprogramms 400 Einheiten und Anfangsbestand des Beschaffungslagers 100 Einheiten) in einem eingeschwungenen Zustand. Dies bedeutet, daß die Höhe der Produktion, des Absatzes und der Beschaffung, mit 400 Einheiten/Woche bei einem Preis von 500 DM/Einheit über den zeitlichen Verlauf konstant ist.

Das Wissen über bestehende Strukturzusammenhänge reicht wegen der vielen Rückkopplungen und der Komplexität des Modells oft nicht aus, um einen Überblick über das Verhalten eines Modells zu bekommen. Aus diesem Grunde werden Änderungen (*Störungen*) im Modell vorgenommen, welche das Modell aus dem Gleichgewichtszustand bringen, so daß das Verhalten der einzelnen Parameter im zeitlichen Verlauf beobachtet werden kann. Eine Analyse des zeitlichen Verhaltens der Parameter und ihre gegenseitige Beeinflussung kann dann Informationen über das Unternehmen liefern. So wird beispielsweise der Einfluß einer bestimmten Organisationsform sichtbar oder man bekommt Informationen über die Auswirkungen einer mengenmäßigen Störung auf andere Unternehmensbereiche. Man sollte nicht mehrere Abänderungen gleichzeitig vornehmen, da eine solche Vorgehensweise häufig keine eindeutige Zuordnung der Auswirkungen auf die verschiedenen Störgrößen erlaubt.

2.2.1 Verhalten bei Störung in der Beschaffung

Als erstes soll geprüft werden, wie das Modell auf einen Beschaffungsengpaß reagiert. Zu diesem Zweck wurde ab der zehnten Woche die Beschaffung (B) für zwei Wochen von 400 auf 100 Einheiten/Woche verringert. Ohne große Probleme erkennt man schon aus dem Strukturdiagramm (s. Bild 2-1) die notwendige Anpassung der Produktionsmenge (PM 2) an das Beschaffungslager (BL 1), da der Lagerbestand von 100 Einheiten nicht genügt, um den Lieferausfall zu kompensieren. Dies führt dazu, daß nicht alle 400 Einheiten/Woche aus dem Produktionsmengenprogramm produziert werden können. Es bleiben jedoch noch viele Fragen offen, die nicht ohne weiteres beantwortet werden können, beispielsweise die Frage nach der Fähigkeit des Modells, die Störung auszuregeln, d.h. wie sich das Modell der Störung anpaßt, oder die Frage, wie der Absatz durch diese Störung beeinflußt wird. Die grafische Darstellung der Simulationsergebnisse mit der aufgeschalteten Störung gibt darüber Auskunft (s. Bild 2-8).

Beim Betrachten der Bilder ist allgemein darauf zu achten, daß für die Variablen verschiedene Maßstäbe verwendet werden, welche jeweils hinter den Variablennamen angegeben sind. In Bild 2-8 schwingt beispielsweise der Absatz (A), die Produktion (P) und die Beschaffung (B) um einen Gleichgewichtszustand von 400 Einheiten/Woche, der Absatzpreis (AP) jedoch um einen Gleichgewichtspreis von 500 DM.

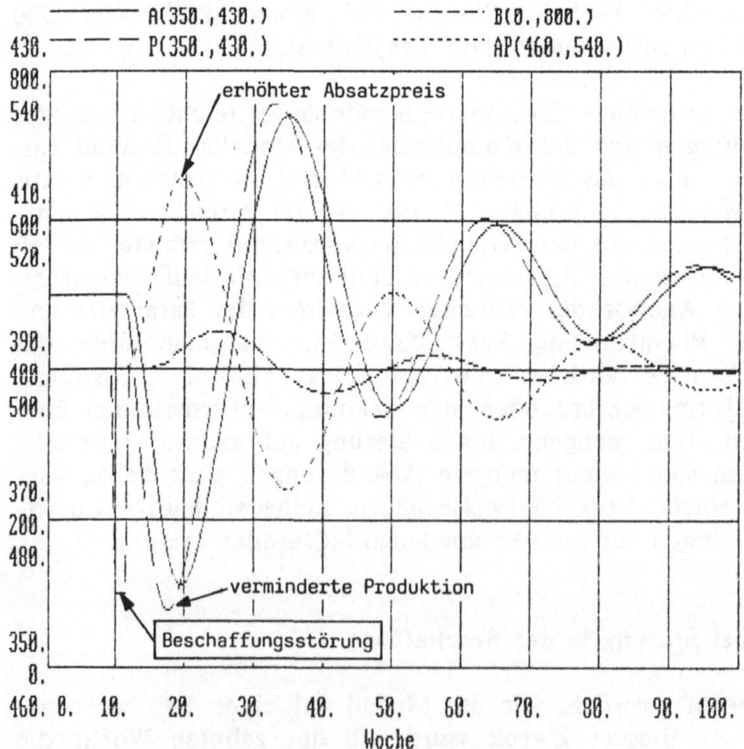

Bild 2-8 Grundmodell bei einem Beschaffungsengpaß

Wegen der verminderten Produktion fällt das Absatzlager auf einen niedrigeren Stand, und der Absatzpreis (AP) steigt. Der leicht erhöhte Absatzpreis bewirkt eine Verringerung des Absatzes (A) und zeitverzögert eine Zunahme der Beschaffung (B), welche dann nach einer weiteren Verzögerung wieder eine erhöhte Produktion zuläßt. Nachdem die Produktionserhöhung mit einer Verzögerung den Absatz auf über 400 Einheiten/Woche ansteigen läßt, fällt der Preis unter den Anfangspreis von 500 DM/Einheit. Wegen der relativ großen Produktionsverzögerung hält die erhöhte Produktion auch jetzt noch an, so daß ein entgegengesetzter Verlauf mit verringerter Intensität folgt. Diese Schwingungen nehmen in den Amplituden ab, was klar zeigt, daß es sich hier um einen stabilen Fall handelt. Aus Bild 2-8 ist auch zu entnehmen, daß sich die Höhe des Absatzes immer entgegen dem Absatzpreis entwickelt, da bei einem hohen Preis weniger verkauft wird, und keine zeitlichen Verzögerungen im Absatzbereich auftreten. Nach einem Maximum im Preis folgt etwa 15 Wochen später ein Maximum im Absatz bei niedrigerem Preis, wobei diese Verzögerung hauptsächlich auf die Produktion zurückzuführen ist.

2.2.2 Verhalten bei Störung in der Produktion

Es soll nun untersucht werden, welche Auswirkungen eine Störung in der Produktion auf das Grundmodell hat. In einem Bereich der Produktion (P) werden beispielsweise wegen eines Maschinenausfalls ab der zehnten Woche für die Dauer von zwei Wochen nur 300 Einheiten/Woche gefertigt. Das Ergebnis einer solchen Störung ist in Bild 2-9 dargestellt.

Man stellt fest, daß die Produktionsmenge nicht auf 300 Einheiten/Woche sinkt, sondern ein Minimum von 384 Einheiten/Woche aufweist und etwa vier Wochen unter 400 Einheiten/Woche bleibt. Es handelt sich hierbei also um Produktionsschwankungen in der Größenordnung von vier Prozent um den Gleichgewichtszustand von 400 Einheiten/Woche, was auf ein sehr unempfindliches Modell in bezug auf Produktionsstörungen hinweist. Die Ursache dieser Entwicklung liegt in der Produktionsverzögerung dritter Ordnung. Bei einer durchschnittlichen Verzögerung von zehn Wochen befinden sich viele Produkte mit verschiedenen Fertigungsstufen im Produktionsprozeß, so daß bei einer kurzen Störung trotzdem Teile fertiggestellt, und damit starke Veränderungen ausgeglichen werden können. Die verminderte Produktion (P) führt über das Absatzlager (AL) zu einem leicht erhöhten Absatzpreis von 510 DM/Einheit, worauf der Absatz (A) von 400 Einheiten/Woche auf 385 Einheiten/Woche zurückgeht. Gleichzeitig löst der erhöhte Absatzpreis über die gewünschte Absatzmenge (AMG) eine Zunahme im Produktionsmengenprogramm (PMP) aus, so daß die Beschaffung mit Verzögerung steigt, und mit weiterer Verzögerung die Produktion. Das

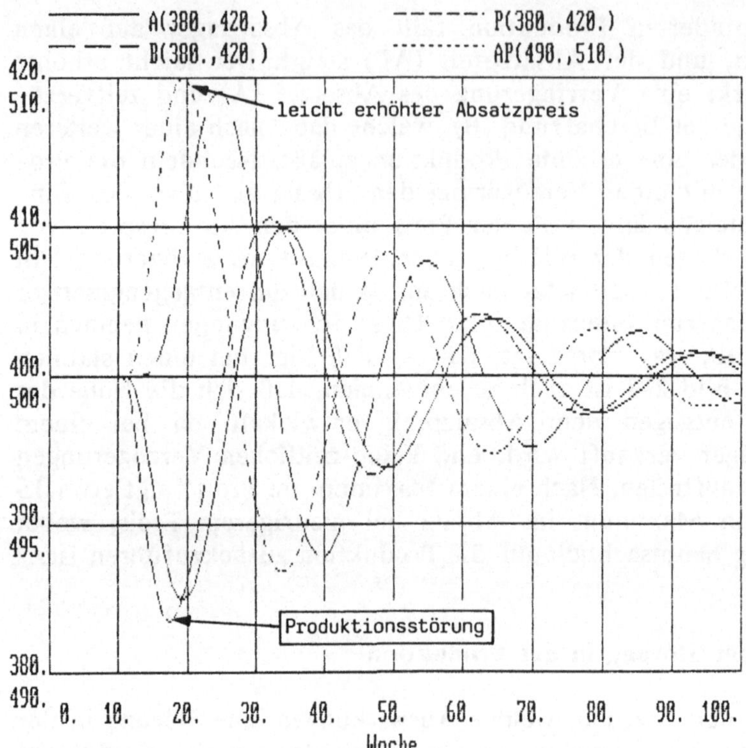

Bild 2-9 Grundmodell bei einer Produktionsstörung

Verhalten des Absatzpreises zur Produktion und die Verzögerung zur Beschaffung ist hier identisch mit dem Verhalten bei einer Beschaffungsstörung.

2.2.3 Verhalten bei einer Störung im Absatz

Im Absatzbereich wurde die Absatzmenge (A) verringert. Der Nachfrageausfall, welcher in der zehnten und elften Woche jeweils 100 Einheiten/Woche beträgt, hat direkte Auswirkungen auf den Produktions- und Beschaffungssektor (s. Bild 2-10).

Um den Nachfrageausfall zu kompensieren, beginnt der Preis (AP) sofort zu sinken, so daß eine zusätzlich auftretende Nachfrage der Absatzstörung entgegenwirkt. Nach Beendigung der Störung steigt bei einem Preis von 455 DM/Einheit die Absatzmenge auf 470 Einheiten/Woche an. Dieser erhöhten Absatzmenge steht nun eine verminderte Produktionsmenge gegenüber, da bei dem anfänglichen Preisrückgang die Konzeption mit einem verringerten Angebot reagiert hat, das durch die Verzögerung in der Beschaffung und der Produktion auch noch weiter anhält. Nach-

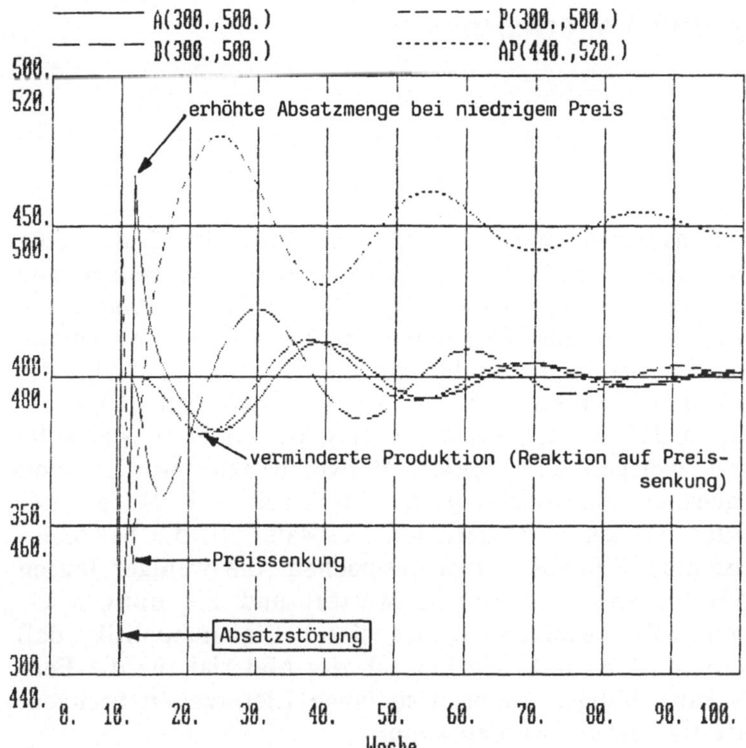

Bild 2-10 Grundmodell bei einer Absatzstörung

dem sich die Absatzmenge der Produktionsmenge angepaßt hat, pendelt der Preis um den Gleichgewichtspreis, entgegen der Absatz- und der Produktionsmenge. Der Schwingungsverlauf gleicht dann den Einschwingvorgängen einer Beschaffungs- oder Produktionsstörung, da an der Struktur des Modells nichts verändert wurde.

3 Beschaffung und Lagerhaltung

Für einen Produktionsbetrieb werden zur Herstellung der Güter eine Vielzahl von Roh-, Hilfs- und Betriebsstoffen sowie von Halbzeugen benötigt. Der Sammelbegriff dafür ist *Material*. Damit für die Produktion immer ausreichend Material zur Verfügung steht, wird ein Wareneingangslager geführt, das wir im folgenden als Lager bezeichnen. Um die Kapitalbindung klein zu halten, werden teure Materialien möglichst kurzfristig bestellt, so daß die Lagerdauer gering ist. Nicht so wertvolle Materialien können dagegen in gößerer Menge bestellt werden und bedürfen keiner genauen Überwachung der Lieferzeit. Mit Hilfe einer ABC-Analyse werden die teuren Materialien (A-Material), die beispielsweise 75% des gesamten Einkaufswertes ausmachen, die weniger teuren B-Materialien (75% bis 95% des Einkaufswertes) und die billigen C-Materialien bestimmt. Zu beachten ist bei dieser Einkaufspolitik, daß auch danach bestellt werden muß, wie kritisch das Material für die Fertigung ist, d.h. es kann billiges Material so lange Lieferzeiten besitzen, daß es nicht rechtzeitig verbaut werden kann.

Da es je nach Branche und Produktpalette unterschiedliche Formen der Beschaffung und Lagerhaltung gibt, sollen hier einige der wichtigsten Lagerhaltungssysteme vorgestellt und erklärt werden. Dazu verwenden wir das in Kapitel 2 vorgestellte Grundmodell und ersetzen den Beschaffungsbereich jeweils durch ein anderes Lagerhaltungsmodell. Anschließend werden die unterschiedlichen Verhaltensweisen der einzelnen Lagerhaltungsmodelle bei Störungen aufgezeigt.

Im wesentlichen gibt es zwei unterschiedliche Beschaffungssituationen:

a) Bedarfsgesteuerte Disposition

Die Bestellung wird nach vorliegenden Aufträgen ausgelöst. Das setzt voraus, daß Art und Menge der Aufträge bekannt sind, wie dies beispielsweise im Sondermaschinenbau oder in der Investitionsgüterindustrie der Fall ist.

b) Verbrauchsgesteuerte Disposition

Hier liegt das Auftragsvolumen nach Art und Menge nicht genau fest, sondern wird nach bestimmten Verfahren prognostiziert. Diese Dispositionsart ist beispielsweise in der Konsumgüterindustrie anzutreffen.

Im folgenden werden die einzelnen Dispositionsarten ausführlicher abgehandelt.

3.1 Bedarfsgesteuerte Disposition

Hierbei wird zwischen *Einzelbedarfsdisposition* (Bestellung nach jedem Auftragseingang) und *Sammelbedarfsdisposition* (vor der Bestellung werden einige Aufträge gesammelt) unterschieden.

3.1.1 Einzelbedarfsdisposition

Bei der Einzelbedarfsdisposition werden die benötigten Mengen erst bei einem auftretendem Bedarf bestellt. Das bedeutet, daß die Waren sofort nach dem Eintreffen im Unternehmen in der Produktion weiterverarbeitet werden. Der Vorteil dieser Dispositionsart ist, daß fast keine Lagerbestände auftreten, so daß die Lagerkosten und die Zinskosten für die Kapitalbindung sehr niedrig sind. Man wählt diese Form der Disposition, wenn es sich um sehr hochwertige Materialien handelt, oder wenn die Materialien schwierig zu lagern sind. Die Nachteile liegen in eventuellen langen Lieferzeiten, da die Verzögerung der Beschaffung voll zu der Durchlaufzeit hinzuaddiert werden muß. Außerdem wirkt sich eine Störung bei der Beschaffung, beispielsweise ein Ausfall einer Lieferung oder eine mangelhafte Lieferung, direkt auf die Produktionszeit und damit auf die Absatzmenge aus, da keine Sicherheitsbestände vorhanden sind.

In Bild 3-1 ist das Strukturdiagramm einer Einzelbedarfsdisposition dargestellt. Aus dem Produktionsmengenprogramm (PMP) ergibt sich direkt die Beschaffungsmenge (B), so daß die Materialmenge aus dem Produktionsmengenprogramm genau der Beschaffungsmenge entspricht, die als einzige Größe die Produktionsmenge (PM) bestimmt. Das eintreffende Material wird in der Regel sofort im Produktionsprozeß eingesetzt, so daß auf ein Beschaffungslager verzichtet werden kann.

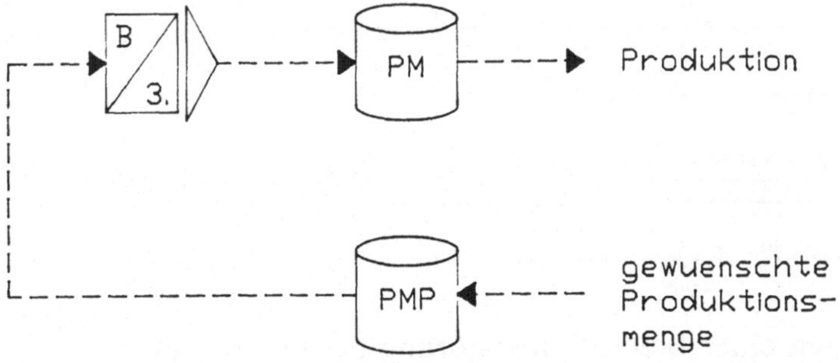

Bild 3-1 Strukturdiagramm einer Einzelbedarfsdisposition

An den Anfangsparametern des Modells wurde nichts verändert. Deshalb stimmt der Gleichgewichtszustand mit dem im Grundmodell überein, und es ergibt sich eine Beschaffungsmenge von 400 Einheiten/Woche. Um Informationen über das Verhalten der Produktion bei einer Störung in der Beschaffung zu erhalten, wird die Beschaffungsmenge vom zehnten bis zum zwölften Monat auf 100 Einheiten/Woche verringert. Es wurde hier die gleiche Störung wie im Grundmodell gewählt, in dem ebenfalls das Verhalten einer Beschaffungsstörung untersucht wurde (s. Abschn. 2.2.1, Bild 2-8). Die Auswirkungen dieser Störung zeigt Bild 3-2.

Die Produktion wird in vollem Umfang von der Störung betroffen, da keine Sicherheiten in Form von Lagerbeständen existieren. So sinkt die Produktion auf ein Minimum von 350 Einheiten/Woche. Dies hat eine Erhöhung des Absatzpreises (AP) von 500 auf 530 DM zur Folge. Der erhöhte Marktpreis bewirkt dann einen Rückgang der Absatzmenge (A) auf annähernd 350 Einheiten pro Woche. Nachdem die Beschaffungsstörung abgeklungen ist, erfolgt ab dem fünfzehnten Monat (60. Woche) ein Beschaffungsanstieg. Kurz darauf steigt die Produktion wieder an.

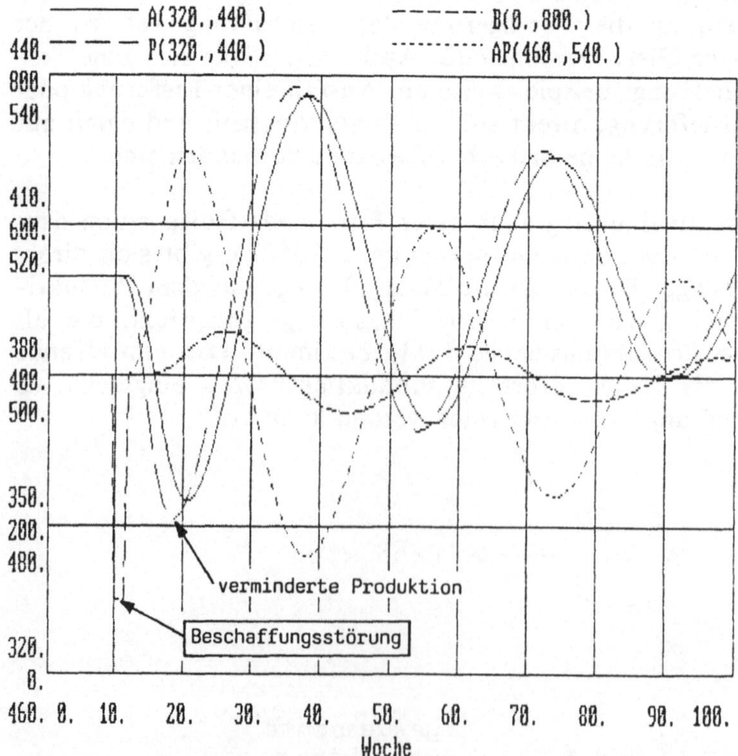

Bild 3-2 Auswirkungen einer Beschaffungsstörung bei der Einzelbedarfsdisposition

Vergleichen wir dazu die Auswirkungen einer Beschaffungsstörung im Grundmodell (Bild 2-8), so wird erkennbar, daß die Auswirkungen einer Beschaffungsstörung auf die Produktion (P) und den Absatzpreis (AP) (sichtbar an den Amplituden der Schwingungen) bei der Einzelbedarfsdisposition größer sind, da auf das Beschaffungslager, das eine Pufferfunktion erfüllt, verzichtet wurde.

3.1.2 Sammelbedarfsdisposition

Oft ist es sinnvol oder sogar notwendig, Aufträge zusammenzufassen und erst ab einem bestimmten Auftragsvolumen eine Bestellung zu veranlassen. Eine solche Vorgehensweise ist beispielsweise sinnvoll, wenn die fixen Bestellkosten sehr hoch im Verhältnis zum bestellten Materialwert sind oder wenn das benötigte Material vom Lieferanten nur in bestimmten Mengen verkauft wird. Da das bestellte und gelieferte Material der Menge nach nicht genau der Produktionsmenge entspricht, erfordert die Sammelbedarfsdisposition ein Beschaffungslager. Die Systemzusammenhänge einer Sammelbedarfsdisposition sind in Bild 3-3 dargestellt.

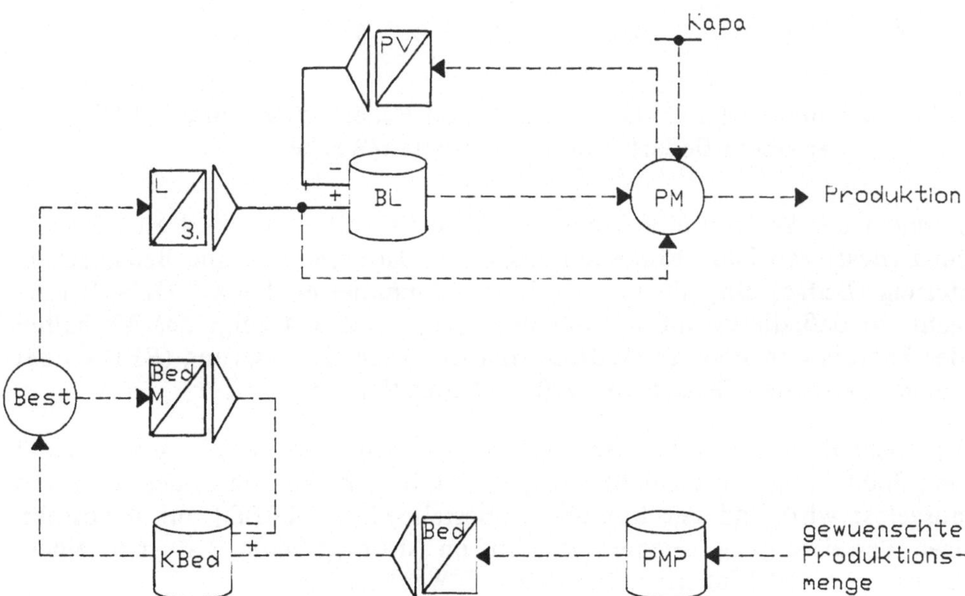

Bild 3-3 Strukturdiagramm einer Sammelbedarfsdisposition

Aus dem Produktionsmengenprogramm (PMP) ergibt sich der Bedarf (BED) und erhöht den kumulierten Bedarf (KBed). Für den kumulierten Bedarf (KBed) wurde ein Anfangsbestand von 1600 Einheiten gewählt.

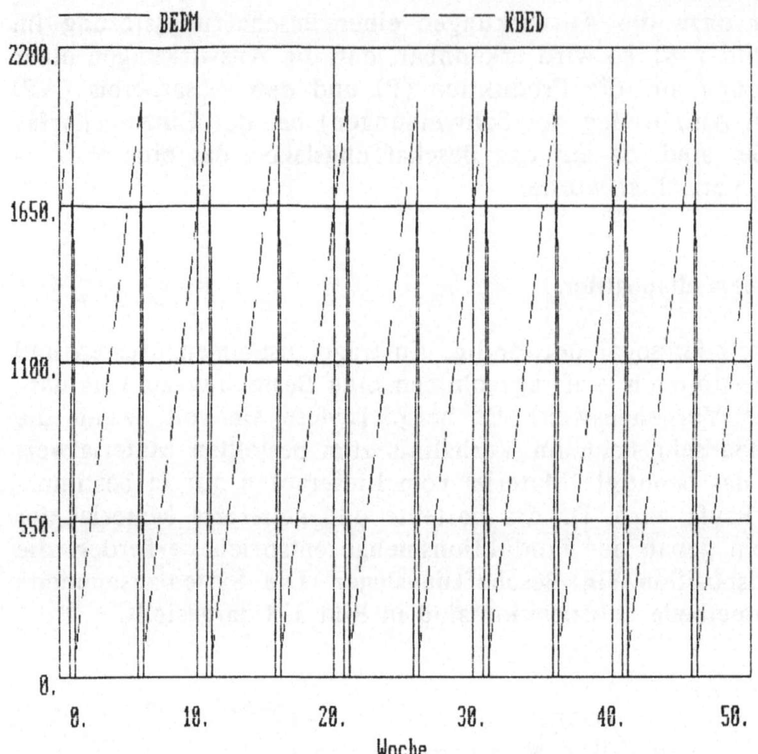

Bild 3-4 Kumulierter Bedarf (KBED) und Bedarfsminderung (BEDM) bei einem Bedarf von 400 Einheiten/Woche

Erreicht der Bestand eine Höhe von 2000 Einheiten, so wird eine Bestellung (Best) von 2000 Einheiten ausgelöst. Dadurch tritt eine Bedarfsminderung (BedM) ein, die negativ in den kumulierten Bedarf (KBed) eingeht, so daß dieser auf 0 Einheiten sinkt. Bild 3-4 zeigt das Verhalten des kumulierten Bedarfs (KBED) und der Bedarfsminderung (BEDM) bei einem konstanten Bedarf von 400 Einheiten/Woche.

Das Schaubild läßt erkennen, daß schon nach einer Woche ein Bestand von 2000 Einheiten erreicht wird, wodurch eine Bestellung des Materials ausgelöst wird und der kumulierte Bestellbedarf (KBED) auf 0 absinkt. Der Bestellvorgang wiederholt sich im störungsfreien Fall bei einem Bedarf von 400 Einheiten/Woche alle 5 Wochen.

Wie das Strukturdiagramm in Bild 3-3 zeigt, führt eine Bestellung (Best) mit einer Verzögerung dritter Ordnung von 2 Wochen zu einer Lieferung (L), die einen Anstieg des Beschaffungslagers (BL) bewirkt. Die Produktionsmenge (PM) ist diejenige Menge Material, die im Beschaffungslager (BL) vorhanden ist und in die Produktion gelangt. Die Produktionskapazität wird durch die Konstante Kapa auf maximal 600 Einheiten/Woche begrenzt. Der Produktionsverbrauch (PV) entspricht der Produktionsmenge (PM) und vermindert das Beschaffungslager (BL). Weil diese Art der Beschaffung darauf abzielt, das beschaffte Material sofort in die Produktion gelangen zu lassen, wird das Beschaffungslager niedrig gehalten. Würde die Produktionskapazität nur 400 Einheiten/Woche betragen, wie die Produktions- und Absatzmengen im eingeschwungenen Zustand des Grundmodells, so würde die Produktionskapazität konstant bleiben. das würde jedoch zu einem höheren durchschnittlichen Bestand im Beschaffungslager führen. Dadurch, daß die Produktionskapazität auf maximal 600 Einheiten pro Woche erhöht wird, treten leichte Schwankungen in der Produktionsmenge auf.

Da auch bei einer Sammeldisposition die Lagervorräte minimal gehalten werden, und das gelieferte Material unverzüglich in den Produktionsprozeß gelangt, wird ein eventuell auftretender Lieferausfall schwerwiegende Folgen für die Produktion haben. In unserem Modell soll untersucht werden, wie stark sich ein Lieferausfall von 2000 Einheiten in der elften Woche auf die Produktion (P), den Absatzpreis (AP) und die Absatzmengen (A) auswirkt (s. Bild 3-5).

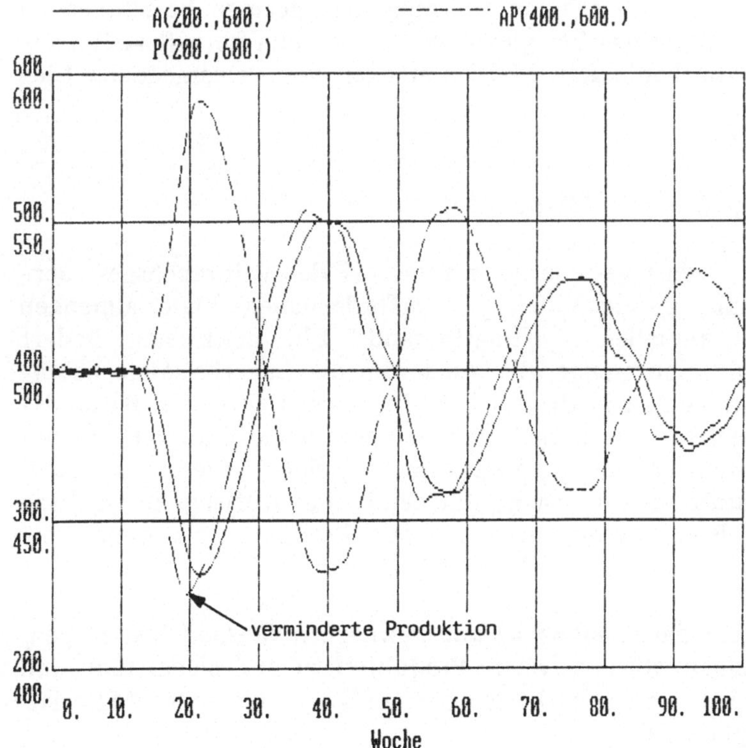

Bild 3-5 Auswirkungen eines Lieferausfalles bei der Sammelbedarfsdisposition

Man erkennt die leichten Schwingungen bis zur elften Woche, hervorgerufen durch die stoßweise eintreffenden Lieferungen und die daraus resultierenden Produktionsschwankungen. Ab der elften Woche sinkt die Produktionsmenge ab, bis sie in der neunzehnten Woche ein Minimum von 250 Einheiten/Woche erreicht. Mit nur einer relativ kleinen Verzögerung von 2 Wochen reagiert der Absatz durch Sinken der Absatzmenge (A) auf einen derartigen Lieferausfall. Durch das Absinken der Produktion und damit des Absatzes erhöht sich der Absatzpreis sehr stark von 400 auf 580. Die Folge davon ist, daß sich das Produktionsmengenprogramm (PMP) und der kumulierte Bedarf (KBed) sehr schnell erhöhen, so daß eine erneute Bestellung nicht erst in der sechzehnten Woche erfolgt, sondern erheblich früher erforderlich ist. Dieser Umstand führt zu einem Produktionsanstieg schon ab der neunzehnten Woche. Bild 3-5 zeigt den weiteren, schwingungsförmigen Verlauf von Produktion (P), Absatz (A) und Absatzpreis (AP). Grundsätzlich ist zu erkennen, daß die Produktion (P) und der Absatz (A) annähernd gleich reagieren, während der Absatzpreis modellbedingt sich gegensätzlich verhält. Im Zeitverlauf nehmen die Auswirkungen der Lieferstörung, allerdings sehr langsam, ab; sie sind in der 90. Woche (nach 22 Monaten) noch halb so groß.

Um das Risiko des Lieferausfalls bei einer Sammelbedarfsdisposition zu verringern, sollte ein Unternehmen auf möglichst geringe Bestellmengen achten (dann sind allerdings bei gleichem Bedarf häufigere Bestellungen erforderlich) und die benötigten Materialmengen von verschiedenen Lieferanten beziehen.

3.2 Verbrauchsgesteuerte Disposition

Im Gegensatz zur bedarfsgesteuerten erfolgt bei der verbrauchsgesteuerten Disposition die Bereitstellung der erforderlichen Materialmengen unabhängig vom aktuellen Auftragsbestand. Ein erwarteter Bedarf bestimmt die Produktionsmenge, die wiederum die Lagerbestände beeinflußt. Deshalb entscheiden in diesem Fall die jeweils aktuellen Bestandsdaten, ob ein Bestellvorgang ausgelöst wird oder nicht. Eine verbrauchsgesteuerte Disposition kommt beispielsweise für solche Güter in Betracht, deren Materialeinsatz sich nicht grundlegend von Auftrag zu Auftrag unterscheidet (z. B. Konsumgüter) oder für Produkte, bei denen die Verzinsung der gelagerten Materials erträglich ist.

Das Problem besteht darin, einen *wohlausgewogenen Bestand* festzulegen, der zum einen einen störungsfreien Produktionsablauf sicherstellt und zum andern die Zins- und Lagerkosten des auf Lager liegenden Materials so gering wie möglich hält.

Die Verwendung von unterschiedlichsten Materialien in den einzelnen Industriebranchen und die damit verbundenen Anforderungen an ein Lagerhaltungssystem führte zu Entwicklungen verschiedener Organisationsformen für die verbrauchsgesteuerte Disposition. Im folgenden werden das *Bestellpunktverfahren* in Verbindung mit der *optimalen Losgröße* unter Berücksichtigung eines *Sicherheitsbestandes*, das *Bestellrhytmusverfahren* und das *Drei-Behälter-System* näher erläutert.

3.2.1 Bestellpunktverfahren

Beim Bestellpunktverfahren wird bei jeder Materialentnahme aus dem Lager geprüft, ob der Bestellpunkt (*Meldebestand*) erreicht oder unterschritten wird. Ist dies der Fall, so wird eine Bestellung ausgelöst. Um eine Produktionsunterbrechung wegen Materialmangels zu vermeiden, muß der Meldebestand MB mindestens so hoch gewählt werden wie der Produktionsbedarf bis zum Eintreffen des bestellten Materials. Ist der durchschnittliche Materialverbrauch pro Periode (Verbrauch/Zeit) bekannt, dann errechnet sich der Meldebestand (MB) folgendermaßen:

Meldebestand = Durchschnittlicher Verbrauch/Periode
* Beschaffungsdauer

oder als Formel:

$$MB = Verbrauch/Zeit * t_B$$

In die Beschaffungsdauer t_B wird neben der vom Lieferanten garantierten *Lieferzeit* t_L noch eine *Sicherheitszeit* t_S, die dem Postweg entspricht, einbezogen. Damit ist die Beschaffungsdauer die Summe aus Liefer- und Sicherheitszeit ($t_B = t_L + t_S$).

Da beispielsweise Absatzschwankungen (plötzliche Nachfrage) und unvorhersehbare Unregelmäßigkeiten bei den Lieferungen (z. B. bei Streiks) vorkommen können, wird im Lager ein zusätzlicher Bestand als *Sicherheitsbestand* b_S geführt. Dieser Sicherheitsbestand wird bei reibungslosem Produktions- und Beschaffungsablauf nicht in den Produktionsprozeß mit einbezogen. Anhaltspunkte für die Höhe des Sicherheitsbestandes sind Erfahrungswerte über Absatzschwankungen und Lieferverzüge aus der Vergangenheit. Große Verbrauchsschwankungen und Verzögerungen bei den Lieferungen in der Vergangenheit führen daher zu einem hohen Sicherheitsbestand. Eine Änderung der Lieferzeiten oder der Verbrauchswerte sollten immer zu einer Überprüfung des Sicherheitsbestandes führen. Da die Sicherheitsbestände die Lager- und Zinskosten erhöhen, sollten sie für wertmäßig teure Materialien (A-Teile) möglichst gering gehalten werden. Im allgemeinen Fall müssen die Lager-

und Zinskosten für die Sicherheitsbestände mit den durch Produktionsausfall wegen Materialmangels entstehenden Kosten (Opportunitätskosten) verglichen werden. Im vorliegenden Modell wählen wir, unabhängig vom Materialpreis, einen Sicherheitsbestand in Höhe eines ganzen Lieferausfalls. Dann ist der Sicherheitsbestand so groß wie der vorige Meldebestand, so daß gilt:

Sicherheitsbestand b_S = Verbrauch /Zeit * Beschaffungsdauer t_B

Im Grundmodell ist der durchschnittliche Verbrauch einer Woche 400 Einheiten und die Beschaffungsdauer beträgt 2 Wochen. Aus diesen Angaben ergibt das einen Sicherheitsbestand von b_S = 400 Einheiten/Woche * 2 Wochen = 800 Einheiten. Dieser Sicherheitsbestand muß zum ursprünglichen Meldebestand MB_{alt} addiert werden und ergibt den nunmehr aktuellen Meldebestand MB_{neu}. Daraus ist auch ersichtlich, daß der Sicherheitsbestand nur in Ausnahmefällen zur Produktion herangezogen wird. Für den Meldebestand MB_{neu} gilt dann folgende Formel:

$$MB_{neu} = \text{Verbrauch/Zeit} * t_B + b_S.$$

Wird im Modell eine Lieferverzögerung berücksichtigt, dann muß bei der Berechnung des Meldebestandes der Bestellbestand BB abgezogen werden, da sonst beim Unterschreiten des Meldebestandes der Bestellvorgang so lange anhält, bis die ersten Waren am Lager eintreffen (im gewählten Beispiel würden 2 Wochen lang ununterbrochen Waren bestellt). Die Formel für den Meldebestand MB lautet dann:

$$MB = \text{Verbrauch/Zeit} * t_B + b_S - BB$$

Mit den Zahlenwerten aus dem Grundmodell ergibt sich:

$$MB = 400 \text{ Einheiten/Woche} * 2 \text{ Wochen} + 800 \text{ Einheiten} - BB$$

$$MB = 1600 \text{ Einheiten} - BB.$$

Eine Bestellauslösung erfolgt demnach bei einem Lagerbestand von 1600 Einheiten, wenn keine Bestellungen vorliegen.

Zur Bestimmung der optimalen Bestellmenge wird die Formel von Andler angewandt, bei der die die Gesamtkosten ein Minimum ergeben. Die Gesamtkosten setzen sich aus den mit wachsenden Stückzahlen sinkenden, *fixen* Kosten (z. B. zurechenbare Kosten des Einkaufs, der Lagerhaltung, der Verwaltung) und den proportional zu den Stückzahl steigenden *variablen* Kosten (z. B. Zinskosten, Lagerkosten) zusammen. Die Formel für die optimale Bestellmenge x kautet:

$$x_{opt} = \sqrt{\frac{200 * \text{Menge/Jahr} * \text{fixe Bestellkosten}}{\text{Einstandspreis/Einheit}*(\text{Zinssatz}+\text{Lagerhaltungskostensatz})}}$$

Als Beispiel werden folgende Zahlenwerte verwendet:

Rohmaterialpreis	100 DM/Einheit
fixe Bestellkosten	90 DM/Bestellung
kalkulatorische Zinsen	9 %
Lagerhaltungskostensatz	6 %
durchschnittl. Produktionsmenge	400 Einheiten/Woche

$$x_{opt} = \sqrt{\frac{200 * 20800 * 90}{100 * (9 + 6)}} \quad = \quad 500 \text{ Einheiten}$$

Bild 3-6 zeigt das Ergebnis.

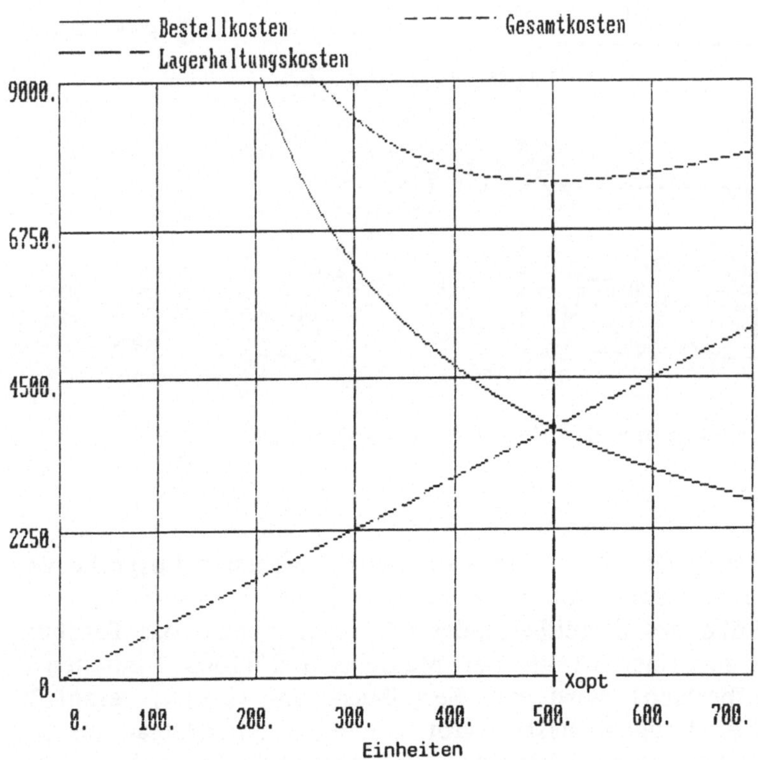

Bild 3-6 Bestimmung der optimalen Bestellmenge

Bild 3-6 zeigt den Verlauf der fixen Bestellkosten (degressive Kostenabnahme bei steigender Stückzahl), den Verlauf der variablen Kosten (Lagerhaltungskosten, die mit steigender Stückzahl linear) ansteigen und den Gesamtkostenverlauf, der sich aus der Addition der fixen und variablen Kosten ergibt. Das Optimum, d. h. das Minimum der Gesamtkosten, liegt an der Stelle, an der sich die beiden Kostenverläufe schneiden. Die Anwendung der Andlerschen Formel ist nur sinnvoll, wenn keine großen Schwankungen beim Verbrauch auftreten, da ein gleichmäßiger Lagerabbau unterstellt wird. Außerdem können beispielsweise sprungfixe Bestellkosten nicht berücksichtigt werden. Weitere Einflüsse auf die Losgröße wie etwa die Liquiditätslage eines Unternehmens werden ebenfalls außer acht gelassen. Das Strukturdiagramm des Bestellpunktverfahrens ist in Bild 3-7 dargestellt.

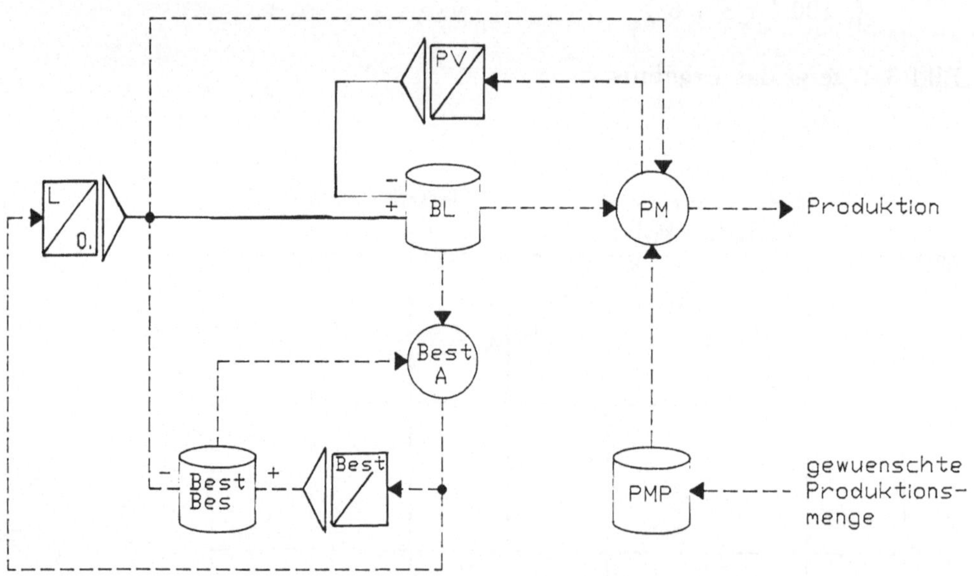

Bild 3-7 Strukturdiagramm des Bestellpunktverfahrens

Eine Bestellauslösung (BestA) in Höhe der wirtschaftlichen Losgröße von 500 Einheiten erfolgt dabei nur in Abhängigkeit des Beschaffungslagers (BL) und der Höhe des Bestellbestandes (BestBes). Sobald das Beschaffungslager (BL) niedriger ist als der Meldebestand (1600 Einheiten - jeweiliger Bestellbestand), wird eine Bestellauslösung (BestA) veranlaßt. Die Höhe der Bestellungen (Best) ergibt sich dann unmittelbar aus der Bestellauslösung (BestA) und erhöht den Bestellbestand (BestBes). Aus der Bestellauslösung ergibt sich nach einer Lieferverzögerung von zwei

Wochen eine Lieferung (L), die eine Erhöhung des Beschaffungslagers bewirkt. Gleichzeitig verringert das Eintreffen von Waren im Beschaffungslager auch den Bestellbestand (BestBes). Dies ist in Bild 3-7 mit der gestrichelten Linie von der Lieferung (L) zum Bestellbestand (BestBes) dargestellt.

Die Produktionsmenge (PM) wird von dem Produktionsmengenprogramm (PMP) bestimmt, wenn genügend Rohmaterial am Lager vorhanden ist. Bei fehlendem Rohmaterial wird die Produktionsmenge (PM) von den verfügbaren Rohmaterialien, bestehend aus den Vorräten im Beschaffungslager (BL) und den eingehenden Lieferungen (L), begrenzt. Der Produktionsverbrauch (PV) ist identisch mit der Produktionsmenge (PM) und verringert das Beschaffungslager (BL). Der wesentlichste Unterschied zu der bedarfsgesteuerten Disposition besteht darin, daß die Lagersteuerung unabhängig vom Produktionsmengenprogramm (PMP) erfolgt.

Bei einer konstanten Produktionsmenge von 400 Einheiten/Woche ergeben sich folgende Schwankungen im Beschaffungslager BL und der Bestellauslösungen BESTA, wie sie in Bild 3-8 dargestellt sind.

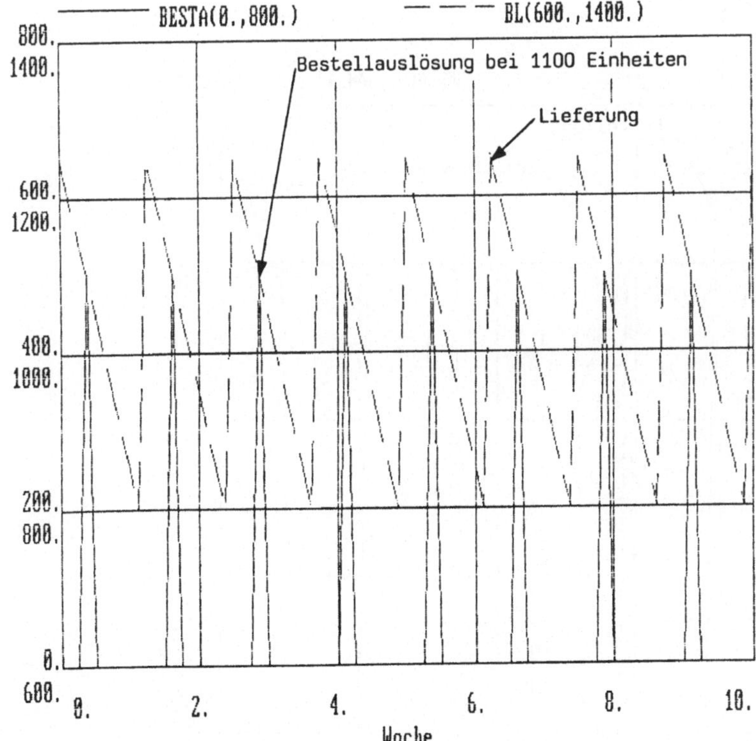

Bild 3-8 Beschaffungslager BL und Bestellauslösungen BESTA beim Bestellpunktverfahren

Der Bestellbestand schwankt bei einer zweiwöchigen Lieferzeit zwischen 500 und 1000 Einheiten. Vor einer Bestellauslösung (BestA) ist der Bestellbestand 500 Einheiten, da kurz vor einer Bestellauslösung eine Lieferung von 500 Einheiten eintrifft und im Schaubild durch einen sprunghaften Anstieg der Mengen im Beschaffungslager (BL) erkennbar ist. Eine Bestellauslösung erfolgt daher bei einem Lagerbestand von 1100 Einheiten (Meldebestand=1600-Bestellbestand von 500 Einheiten). In Bild 3-8 ist der Bestellpunkt bei 1100 Einheiten zu erkennen und wie, nach erfolgter Lieferung, eine schlagartige Auffüllung des Beschaffungslagers erfolgt. Nachfolgend wird das Verhalten des Modells des Bestellpunktverfahrens untersucht, wenn ein Lieferausfall eintritt oder wenn die Absatzmengen erhöht werden.

3.2.1.1 Verhalten bei Lieferausfall

Im folgenden soll das Verhalten des Beschaffungslagers und der Bestellauslösungen bei einem Lieferausfall betrachtet werden. Dazu wird angenommen, daß die Bestellung in der dritten Woche nicht zu einer Lieferung führt und dieser Lieferausfall erst zum Zeitpunkt des geplanten Eintreffens der Waren in der fünften Woche festgestellt wird. Bild 3-9 zeigt das Verhalten.

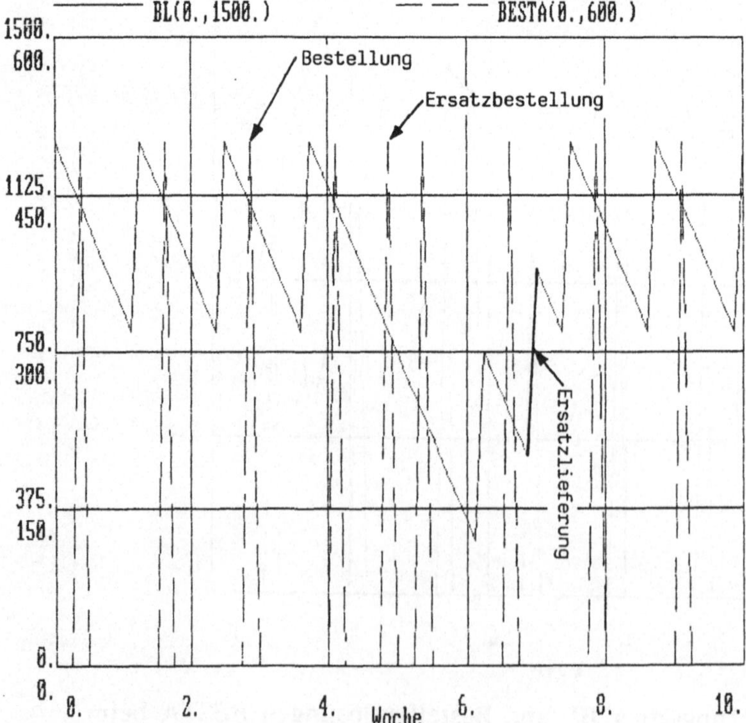

Bild 3-9 Verhalten bei einem Lieferausfall

Da in der fünften Woche keine Lieferung eintrifft, verhält sich das System so, als ob keine Bestellung ausgelöst worden wäre. Deshalb wird der Bestellbestand (BestBes) um 500 Einheiten gekürzt. Aus diesem Grund erhöht sich der Meldebestand um diese 500 Einheiten auf 1100 Einheiten und liegt höher als die Menge am Beschaffungslager (BL). Die Folge ist eine Bestellauslösung, die für die Ersatzbeschaffung der Waren notwendig ist. Nach der Lieferverzögerung von zwei Wochen trifft die Ersatzlieferung ein und erhöht das Beschaffungslager wieder auf das Ausgangsniveau. Wird ein Lieferausfall früher erkannt, dann kann auch früher eine Ersatzbestellung erfolgen und die Reaktion des Beschaffungslagers ist weniger stark.

3.2.1.2 Erhöhte Absatzmenge

Bild 3-10 zeigt die Mengen im Beschaffungslager (BL) bei einem erhöhten Absatz von 600 Einheiten/Woche von der fünften bis zur achten Woche. Diese außergewöhnliche Absatzsteigerung von 50% verändert nach einer Verzögerung auch das Beschaffungslager, da das Unternehmen mit einer erhöhten Produktion auf die erhöhte Nachfrage reagiert.

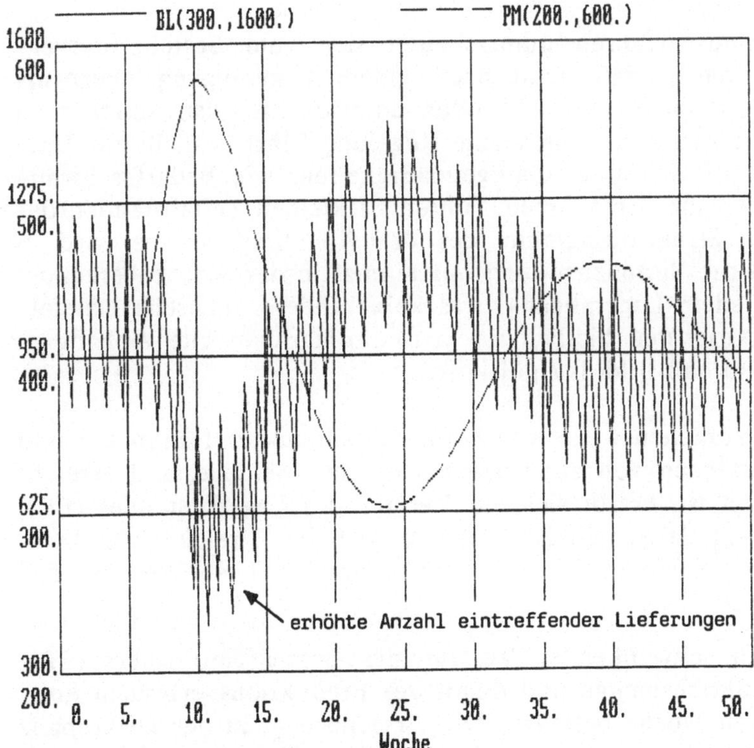

Bild 3-10 Verlauf des Lagerbestandes BL und der Produktionsmenge PM bei erhöhter Absatzmenge von der fünften bis zur achten Woche

Da der Markt auf die Nachfragesteigerung mit einem erhöhten Preis reagiert, fällt die Absatzmenge nach der achten Woche stark ab. Der erhöhte Absatzpreis bewirkt, mit einer Verzögerung von vier Wochen, eine Erhöhung der Produktionsmenge (PM). Umgekehrt zur Produktionsmenge verhält sich das Beschaffungslager (BL), das in der elften Woche ein Minimum von 400 Einheiten erreicht und sich dann wieder um das Ausgangsniveau einpendelt. Es kommt also bei dem gewählten Marktverhalten bei kurzfristigen Absatzspitzen nicht zu einem Materialengpaß und damit zu Produktionsstörungen, da der gewählte Sicherheitsbestand groß genug gewählt wurde. Da die Beschaffungsmenge immer 500 Einheiten beträgt, werden bei niedrigem Lagerbestand häufiger Bestellungen ausgelöst als bei eimem hohem Lagerbestand. Dies spiegelt sich in einer höheren Frequenz der eintreffenden Lieferungen bei niedrigem Lagerbestand und weniger Lieferungen bei einem hohen Lagerbestand wider. Mit einer Änderung der Produktionsmenge ändert sich jedoch auch die optimale Beschaffungsmenge, so daß bei starken Produktionsschwankungen überlegt werden muß, ob die Beschaffungsmenge nicht öfters neu berechnet und gegebenenfalls zu korrigieren ist.

3.2.2 Bestellrhythmusverfahren

Das Bestellrhythmusverfahren unterscheidet sich vom Bestellpunktverfahren lediglich darin, daß nicht nach jedem Lagerabgang überprüft wird, ob der Bestellpunkt erreicht oder unterschritten ist, sondern in periodischen Zeitabständen. Eine solche Regelung führt deshalb zur Entlastung der Einkaufsabteilung. Unregelmäßigkeiten, wie Bedarfsschwankungen oder ungeplante Entnahmen, führen zu kleinen Zeitabständen der Überprüfung. Im Strukturdiagramm des Bestellpunktverfahrens wird in unserem Beispiel die Bestellauslösung nur einmal in der Woche berechnet und nicht nach jedem Lagerabgang, was keine andere grafische Darstellung erfordert. Ansonsten bleiben im Strukturdiagramm alle Abhängigkeiten bestehen, so daß Bild 3-7 gültig ist.

Behält man die Vorgehensweise wie beim Bestellpunktverfahren bei und überprüft in Abständen von einer Woche, ob der Meldebestand erreicht oder unterschritten ist, ergibt sich ein Verlauf des Lagerbestandes (BL), wie er in Bild 3-11 dargestellt ist. Dabei wird beim Erreichen des Meldebestandes eine Bestellung in Höhe der optimalen Losgröße von 500 Einheiten ausgelöst.

Es zeigt sich ein schwankender Verlauf des Beschaffungslagers (BL), obwohl die Produktionsmenge und damit der Produktionsverbrauch konstant 400 Einheiten/Woche betragen. Die Ursache liegt in der Diskrepanz zwischen dem Lagerabgang in einer Woche und der Bestellmenge von 500 Einheiten. Werden vier Wochen hintereinander 500 Einheiten bestellt,

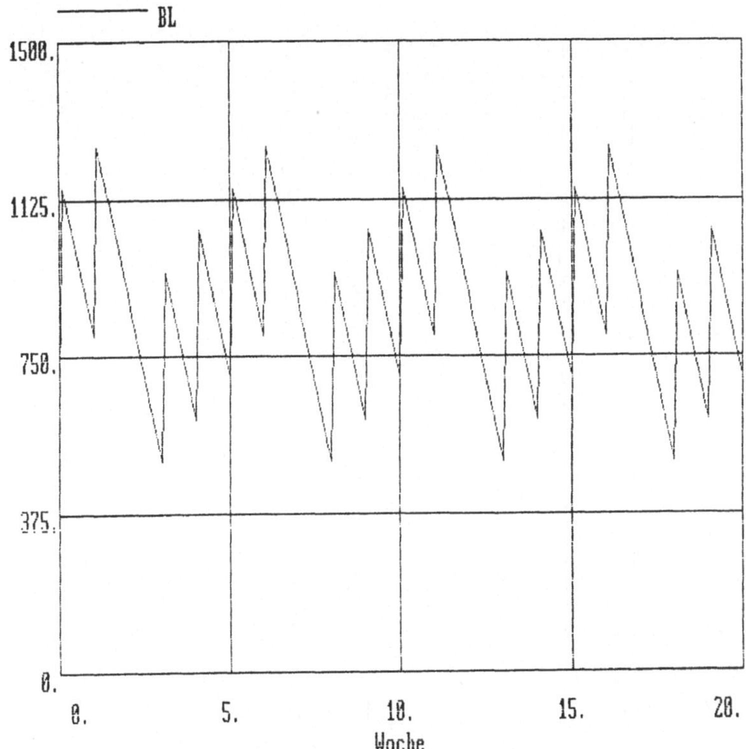

Bild 3-11 Lagerbestand BL bei einer Bestellmenge von 500 Einheiten

treffen diese Waren mit einer Verzögerung von zwei Wochen im Lager ein. Da nur 400 Einheiten in einer Woche verarbeitet werden, erhöht sich der Lagerbestand mit den vier Lieferungen um eine Wochenproduktion (400 Stück), so daß in der nachfolgenden Woche keine Bestellung ausgelöst wird. Mit dem Aussetzen einer Bestellung und dem damit verbundenen Wegfall einer Lieferung in der folgenden Woche sinkt der Lagerbestand wieder auf den niedrigen Stand von 500 Einheiten. Um diese Lagerschwankungen zu vermeiden, muß die Bestellmenge dem wöchentlichen Verbrauch angepaßt werden können. Man erreicht dies, indem man beim Unterschreiten des Meldebestandes die Differenzmenge zwischen dem Meldebestand und dem aktuellen Lagerbestand (BL) bestellt. Bild 3-12 zeigt den entsprechenden Verlauf der Mengen im Beschaffungslager bei einem Produktionsverbrauch von 400 Einheiten/Woche.

Das Schaubild läßt den gleichförmigen Verlauf des Beschaffungslagers (BL) deutlich erkennen. Der Lagerbestand schwankt zwischen 800 und 1150 Einheiten um etwas weniger als 400 Einheiten, da ein Teil der eintreffenden Waren sofort in den Produktionprozeß eintritt.

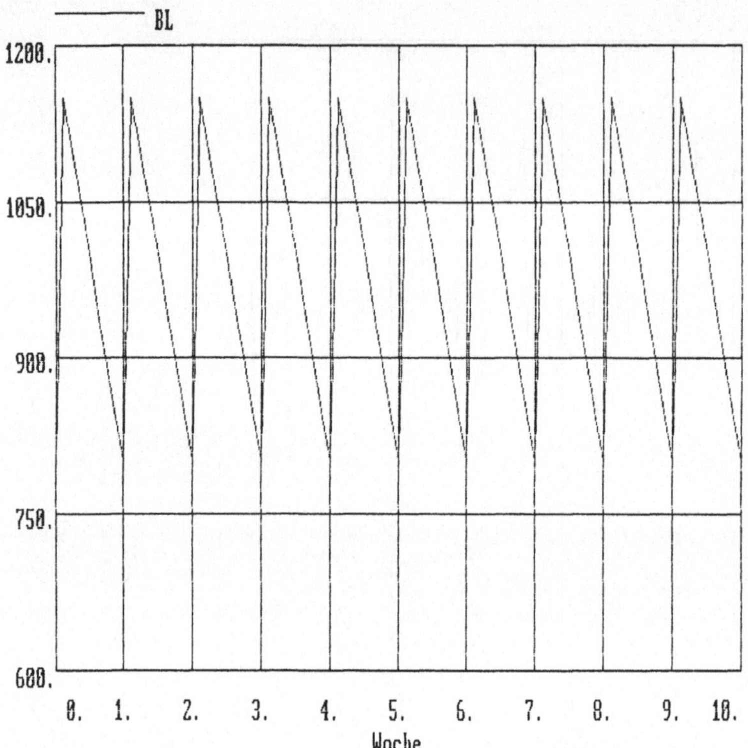

Bild 3-12 Verlauf des Lagerbestandes bei einer verbrauchsabhängigen Bestellmenge

Zur Analyse des Verhaltens der Lagermengen beim Bestellrhythmusverfahren wurde, um eine direkte Vergleichsmöglichkeit mit Bild 3-10 zu erhalten, die gleiche Störung im Absatzbereich gewählt wie beim Bestellpunktverfahren. So ist auch in Bild 3-13 ein erhöhter Absatz von 600 Einheiten/Woche von der fünften bis zur achten Woche die Ursache für die auftretenden Schwingungen beim Beschaffungslager (BL) und der Produktionsmenge (PM).

Der Verlauf der Produktionsmenge (PM) ist identisch mit dem Verlauf bei dem Bestellpunktverfahren, da keine Produktionsbeschränkungen wegen fehlenden Rohmaterials auftreten. Die Mengen im Beschaffungslager (BL) fallen jedoch in der zwölften Woche auf unter 300 Einheiten stärker ab als beim Bestellpunktverfahren, was auf die nur wöchentliche Bestandsüberprüfung zurückzuführen ist. Der anschließende Anstieg des Beschaffungslagers bis zur fünfundzwanzigsten Woche fällt beim Bestellrhythmusverfahren gemäßigter aus, da auch hier kleinere Bestellmengen zugelassen sind. Beim genauen Betrachten des Schaubildes kann

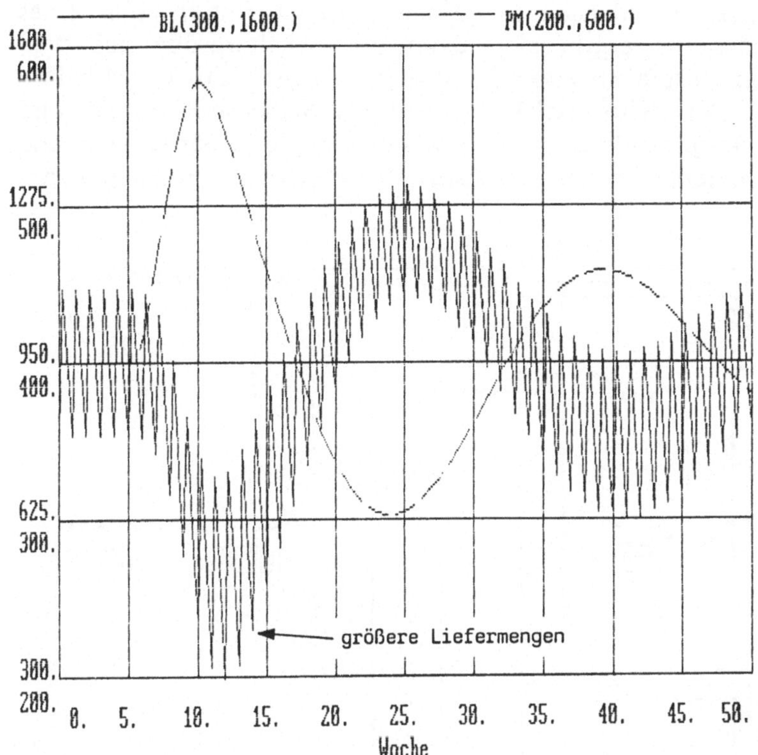

Bild 3-13 Lager- und Produktionsmengen bei einem erhöhten Absatz von der fünften bis zur achten Woche

man erkennen, daß die Lieferungen und damit die vorangegangenen Bestellungen (einzelne Amplituden des Beschaffungslagers) bei niedrigem Beschaffungslager größer sind als bei einem hohen Lagerbestand.

3.2.3 Das Drei-Behälter-System

Bei einem Drei-Behälter-System besteht das Beschaffungslager aus drei getrennten Bereichen (Behälter). Diese Behälter werden abwechselnd geleert und wieder mit Lieferungen aufgefüllt. So wird bei drei vollen Behältern der erste Behälter zuerst geleert und beim Erreichen eines Bestandes von 0 Einheiten eine Bestellung für diesen Behälter ausgelöst. Anschließend erfolgt der gleiche Vorgang der Entleerung und Bestellauslösung beim zweiten und beim dritten Behälter. Nach dem dritten Behälter folgt wieder der erste Behälter, der in der Zwischenzeit mit der eingetroffenen Lieferung aufgefüllt wurde. Die Größe der Behälter richten sich nach dem durchschnittlichen Verbrauch in einer Periode, nach der

Wiederbeschaffungszeit und nach dem Sicherheitsbedürfnis in Höhe eines Sicherheitsbestandes. Es ergibt sich dann die Behältergröße aus dem durchschnittlichen Verbrauch einer Periode multipliziert mit der Wiederbeschaffungszeit. Der dritte Behälter dient als Sicherheitsbestand und wird in diesem Beispiel gleich groß gewählt wie die Behälter eins und zwei, damit ein kompletter Lieferungsausfall aufgefangen werden kann.

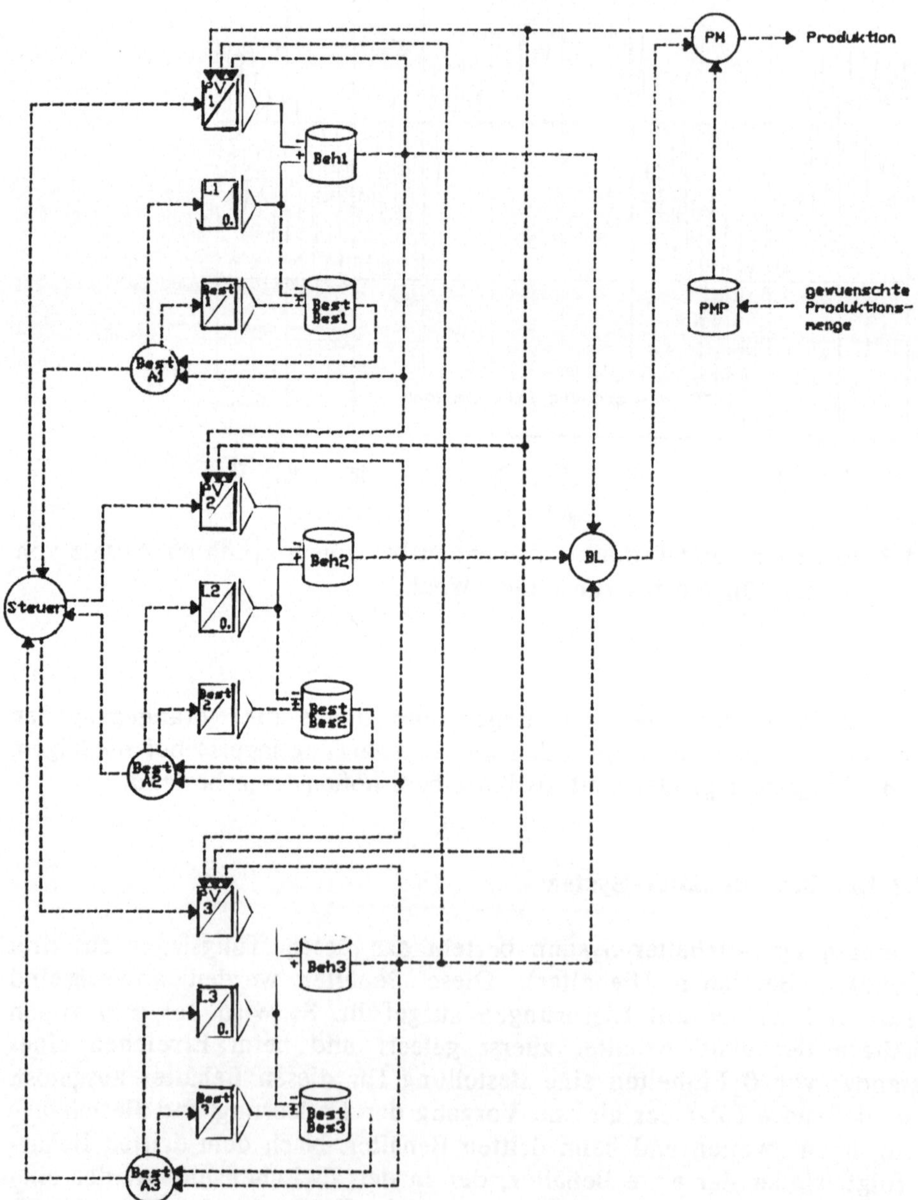

Bild 3-14 Strukturdiagramm eines Drei- Behälter- Systems mit drei gleich großen Behältern

Bei einem Normalverbrauch wird dann abwechselnd jeder Behälter geleert, wobei in der Zeit bis zur Entleerung eines Behälters der vorangehende Behälter mit der eintreffenden Lieferung wieder aufgefüllt wird, so daß immer ein Behälter voll ist und als Sicherheitsbestand dient. Wird der Sicherheitsbestand kleiner gewählt als die übrigen Behälter, erfolgt die Entleerung abwechselnd zwischen dem Behälter eins und zwei und der dritte Behälter (Sicherheitsbestand) wird nur bei Bedarf in Anspruch genommen. Bild 3-14 zeigt das Strukturdiagramm eines Drei-Behälter-Systems mit drei gleich großen Behältern von je 800 Einheiten.

Die Behälter und die dazugehörigen Steuervariablen sind mit den Zahlen eins bis drei gekennzeichnet. Man erkennt deutlich den identischen Aufbau aller drei Behältersteuerungen, verbunden mit der Steuervariablen (Steuer), welche die Reihenfolge der Behälterbenutzung festlegt. Die Abhängigkeiten der einzelnen Systemelemente soll stellvertretend für die anderen Behälter am ersten Behälter, wie er in Bild 3-15 dargestellt ist, erläutert werden.

Nachdem der dritte Behälter leer ist, wird der Produktionsverbrauch 1 (PV1) von der Steuervariablen freigegeben und es erfolgt eine Überprüfung, ob die vom Behälter 3 (Beh3) zuletzt angeforderten Waren alle vorhanden waren. War die zuletzt abgerufene Produktionsmenge (PM) größer als der Lagerbestand im Behälter 3, dann wird die Fehlmenge vom Behälter 1 (Beh1) entnommen. Von diesem Zeitpunkt an wird die Produktionsmenge in Form des Produktionsverbrauchs 1 vom Behälter 1 entnommen, solange der Lagerbestand von Behälter 1 (Beh1) größer Null ist.

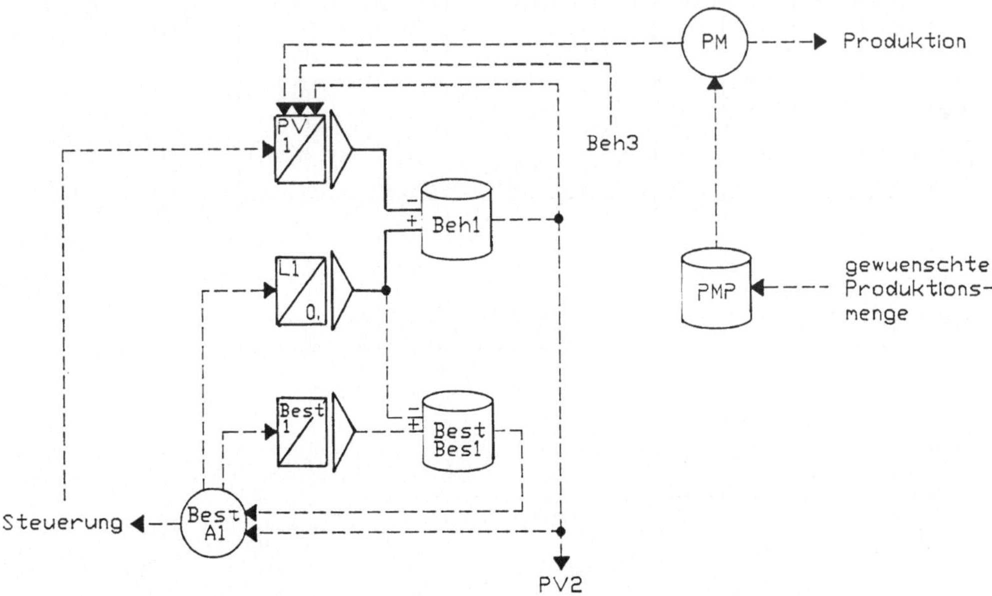

Bild 3-15 Strukturdiagramm der Steuerung des ersten Behälters

Ist der Bestand von Behälter 1 auf Null Einheiten gesunken, wird diese Information an den Produktionsverbrauch 2 (PV2) weitergeleitet, um eventuelle Fehlmengen von Behälter 2 zu entnehmen. Gleichzeitig erfolgt eine Bestellauslösung für Behälter 1 (BestA1) von 800 Einheiten, für den Fall daß noch keine Bestellung vorliegt. Die Bestellauslösung 1 veranlaßt die Steuerung, den Produktionsverbrauch des zweiten Behälters zu aktivieren und erhöht durch eine Bestellung den Bestellbestand. Nach einer Verzögerung von zwei Wochen trifft die Lieferung (L1) am Lager (Behälter 1) ein und vermindert den Bestellbestand 1 (BestBes1) wieder auf Null Einheiten. Dieser Ablauf wiederholt sich beim zweiten und dritten Behälter und beginnt dann wieder beim ersten Behälter. Insgesamt kann die Produktionsmenge nicht größer sein als die Mengen des gesamten Beschaffungslagers (BL), die sich aus den Mengen der drei einzelnen Behältern zusammensetzen.

Das Verhalten der drei Behälter bei einer konstanten Produktionsmenge von 400 Einheiten/Woche zeigt Bild 3-16. Es ist dabei zu beachten, daß die drei Behälter übereinander dargestellt sind und die Mengen in den Behältern zwischen einem Bereich von 0 und 800 Einheiten schwanken.

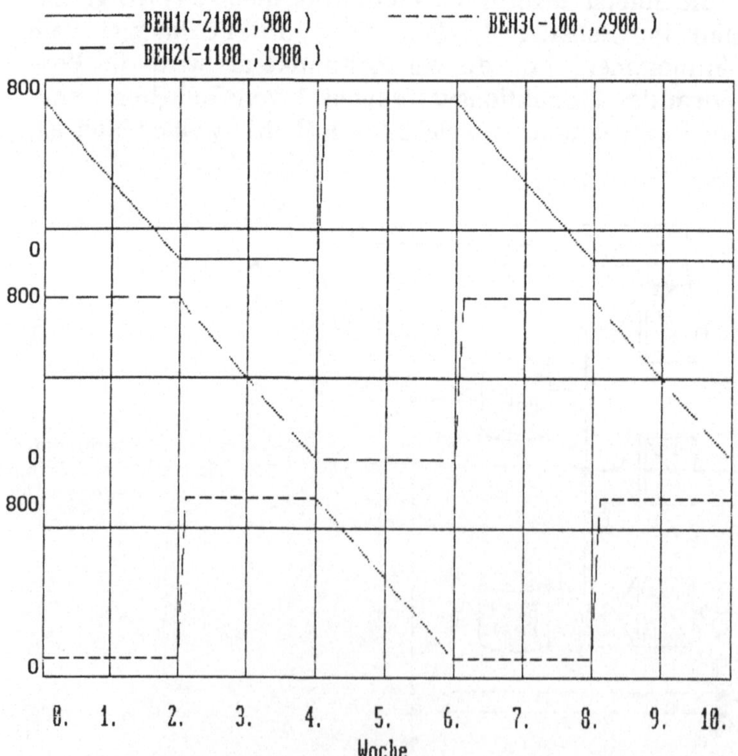

Bild 3-16 Behälterbestände bei einer konstanten Produktionsmenge von 400 Einheiten/Woche

Am Anfang der Simulation ist der Behälter 3 leer, so daß für Behälter 3 eine Bestellung ausgelöst wird. Gleichzeitig erfolgt eine Umschaltung auf Behälter 1, von dem nun die Materialien entnommen werden. Mit dem Erreichen der zweiten Woche ist der Behälter 1 leer und der dritte Behälter wird mit einer Lieferung aufgefüllt, die mit einer Lieferverzögerung von 2 Wochen eingetroffen ist. Vom Beginn der zweiten Woche bis zum Ende der dritten Woche wird Behälter 2 benutzt. Anschließend erfolgt wieder die Entleerung des dritten Behälters. Betrachtet man die zeitlichen Verläufe der drei Bestandskurven, dann erkennt man, daß bei normalem Verlauf immer ein Behälter gefüllt ist. Der jeweils volle Behälter wie beispielsweise Behälter 1 in der vierten und fünften Woche, Behälter 2 in der sechsten und siebten Woche, dient damit als Sicherheitsbestand. Die gesamte Lagermenge schwankt daher zwischen 800 und 1600 Einheiten.

Bei Bedarfsschwankungen, insbesondere bei einer erhöhten Nachfrage, wird durch eine größere Produktionsmenge auch ein Teil des Sicherheitsbestandes abgebaut. Bild 3-17 zeigt den Verlauf der drei Behälterbestände bei einer erhöhten Nachfrage von 600 Einheiten von der fünften bis zur achten Woche.

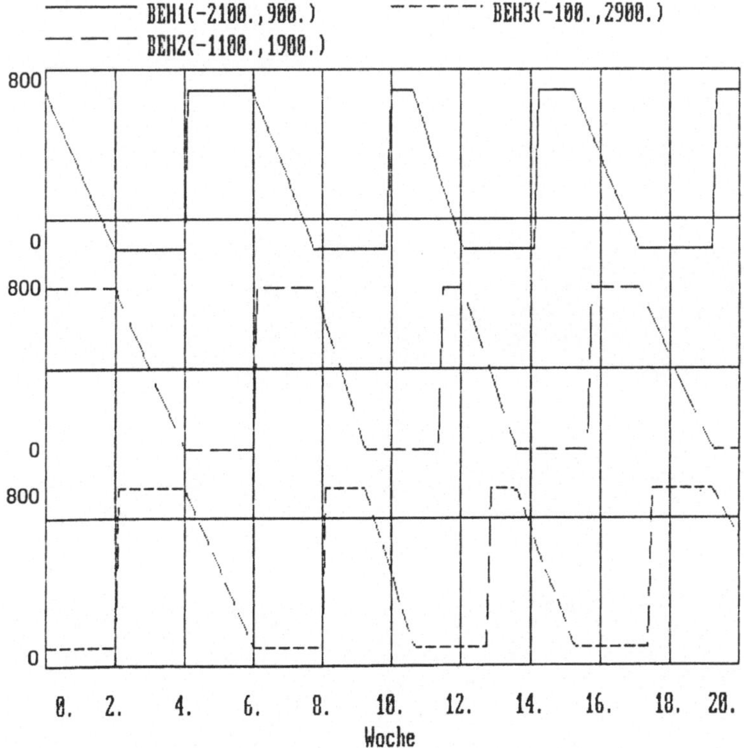

Bild 3-17 Behälterbestände bei einer erhöhten Nachfrage von der fünften bis zur achten Woche

Da die Produktionsmenge auf den erhöhten Absatz mit einer Verzögerung reagiert, erkennt man erst ab der achten Woche die deutlich höhere Produktionsmenge. So ist der erste Behälter schon deutlich vor der achten Woche leer, was zu einem früheren Lagerabbau bei dem Behälter zwei führt. Der niedrigste Lagerbestand ergibt sich in der elften Woche, kurz bevor der Behälter 2 wieder aufgefüllt wird. Zu dieser Zeit ist der Behälter 2 und 3 leer und im Behälter 1 befinden sich nur 400 Einheiten. Ab der zwölften Woche beginnt dann langsam die Wiederauffüllung des Sicherheitsbestandes, dessen Höhe in der neunzehnten Woche wieder 800 Einheiten beträgt.

4 Produktion

Die Fertigung kann nach unterschiedlichen Kriterien eingeteilt werden. Bei einer Einteilung nach der Oraganisationsform gibt es folgende drei Fertigungstypen:

a) Werkstattfertigung

b) Fließfertigung

c) Baustellenfertigung.

Für die Simulation lassen wir die Baustellenfertigung außer acht, weil sie nicht typisch für ein produzierendes Unternehmen ist. Im folgenden wird die Produktion in einer Werkstattfertigung, einer Fließfertigung und einer besonders erfolgreichen Art der flexiblen Fertigung, der Kanban-Steuerung, simuliert.

4.1 Werkstattfertigung

Bei der Werkstattfertigung werden bestimmte Maschinengruppen in Werkstätten in der Weise zusammengefaßt, daß gleichartige Bearbeitungsvorgänge, wie beispielsweise Drehen oder Schleifen in einer besonderen Werkstatt, nämlich der Dreherei oder der Schleiferei erfolgen. Eine solche Organisationsform erfordert ein gut funktionierendes Transportsystem, da das Werkstück immer von einer Maschine zur anderen und von der einen Werkstatt zu einer anderen transportiert werden muß. Der Vorteil der Werkstattfertigung liegt in der Flexibilität der Fertigung, so daß unterschiedlichste Kundenanforderungen meist kostenneutral und ohne die Lieferzeit erheblich zu verlängern, erfüllt werden können. Nachteilig auf die Durchlaufzeiten und damit auch auf die Dauer der Kapitalbindung können sich die langen Transportwege von Station zu Station auswirken. Im Strukturdiagramm in Bild 4-1 sind die Zusammenhänge dargestellt.

Die Produktionsmenge der Werkstattfertigung (PM) ergibt sich aus dem Produktionsmengenprogramm. Nur bei einem Mangel an Rohmaterial wird die Produktionsmenge (PM) von der verfügbaren Rohmaterialmenge, bestehend aus dem Beschaffungslagerbestand und der eintreffenden Beschaffungsmenge, bestimmt. Der Einfluß der drei einzelnen Werkstattkapazitäten Kap1, Kap2 und Kap3 auf die Produktionsmenge soll zu einem späteren Zeitpunkt erläutert werden. Zu Beginn der Betrachtung wird die Kapazität der drei Werkstätten als unendlich groß

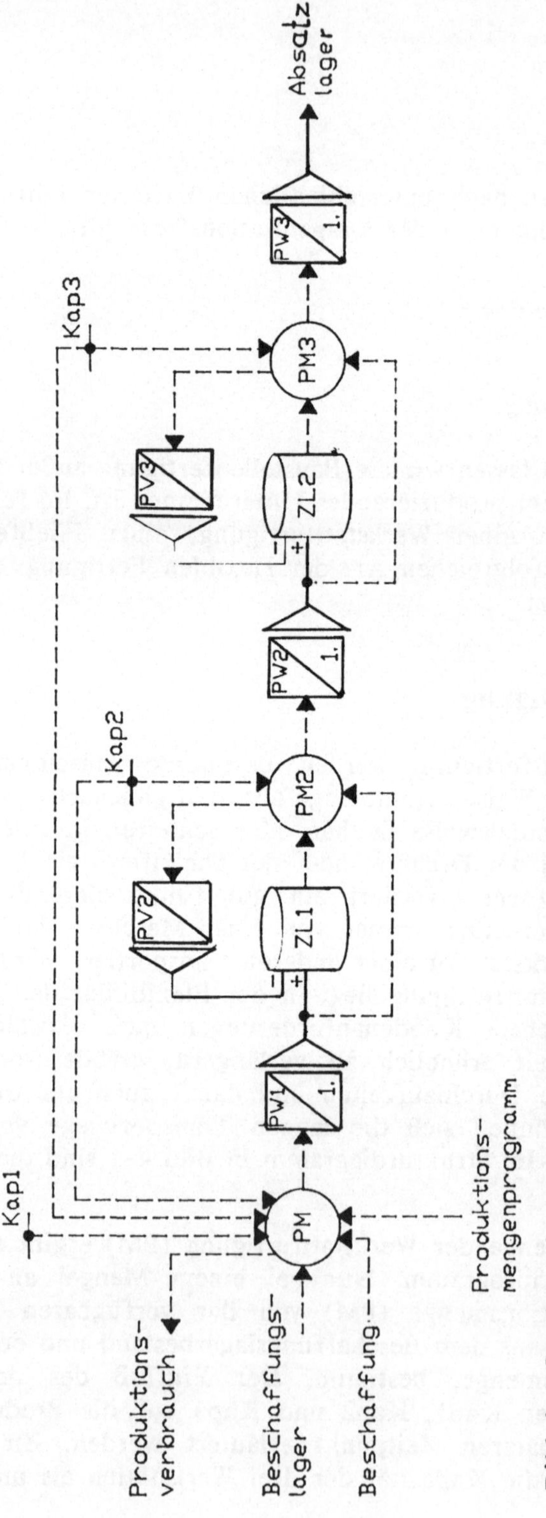

Bild 4-1 Strukturdiagramm einer Werkstattfertigung

angenommen, so daß die Produktionsmenge (PM) nicht beeinflußt wird. Der Produktionsverbrauch (PV) ist gleich der Produktionsmenge und vermindert das Beschaffungslager.

Die Produktion der Werkstatt 1 (PW1) wird mit einer Verzögerung erster Ordnung und einer Verzögerungsdauer von einer Woche aus der Produktionsmenge (PM) bestimmt und erhöht das Zwischenlager 1 (ZL1). Aus der Höhe des Zwischenlagers 1 (ZL1), der Kapazität der Werkstatt 2 (Kap2) und der zum jeweiligen Zeitpunkt fertiggestellten Güter der Werkstatt 1 (PW1) ergibt sich die Produktionsmenge der Werkstatt 2 (PM2). Es wird immer die größtmögliche Menge produziert, so daß über den Produktionsverbrauch der Werkstatt 2 (PV2) das Zwischenlager 1 (ZL1) im Normalfall eine Höhe von 0 Einheiten ausweist. Dieselben Systemzusammenhänge ergeben sich nun für die Werkstatt zwei und drei, wobei bei Werkstatt 3 die fertiggestellten Waren vom Absatzlager aufgenommen werden. Eine Verminderung des Absatzlagers erfolgt über den Absatz (A), wie dies im Grundmodell bereits beschrieben wurde (s. Kapitel 2). Die Produktionsverzögerung in Werkstatt 2 (PV2) beträgt zwei Wochen und in Werkstatt 3 (PV3) eine halbe Woche.

4.1.1 Erhöhter Absatz

Bei einem erhöhten Absatz in Höhe von 600 Einheiten/Woche in der fünften bis zur achten Woche werden wie Bild 4-2 zeigt die drei Werkstätten unterschiedlich betroffen.

Die Produktion der Werkstatt 1 (PW1) steigt ab der sechsten Woche steil an, bis in der achten Woche ein kleiner Rückgang sichtbar wird. An dieser Stelle ist der Lagerbestand am Beschaffungslager aufgebraucht, und die eintreffenden Waren haben noch nicht die Höhe des Produktionsmengenprogrammes erreicht, so daß das weitere Ansteigen der Produktion in der Werkstatt 1 (PW1) von der Menge der eintreffenden Waren am Beschaffungslager bestimmt wird. Als Maximum ergibt sich dann eine Produktionsmenge PW1 von 530 Einheiten/Woche. Betrachtet man im Vergleich dazu die Produktionsmengen der Werkstätten zwei und drei, so erkennt man eine deutlich schwächere Reaktion; der maximale Ausstoß beträgt lediglich 500 Einheiten/Woche. Die Ursache für die abgeschwächte Reaktion liegt in der Produktionsverzögerung der Werkstatt 2 (2 Wochen) und der Werkstatt 3 (halbe Woche). In der Praxis bedeutet dies, daß bei einer festen Reihenfolge der Bearbeitungsvorgänge und einer plötzlichen Nachfragesteigerung die letzten Werkstätten am wenigsten von diesen kurzfristigen Schwankungen des Produktionsmengenprogrammes betroffen sind. Das zweite Maximum in der achtundzwanzigsten Woche beträgt nur noch 430 Einheiten/Woche. Dies weist auf ein stabiles Systemverhalten hin, so daß sich die Produktion relativ schnell in den Gleichgewichtszustand einpendeln wird.

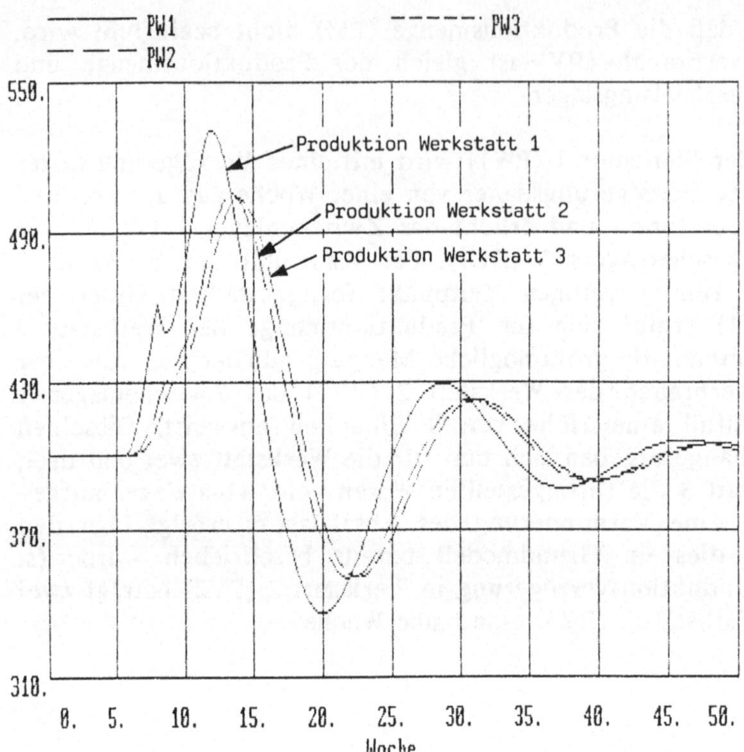

Bild 4-2 Produktionsverlauf in den Werkstätten bei erhöhtem Absatz

4.1.2 Produktionsstörung in der Werkstatt 2

Bei der folgenden Störung soll untersucht werden, wie sich eine Produktionsstörung in der Werkstatt 2 (PW2) auf die übrigen Werkstätten auswirkt. Wegen einer Störung von der fünften bis zur achten Woche wird in der Werkstatt 2 nur eine Produktion von 100 Einheiten/Woche möglich. Bild 4-3 zeigt die Auswirkungen auf die Produktionsmengen in den anderen Werkstätten.

Nach dem starken Rückgang der Produktion in Werkstatt 2 ab der fünften Woche geht die Produktion in Werkstatt 3 ebenfalls auf 100 Einheiten/Woche zurück, da nur 100 Einheiten/Woche die Werkstatt 2 verlassen. Auf das sich verknappende Angebot auf dem Markt reagiert das Produktionsmengenprogramm und damit die Produktionsmenge (PM) mit einer Erhöhung, was zu einer Erhöhung der Produktion in Werkstatt 1 (PW1) führt. Gleichzeitig steigt das erste Zwischenlager (ZL1) stark an, da die meisten Produkte, die die erste Werkstatt verlassen, nicht in der zweiten Werkstatt weiterverarbeitet werden können. Der hohe Bestand im Zwischenlager (ZL1) und die erhöhte Produktion in Werkstatt 1 (PW1)

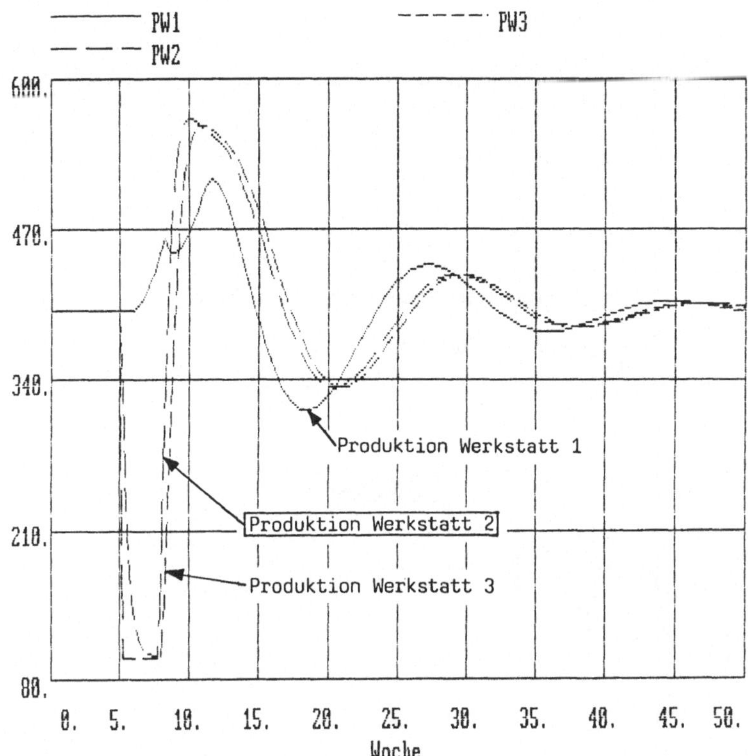

Bild 4-3 Produktionsmengen der Werkstätten bei einer Produktionsstörung in Werkstatt 2

läßt nach der Störung in der achten Woche die Produktion in Werkstatt 2 (PW2) und anschließend in Werkstatt 3 (PW3) auf 570 Einheiten/Woche ansteigen. Da ein solch starker Anstieg der Produktion in Werkstatt 2 und 3 in der betrieblichen Praxis nicht möglich ist, wird im nächsten Beispiel eine Kapazitätsbeschränkung der Werkstätten berücksichtigt. Das Produktionsminimum der Werkstatt 1 in der achtzehnten Woche beträgt 315 Einheiten/Woche und weicht nur noch um 85 Einheiten/Woche vom Gleichgewichtszustand (400 Einheiten/Woche) ab.

4.1.3 Kapazitätsbeschränkungen in den Werkstätten

Als Kapazitätsgrenze werden 500 Einheiten/Woche für Werkstatt 1 und jeweils 450 Einheiten/Woche für Werkstatt zwei und drei gesetzt. In Bild 4-4 ist für dieselbe Absatz- und Produktionsstörung der Verlauf der Produktionsmengen in den drei Werkstätten (PW1, PW2, PW3) bei einem Absatz von 600 Einheiten/Woche von der fünften bis zur achten Woche dargestellt.

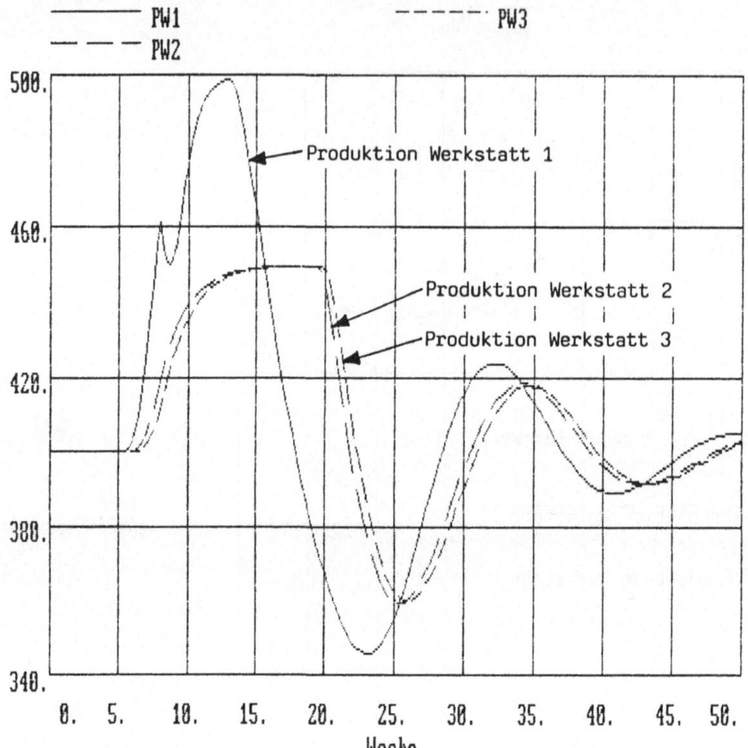

Bild 4-4 Produktionsmengen in den einzelnen Werkstätten bei erhöhtem Absatz und begrenzter Kapazität

Die Produktionsmenge in Werkstatt 1 (PW1) erreicht in der dreizehnten Woche ein Maximum von 500 Einheiten/Woche, so daß zu diesem Zeitpunkt die erste Werkstatt zu hundert Prozent ausgelastet ist. Etwa zum selben Zeitpunkt erreichen die Produktionsmengen in Werkstatt 2 (PW2) und Werkstatt 3 (PW3) ebenfalls die Kapazitätsgrenze, die bei diesen Werkstätten bei 450 Einheiten/Woche liegt. Da in der ersten Werkstatt 500 Einheiten/Woche produziert werden und in der zweiten Werkstatt nur 450 Einheiten/Woche weiterverarbeitet werden können, steigt der Bestand im ersten Zwischenlager (ZL1) so lange an, bis die Produktionsmenge in der ersten Werkstatt unter 450 Einheiten/Woche fällt. Die Bestandsmenge im Zwischenlager (ZL1) beträgt maximal 225 Einheiten, und wird bis zur achtzehnten Woche von der zweiten Werkstatt weiterverarbeitet, so daß von diesem Zeitpunkt an die Produktionsmenge der Werkstatt 2 wieder unter 450 Einheiten/Woche fällt. Vergleicht man den Verlauf der Produktionsmengen der Werkstätten mit Bild 4-2, für das die gleiche Absatzstörung gilt, dann stellt man auch fest, daß die Extrempunkte (Maxima und Minima) wegen des zeitweilig vorhandenen Lagerbestandes im Zwischenlager nach rechts verschoben wurden. Es liegt beispielsweise das erste Minimum der Werkstatt 1 (PW1) in Bild 4-2 in der 20. Woche und in Bild 4-4 in der 23. Woche. Da die Schwankungen bei den Produktionsmengen durch die Kapazitätsbegrenzung zwangsweise kleiner wurden, trägt die Kapazitätsbegrenzung zu einer Stabilisierung des Systemverhaltens bei.

4.1.4 Kapazitätsbeschränkung und Produktionsstörung

Noch deutlicher wird die Verschiebung der Extrempunkte bei einer zusätzlichen Produktionsstörung in Werkstatt 2, in der von der fünften bis zur achten Woche nur 100 Einheiten/Woche produziert werden können. Der Verlauf der Produktionsmengen bei der gewählten Kapazitätsbeschränkung in den Werkstätten ist in Bild 4-5 dargestellt.

Das erste Minimum der Produktionsmenge in der Werkstatt 1 (PW1) liegt in der 33. Woche. Ohne Kapazitätsbeschränkung liegt das erste Minimum in der 18. Woche, wie Bild 4-3 zeigt. Diese extreme Verschiebung kommt durch den enormen Aufbau des Zwischenlagers zustande, das hauptsäch-

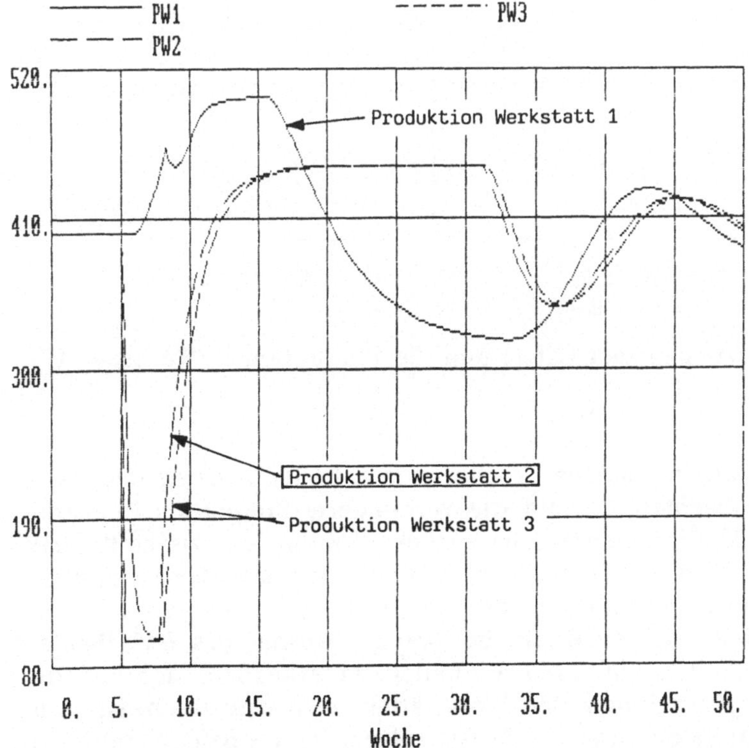

Bild 4-5 Die Produktionsmengen in den einzelnen Werkstätten bei einer Produktionsstörung und einer Kapazitätsbeschränkung

lich während der Produktionsstörung aufgebaut wird. Durch die Kapazitätsbeschränkung werden demnach extreme Produktionsschwankungen ausgeschlossen. Gleichzeitig wird jedoch dadurch eine langsamere Ausregelung der Produktionsmengen in Kauf genommen. Der Verlauf der Lagermengen im ersten Zwischenlagers (ZL1) und der Produktionsmengen in Werkstatt 1 (PW1) ist in Bild 4-6 gesondert dargestellt.

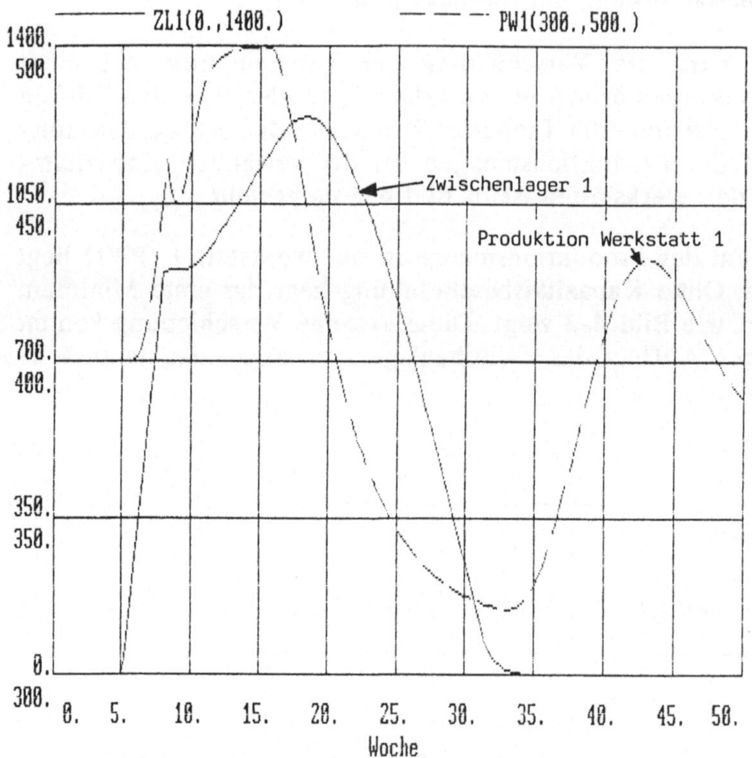

Bild 4-6 Erstes Zwischenlager (ZL1) und die Produktion in Werkstatt 1 (PW1)

Von der fünften bis zur achten Woche ist ein steiler Anstieg des Zwischenlagers zu beobachten, der auf die verminderte Produktion in Werkstatt 2 von nur 100 Einheiten/Woche zurückzuführen ist. Das heißt, daß die Differenz zwischen der Produktion in Werkstatt 1 und der Produktion in Werkstatt 2 vom Zwischenlager aufgenommen wird. Nach der Produktionsstörung ist ab der achten Woche der weitere Anstieg des Zwischenlagers von 900 Einheiten auf 1240 Einheiten zu erkennen, der auf die unterschiedlichen Kapazitäten der Werkstätten zurückzuführen ist. Um diese unnötige Kapitalbindung im Zwischenlager zu vermeiden, muß die Produktionsmenge schon in der ersten Werkstatt auf die minimale Kapazität der Werkstätten in der Unternehmung beschränkt werden (Engpaßplanung). Nur bei der Berücksichtigung des Engpasses wird gewährleistet, daß in den vorangehenden Werkstätten nicht mehr produziert wird, als in den nachfolgenden Werkstätten weiterverarbeitet werden kann. Im Strukturdiagramm in Bild 4-1 wird der Einfluß der verschiedenen Kapazitäten (Kap1, Kap2, Kap3) in den einzelnen Werkstätten auf die erste Produktionsmenge (PM) durch gestrichelte Linien sichtbar.

4.1.5 Erhöhter Absatz und Produktionsengpaß bei der ersten Produktionsmenge

Als abschließende Betrachtung der Werkstattfertigung soll noch einmal die Auswirkung des erhöhten Absatzes von 600 Einheiten/Woche von der fünften bis zur achten Woche betrachtet werden. Jetzt soll allerdings schon bei der ersten Produktionsmenge (PM1) der Engpaß der Unternehmung von 450 Einheiten/Woche berücksichtigt werden. Bild 4-7 zeigt die Auswirkungen in den drei Werkstätten auf die Produktionsmenge.

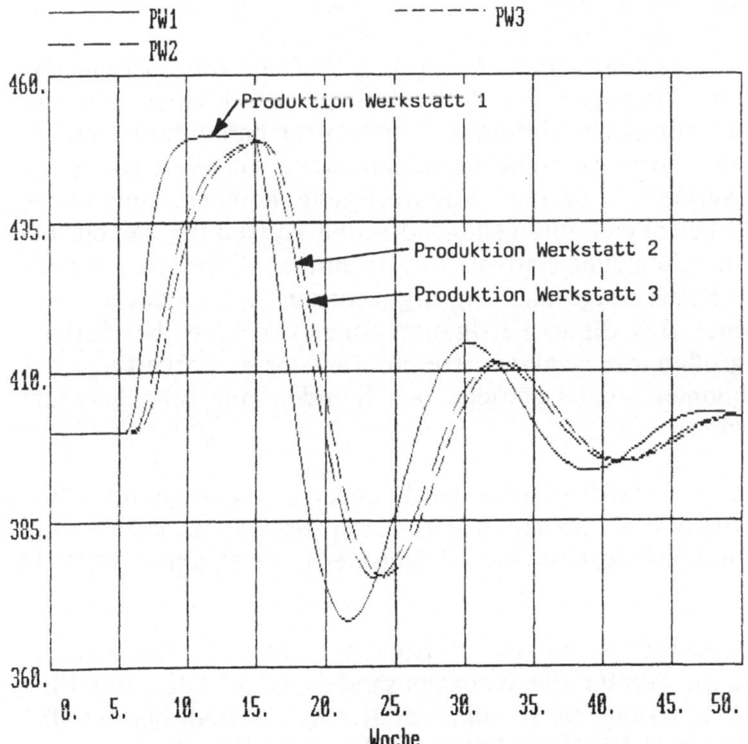

Bild 4-7 Verlauf der Produktion in den drei Werkstätten bei einem erhöhtem Absatz unter Berücksichtigung des Engpasses in der Unternehmung

Die Produktionsmengen schwanken jetzt zwischen 450 und 370 Einheiten/Woche und schwingen somit nur sehr gering um den Gleichgewichtszustand von 400 Einheiten/Woche. Dies bedeutet eine deutliche Verbesserung gegenüber einer Steuerung ohne die Berücksichtigung des Engpasses einer Unternehmung. Außerdem bleibt das Zwischenlager bei einer solchen Ausregelung leer, so daß keine unnötigen Kosten anfallen, die mit einer Lagerung von Halbfabrikaten verbunden sind.

4.2 Fließfertigung

Bei der Fließfertigung erfolgt die Anordnung der Maschinen und Arbeitsplätze in der Reihenfolge der nacheinander folgenden Arbeitsschritte. Der Transportweg zwischen den einzelnen Arbeitsplätzen oder Maschinen wird auf diese Weise so klein wie möglich gehalten und damit die Durchlaufzeit eines Produktes verkürzt. Eine solche Anordnung der Maschinen erfordert bei den einzelnen Arbeitsplätzen eine zeitliche Abstimmung der Bearbeitungs- und Montagezeiten, was bei einer Fertigung mit einem Transportsystem besonders deutlich zum Ausdruck kommt. So muß bei einer Fließfertigung und einem Fließband als Transporteinrichtung jeder Arbeitsplatz etwa dieselbe Zeit für die Bearbeitungs- und Montagearbeiten benötigen, um den Aufbau von Zwischenlägern zu vermeiden. Störungen im Produktionsprozeß können bei der Fließfertigung nicht auf einen einzelnen Arbeitsplatz beschränkt werden, da eine Störung eine Verlangsamung beziehungsweise ein Abschalten des Transportsystems verlangt. Für eine Fließfertigung kommen nur solche Produkte in Frage, bei denen eine genügend große Aufteilung der einzelnen Arbeitsgänge möglich und sinnvoll ist. Da immer dieselben Arbeitsgänge in derselben Reihenfolge und im vorgegebenen Arbeitstakt abgearbeitet werden, eignet sich dieses Fertigungssystem vor allem bei Serienfertigungen mit großen Stückzahlen. Durch die starre Verkettung der Arbeitsvorgänge können Sonderwünsche der Kunden nur sehr begrenzt berücksichtigt werden.

In Bild 4-8 ist das Strukturdiagramm der Fließfertigung dargestellt. Wie zu erkennen ist, wird die Kapazität (Kapa) durch die Kapazitätsänderung (KAe) in gewissem Umfang dem Produktionsmengenprogramm (PMP 1) angepaßt.

Da die Produktionsmenge bei der Fließfertigung nicht kontinuierlich zu- oder abnehmen kann, beträgt die Kapazitätsänderung 50 oder 100 Einheiten/Woche. Die gewählte Maximalkapazität (max Kapa) beträgt 450 Einheiten/Woche, so daß die Kapazität entweder 350, 400 oder 450 Einheiten/Woche beträgt. Eine Kapazitätsänderung (KAe) tritt immer dann ein, wenn das Produktionsmengenprogramm (PMP 1) um mehr als 50 Einheiten von der jeweils aktuellen Kapazität (Kapa) abweicht. Die Pro-

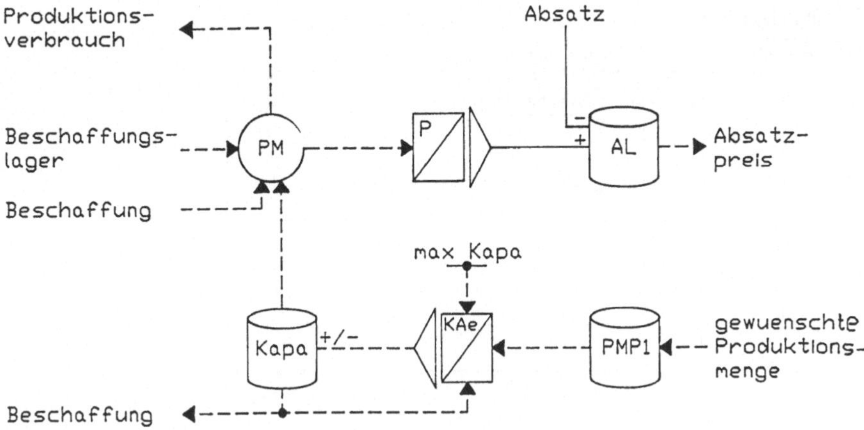

Bild 4-8 Strukturdiagramm einer Fließfertigung

duktionsmenge (PM) entspricht der jeweiligen Kapazität (Kapa), solange kein Materialengpaß (Beschaffungslager plus Lieferung kleiner Kapazität) auftritt. Veränderungen bei der Produktionsmenge (PM) wirken sich sofort auf die Menge der fertiggestellten Waren (P) aus, da bei der Fließfertigung die Band- oder Taktgeschwindigkeit für alle Arbeitsplätze gleich groß ist. Aus diesem Grunde ist die Produktion (P), in diesem Fall bei insgesamt 16 Arbeitsplätzen, an jedem Arbeitsplatz gleich groß. Die fertiggestellten Waren (P) werden im Absatzlager (AL) eingelagert.

4.2.1 Erhöhter Absatz

Bild 4-9 zeigt die Auswirkungen eines erhöhten Absatzes in der fünften bis zur achten Woche von 600 Einheiten.

Nachdem der Absatz (A) einen sprunghaften Anstieg erfährt, steigt das Produktionsmengenprogramm (PMP) an. Sobald das Produktionsmengenprogramm 450 Einheiten/Woche überschritten hat, wird die Kapazität (Kapa) der Fließfertigung um 50 Einheiten/Woche auf 450 Einheiten/Woche erhöht. Da kein Materialengpaß vorhanden ist, stimmt die Produktionsmenge mit der Höhe der Kapazität (Kapa) überein. Mit dem Wegfall der Absatzstörung in der achten Woche sorgt der inzwischen angestiegene Absatzpreis für einen Rückgang des Absatzes (A) auf 200 Einheiten/Woche. Diese Entwicklung wirkt nach einer Verzögerung auf das Produktionsmengenprogramm (PMP), was in der vierzehneten Woche die Kapazität (Kapa) auf die Normalkapazität von 400 Einheiten/Woche sinken läßt. Von diesem Zeitpunkt an weicht die Absatzmenge (A) und das Produktionsmengenprogramm (PMP) nur noch geringfügig vom

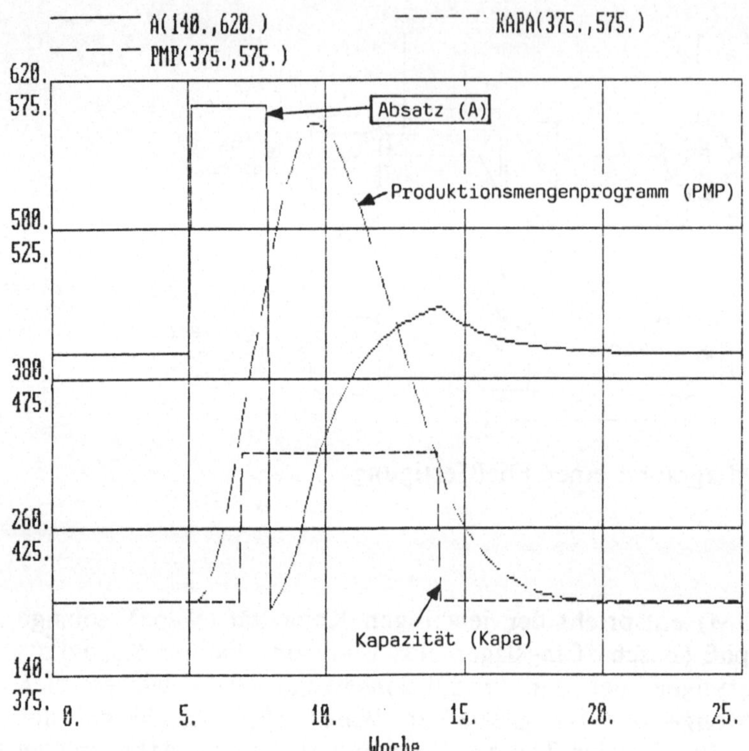

Bild 4-9 Modellverhalten bei einer Fließfertigung mit einem kurzfristig erhöhten Absatz (A)

Gleichgewichtszustand (400 Einheiten/Woche) ab. Die Kapazität der Fließfertigung (Kapa) wird dadurch nicht mehr verändert, so daß der Einschwingvorgang beschleunigt wird.

4.2.2 Verminderter Absatz

Betrachtet man die Reaktionen des Produktionsmodelles bei einer Verringerung der Absatzmenge auf lediglich 200 Einheiten/Woche (ebenfalls von der fünften bis zur achten Woche), so zeigt sich dasselbe Einschwingverhalten wie bei einer erhöhten Absatzmenge (s. Bild 4-10).

Auch hier reagiert die Kapazität (Kapa) und damit die Produktionsmenge nur einmal auf den Rückgang des Produktionsmengenprogrammes (PMP), so daß der Einschwingvorgang schon nach der zwanzigsten Woche beendet ist.

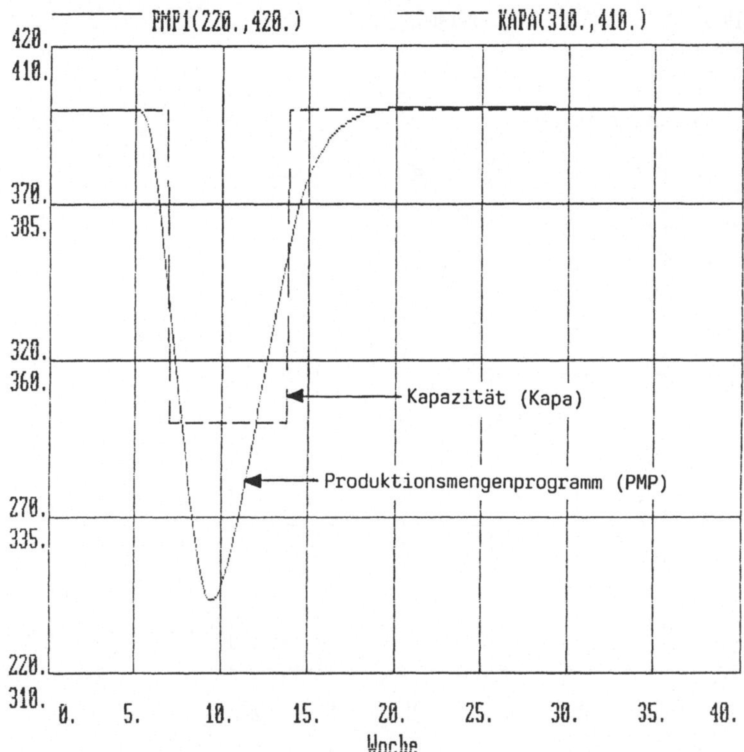

Bild 4-10 Modellverhalten bei einer Fließfertigung mit einem kurzfristig verminderten Absatz (A)

4.2.3 Geringe Nachfrageänderung durch verändertes Käuferverhalten

Die Produktionsmenge von 400 Einheiten/Woche wird im vorliegenden Modell für die Fließfertigung nur verändert, wenn eine Abweichung im Produktionsmengenprogramm auftritt, die größer als 50 Einheiten/Woche ist. Mit dieser Art der Produktionssteuerung wird die künstlich erzielte Stabilität im Produktionsbereich auf den Absatzbereich ausgedehnt. Eine solche Vorgehensweise birgt allerdings die Gefahr in sich, daß auf geringe Absatzänderungen (kleiner als 50 Einheiten/Woche), die Auswirkungen einer Preisänderung oder eines veränderten Käuferverhaltens sind, nicht reagiert wird. Dies wird im folgenden Beispiel gezeigt, in dem sich ab der fünften Woche ein anderes Käuferverhalten einstellt. Ab diesem Zeitpunkt reagieren die Verbraucher auf die jeweiligen Preise mit einer um 6,5 Prozent niedrigern Nachfragemenge (Verschiebung der Nachfragefunktion). Die Auswirkungen eines solchen Käuferverhaltens auf den Absatz und das Absatzlager ist in Bild 4-11 dargestellt.

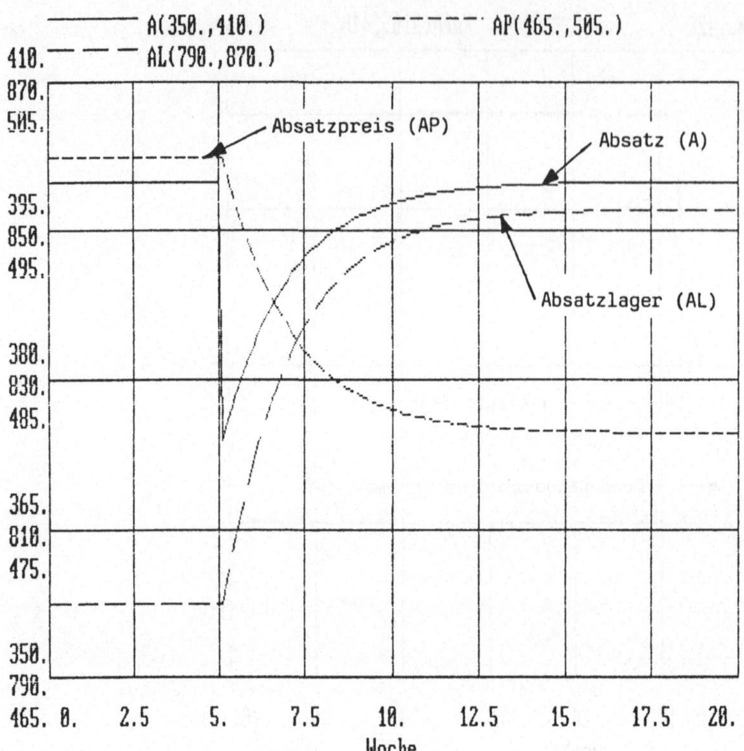

Bild 4-11 Modellverhalten bei einer Fließfertigung mit einer kleinen Änderung im Käuferverhalten ab der fünften Woche

Nachdem der Absatz (A) ab der fünften Woche leicht fällt, sinkt der Absatzpreis (AP) und das Absatzlager (AL) steigt an. Da der Absatzpreis nur um 18 DM auf 482 DM sinkt, fällt das Produtionsmengenprogramm nicht unter 350 Einheiten/Woche und die Produktionsmenge bleibt konstant bei 400 Einheiten/Woche. Die Folge ist ein Anstieg des Absatzlagers. Sobald der Absatz (A) wegen des fallenden Absatzpreises (AP) wieder eine Höhe von 400 Einheiten/Woche erreicht hat, treten keine weiteren Änderungen mehr auf. Ein solcher Zustand bei einem erhöhten Absatzlager und einem niedrigeren Absatzpreis entspricht nicht dem Gleichgewichtszustand, da die Produktionsmenge auf die Änderung nicht reagieren kann. Demzufolge muß geprüft werden, ob eine verminderte Produktion und damit ein niedrigeres Absatzlager, ein nicht höherer Preis und eine kleinere Absatzmenge für das Unternehmen besser wäre.

4.3 Kanban-Steuerung

Bei der Kanban-Steuerung handelt es sich um eine verbrauchsorientierte Werkstattsteuerung, die den einzelnen Werkstätten einen gewissen Freiraum für eigene Entscheidungen überläßt, beispielsweise die Maschinenbelegung. Die Rüstzeiten müssen bei der Kanban-Steuerung auf ein Minimum begrenzt werden, so daß Losgrößen in der Größe einer Tagesproduktion und weniger wirtschaftlich produziert werden können. Die geringen Losgrößen führen zu einer hohen Flexibilität der Werkstätten, die es erlaubt, die Bestände der Zwischenläger im Produktionsbereich auf ein Minimum zu reduzieren, ohne daß die Lieferbereitschaft beeinträchtigt wird. Auf diese Weise können die Durchlaufzeiten für ein Produkt stark reduziert werden. Eine voll ausgelastete Werkstatt kann nicht flexibel auf die Nachfrage einer nachfolgenden Werkstatt reagieren und kommt deshalb für eine Kanban-Steuerung nicht in Frage.

Im Zusammenhang mit der Kanban-Steuerung empfiehlt sich ein Dispositionsverfahren, das ebenfalls verbrauchsorientiert arbeitet. Bei den Simulationsläufen wurde die Kanban-Steuerung mit dem Bestellpunktverfahren verknüpft. Die Informations- und Materialflüsse einer Kanban-Steuerung werden an Hand des Strukturdiagrammes in Bild 4-12 näher erläutert.

Das Produktionsmengenprogramm (PMP) bestimmt die Produktionsmenge in Werkstatt 3 (PM3) und wird eingeschränkt, falls im Behältersystem 2 (Behsys2) nicht genügend Material zur Verfügung steht. Das Material wird also aus dem Behältersystem 2 (Behsys2) über den Produktionsverbrauch 3 (PV3) entnommen. Nachdem die Fertigstellung der Waren in Werkstatt 3 (PW3) erfolgt ist, werden die Endprodukte im Absatzlager eingelagert. Das Behältersystem 2 (Behsys2) besteht bei einer Kanban-Steuerung aus einzelnen Behältern. Wird ein Behälter von der Werkstatt 3 geleert (PV3), wird dieser Behälter zur Wiederauffüllung an Werkstatt 2 (PM2) zurückgeschickt. Sobald der Behälter mit den angeforderten Teilen gefüllt ist, steht er der Werkstatt 3 wieder zur Verfügung. Das Zurückschicken der Behälter zur Produktionsmenge 2 (PM2) geschieht im Modell durch die Information über den Produktionsverbrauch 3 (PV3) und über den aktuellen Bestand im Behältersystem 2 (Behsys2) (gestrichelte Linie in Bild 4-12). Die angeforderte Produktionsmenge 2 (PM2) wird dann in Werkstatt 2 (PW2) produziert. In der Praxis erfolgt der Informationsfluß mit Hilfe von Kanban-Karten, die alle notwendigen Informationen für die Produktion enthalten. Sie werden mit dem leeren Behälter zur Werkstatt 2 geschickt und gelangen mit dem vollen Behälter wieder an Werkstatt 3 zurück. Derselbe Vorgang spielt sich auch in Werkstatt 2 ab, wobei die Werkstatt 1 für die Auffüllung des Behältersystems 1 (Behsys1) zuständig ist. Wie bereits erwähnt wurde, können durch die kleinen Losgrößen und der damit verbundenen Flexibilität

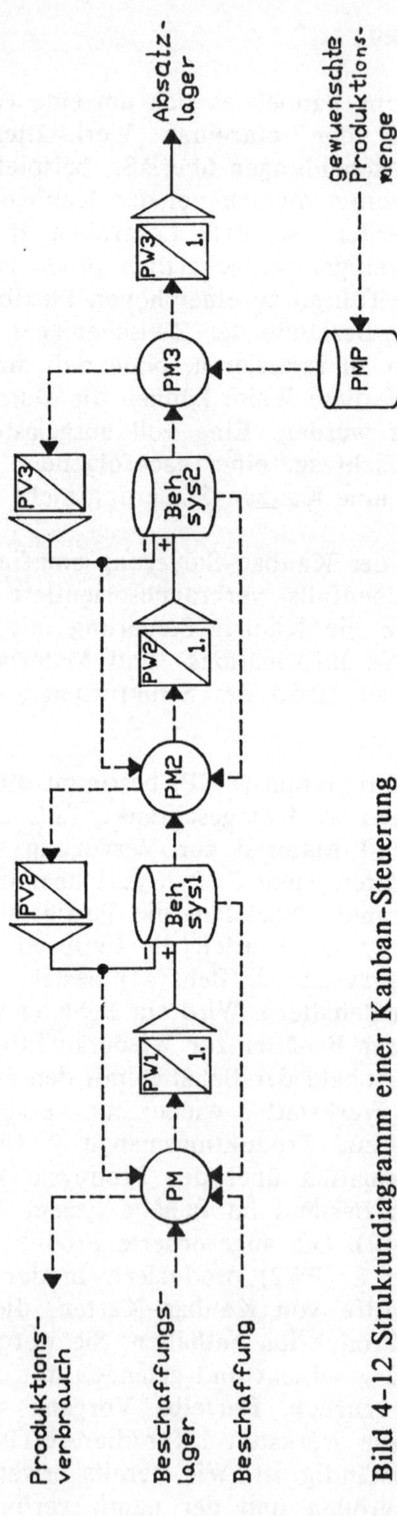

Bild 4-12 Strukturdiagramm einer Kanban-Steuerung

gegenüber anderen Werkstattsteuerungen die Werkstattbestände stark reduziert werden. Eine Steuerung der Bestände erfolgt mit einer Veränderung der Behälteranzahl und der damit verbundenden Kanban-Karten.

4.3.1 Erhöhte Absatzmenge

Bei einer erhöhten Nachfrage im Zeitraum von der fünften bis zur achten Woche von 600 Einheiten/Woche ergibt sich ein Systemverhalten, wie es in Bild 4-13 dargestellt ist.

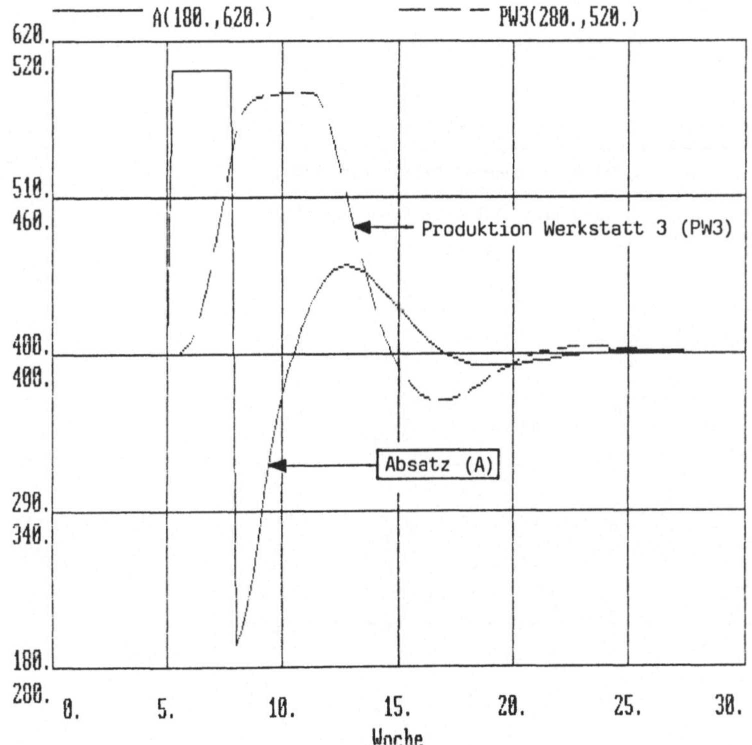

Bild 4-13 Systemverhalten bei einer Kanban-Steuerung mit einer kurzfristig erhöhten Nachfrage

Dem künstlich erhöhten Absatz (A) von der fünften bis zur achten Woche folgt ein sprungartiger Rückgang ab der achten Woche, da das Beschaffungslager nur noch einen geringen Bestand aufweist und dadurch der Absatzpreis für die Produkte sehr hoch liegt. Die Produktionsmenge in der Werkstatt 3 (PW3) reagiert sehr früh und extrem stark auf den erhöhten Absatz, so daß das Beschaffungslager schon in der elften Woche eine normale Bestandshöhe aufweist und der Absatzpreis auf ein normales Niveau sinkt. Dadurch erhöht sich der Absatz (A) wieder bis zu einem kleinen Maximum in der dreizehnten Woche. Insgesamt sind die Abweichungen der Produktion und des Absatzes sehr schnell ausgeregelt, so daß schon in der achtzehnten Woche die Abweichungen vom stabilen Zustand vernachlässigbar klein sind.

4.3.2 Schwankende Absatzmengen

Wie flexibel eine Kanban-Steuerung auf veränderte Nachfragebedingungen reagiert, zeigt Bild 4-14.

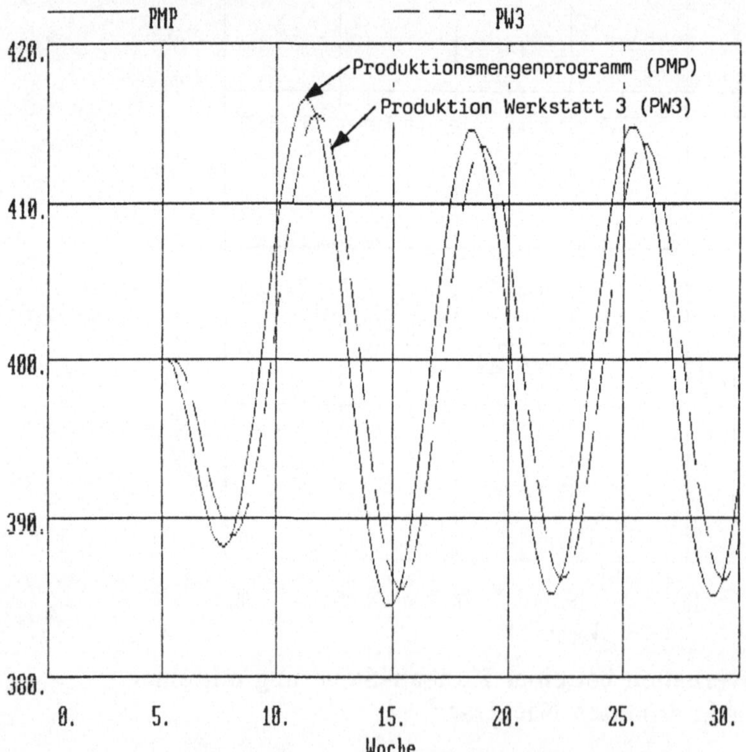

Bild 4-14 Verhalten der Produktionsmenge in Werkstatt 3 (PW3) bei schwankender Absatzmenge

Die Absatzmenge schwankt ab der fünften Woche zwischen 360 und 440 Einheiten/Woche mit einer Periodendauer von sieben Wochen. In dem Simulationsprogramm wurde eine Amplitude von 50 Einheiten gewählt, die jedoch nicht voll wirksam wird, da der Absatzpreis den Absatzschwankungen entgegenwirkt. Das Produktionsmengenprogramm (PMP) und die Produktion der Werkstatt 3 (PW3) sind fast identisch. Dies zeigt die hohe Anpassungsgeschwindigkeit und damit die große Flexibilität einer Kanban-Steuerung. So können bei dieser Art der Werkstattsteuerung die eintreffenden Bestellungen innerhalb kürzester Zeit bearbeitet werden. Betrachtet man die Behältersysteme bei einer Kanban-Steuerung, dann fällt der geringe Bestand an Halbfabrikaten auf, der für einen reibunglosen Produktionsablauf ausreicht. Damit ist, abgesehen von der kürzeren Durchlaufzeit für die Produkte auch eine Verminderung des im Umlaufvermögen gebundenen Kapitals erreicht worden.

5 Absatz

Für den Absatz werden drei Bereiche untersucht:

1. Wettbewerbskräfte

Im Modell wird ein Gesamtmarkt gebildet, der sich durch die Preisabhängigkeit von Angebot und Nachfrage beschreiben läßt. Das Modellunternehmen kalkuliert unabhängig vom Marktpreis seinen Verkaufspreis. Liegt der Verkaufspreis des Unternehmens unter (über) dem Marktpreis, so eröht (erniedrigt) sich der Marktanteil des Unternehmens. Durch unterschiedliche Nachfrage-Preiselastizitäten können die Rückwirkungen auf die Produktion simuliert werden. Das Modellverhalten wird bei Störungen der Gesamtnachfrage und für unterschiedliche Preiselastizitäten der Gesamtnachfrage untersucht.

2. Marketing-Maßnahmen

Dem Unternehmen soll es möglich sein, selbst aktiv das Marktgeschehen zu beeinflussen. In Abhängigkeit von der Konkurrenz werden als Marketing-Instrumente Maßnahmen zur Werbung, Qualitätssicherung, Distribution und zur Preisgestaltung ergriffen. Dabei werden an Hand einer einfachen Gewinn- und Verlustrechnung die Auswirkungen auf die Kosten, die Beschäftigung und die Marktpreise untersucht.

3. Wechselkursabhängigkeiten

Für die Wettbewerbssituation stark exportabhängiger Unternehmen sind Wechselkurse und ihre Schwankungen entscheidend. Dabei werden die Auswirkungen auf den Inlandsmarkt (Bundesrepublik Deutschland) und die Auslandsmärkte Frankreich und USA aufgezeigt. Dabei werden die Auswirkungen von Wechselkursschwankungen um 5% untersucht. Es ist aber auch möglich, tatsächliche Wechselkursverläufe einzugeben. Als Beispiel werden die Wechselkursverläufe des FF und des US-$ der letzten zwei Jahre gewählt.

5.1 Wettbewerbskräfte

Um das Verhalten im Absatzbereich genauer verfolgen zu können, wird das Grundmodell erweitert, indem auch der Absatz feiner aufgegliedert wird. Es wird ein Gesamtmarkt gebildet, der sich durch Kurven für Angebot und Nachfrage in Abhängigkeit vom Marktpreis beschreiben läßt. Durch Angebot und Nachfrage wird mit diesen Kurven wiederum der Marktpreis bestimmt.

Das Modellunternehmen kalkuliert unabhängig vom Preis auf dem Markt (Marktpreis) seinen Verkaufspreis (Absatzpreis) durch:

- die Stückkosten der Herstellung,
- den Gewinnfaktor,
- den Einfluß des Warenausgangslagers (Absatzlager),
- den Einfluß des Marktanteils,
- den Einfluß der Absatzmenge/Woche.

Durch die Differenz zwischen Absatzpreis und Marktpreis kann ein bereits bestehender Marktanteil beeinflußt werden. Das Produkt aus prozentualem Marktanteil und Gesamtnachfragemenge ergibt die Absatzmenge, die wiederum auf das Absatzlager einwirkt. Diese Zusammenhänge und Abhängigkeiten werden im folgenden näher erläutert. (Der prozentuale Marktanteil gibt den prozentualen, mengenmäigen Anteil des Unternehmens am Gesamtmarktbedarf an und errechnet sich deshalb aus der Absatzmenge A des Unternehmens, dividiert durch die gesamte Nachfragemenge MN auf dem Markt, multipliziert mit 100: MNT = P/MN*100).

5.1.1 Gesamtmarkt

Der Gesamtmarkt zeigt folgende Struktur (s. Bild 5-1):

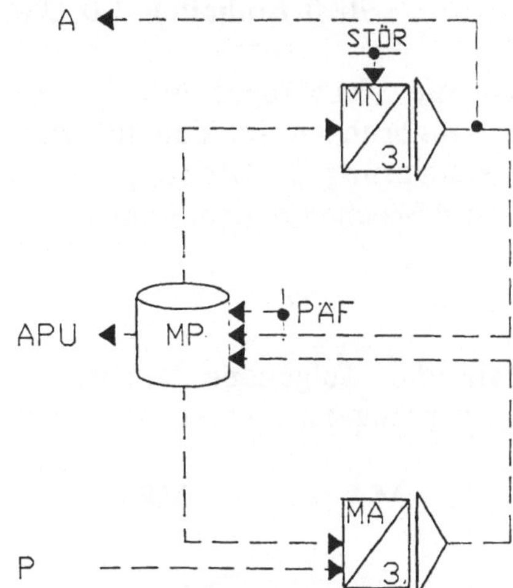

Bild 5-1
Strukturdiagramm des Gesamtmarktes

Der Gesamtmarkt besteht aus einer Angebotskurve (MA), einer Nachfragekurve (MN) und der zentralen Größe, dem Marktpreis (MP). Wenn sich zwischen der Gesamtmarktnachfrage (MN) und dem Gesamtmarktangebot (MA) Unterschiede ergeben, wird durch den Preisänderungsfaktor (PÄF) ein neuer Marktpreis (MP) errechnet. Auf den Gesamtmarkt wirken als externe Größen die Angebotsmenge der Modellunternehmung, die der Produktionsmenge (P) entspricht und eine Störgröße (STÖR), die die Nachfragemenge beeinflußt. Die Störgröße ermöglicht die Untersuchung des Marktes und der Unternehmung bei unterschiedlichen externen Bedingungen. Weitere Schnittstellen zwischen dem Gesamtmarkt und dem Unternehmen sind die Informationsströme, die von der Gesamtmarktnachfrage (MN) auf die Absatzrate (A) und vom Marktpreis (MP) auf den Angebotspreisunterschied (APU) wirken. Im folgenden werden die Nachfrage- und Angebotskurven diskutiert.

a) Gesamtnachfragemenge

Die Gesamtnachfragemenge (MN) ist nach folgender Formel linear vom Marktpreis (MP) abhängig:

$$MN = -8 * MP + 9000.$$

Das bedeutet, daß je Preiserhöhung um 1 DM/Stück die Nachfrage um 8 Stück abnimmt. Die Gesamtnachfragemenge bei kostenloser Abgabe des Produktes (MP = 0) beträgt 9000 Stück. Man erhält diese Gleichung, wenn eine Gerade durch die zwei folgenden Punkte gelegt wird:

- Gleichgewicht von Angebot und Nachfrage:
  5000 Einheiten / 500 DM/Einheit.

- Maximale Nachfrage bei Preis = 0 DM/Einheit:
  9000 Einheiten / 0 DM/Einheit.

Da die Nachfrager nicht unendlich schnell reagieren können, sondern Verzögerungen auf den Informationswegen hinnehmen müssen, wird eine Verzögerung 3. Ordnung mit einer durchschnittlichen Verzögerungszeit von 4 Wochen angenommen.

b) Gesamtangebotsmenge

Mit der folgenden ebenfalls linearen Funktion berechnet sich die Gesamtangebotsmenge (MA) der Konkurrenz:

$$MA = 5,26 * MP + 1968$$

Die Gleichung sagt aus, daß bei einer Preiserhöhung um 1 DM/Einheit die Angebotsmenge der Konkurrenz um 5,26 Einheiten ansteigt. Diese Gleichung ergibt sich wiederum durch den Gleichgewichtspunkt (5000 Einheiten/500 DM/Einheit), der jedoch diesmal durch die Angebotsmenge der Unternehmung bei einem Preis von 500 DM/Einheit bereinigt werden muß. Es ergibt sich somit bei einem Preis von 500 DM/Einheit:

Angebotsmenge im Gleichgewichtszustand	5000 Einheiten
- Angebotsmenge der Unternehmung	400 Einheiten
= Angebotsmenge der Konkurrenz	4600 Einheiten

Man erhält als ersten Punkt der Geraden 4600 Einheiten/500 DM/Einheit. Als zweiter Punkt wird unter Berücksichtigung der Angebotsmenge der Unternehmung 1968 Einheiten bei einem Preis von 0 DM/Einheit angenommen.

Um der Produktionsverzögerung gerecht zu werden, durchläuft die Angebotsmenge ebenfalls eine Verzögerung 3. Ordnung mit einer durchschnittlichen Verzögerungszeit von 14 Wochen. Dies entspricht auch der Verzögerungszeit, die das Modellunternehmen zur Anpassung benötigt.

Um die Gesamtangebotsmenge zu erhalten, wird zur Angebotsmenge der Konkurrenz die für den Absatz bestimmte Produktionsmenge des Modellunternehmens (P) addiert. Dadurch wird der Einfluß der einzelnen Unternehmung auf den Gesamtmarkt deutlich.

Die Anpassung des Marktpreises an veränderte Marktverhältnisses geschieht über den *Preisänderungsfaktor* (PÄF). Wird die Differenz zwischen Gesamtangebot und -nachfrage mit diesem multipliziert, dann errechnet sich der neue Marktpreis für die Periode j+1 (MP_{j+1}) aus dem bisherigen Marktpreis der Periode j (MP_j) nach folgender Formel:

$$MP_{j+1} = MP_J + (MN-MA) * 0{,}025$$

Das heißt, daß bei einem Angebotsüberhang von 1000 Einheiten (MN - MA = - 1000) der Preis um 25 DM gesenkt wird. In gleicher Weise erhöht sich bei einem Nachfrageüberschuß der Preis.

In Bild 5-2 sind die Angebots- und die Nachfragekurven eingezeichnet, die oben besprochen wurden. Es ist zu erkennen, daß sich die beiden Kurven bei einem Preis von 500 DM/Einheit schneiden. In diesem Punkt ist das Angebot und die Nachfrage ausgeglichen, d. h. das System befindet sich im Gleichgewicht. Die Angebotskurve enthält, wie bereits erwähnt, nicht nur die Angebotsmenge der Konkurrenz, sondern auch die Angebotsmenge der Unternehmung (stabiler Zustand= 400 Einheit / 500 DM/Einheit).

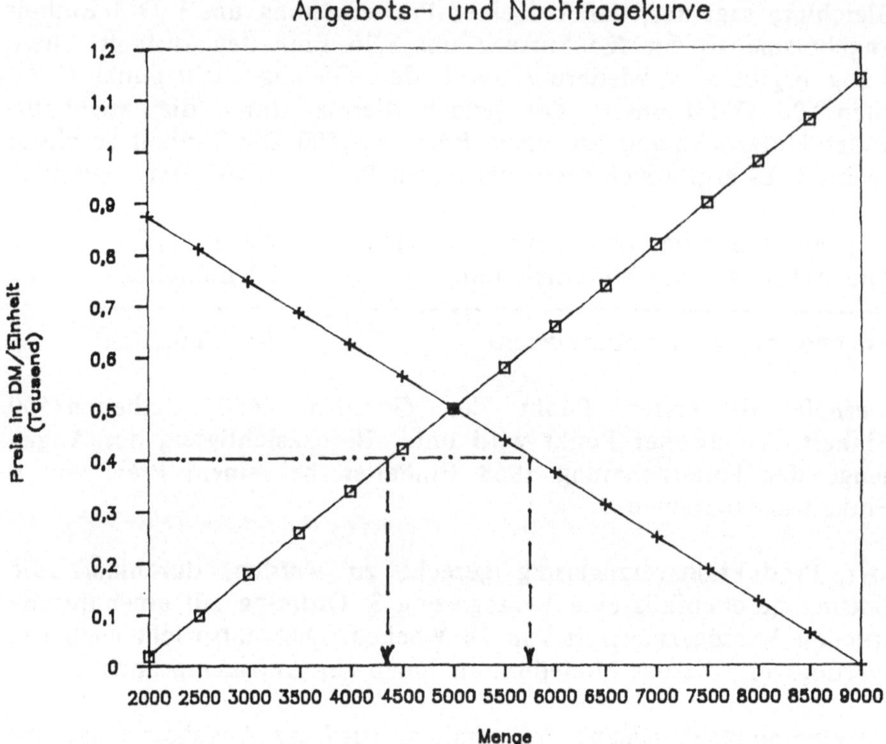

Bild 5-2 Angebots- und Nachfragekurve des Gesamtmarktes

Aus diesen Zusammenhängen lassen sich Nachfrage- bzw. Angebotsänderungen und deren Wirkung auf den Marktpreis studieren:

Wenn sich beispielsweise nach einem Nachfragerückgang ein Marktpreis von 400 DM/Einheit einstellt, ergibt sich aufgrund des gefallenen Preises eine neue Nachfragemenge von 5800 Einheiten und eine Angebotsmenge von 4375 Einheiten (gestrichelte Linie in Bild 5-2). Die Verzögerungen der Nachfrager und Anbieter werden in diesem Rechenbeispiel nicht berücksichtigt. Die Preiserhöhung wegen des Nachfrageüberhangs errechnet sich folgendermaßen:

Die Differenz zwischen Nachfrage- und Angebotsmenge (MN - MA) von 1425 Einheiten, multipliziert mit dem Preisänderungsfaktor (PÄF) von 0,025 ergibt eine Preiserhöhung von 1425 * 0,025 = 35,62 DM . Es stellt sich deshalb ein neuer Marktpreis MP_{j+1} = 400 DM + 35,62 DM = 435,62 DM ein. Hieraus ergeben sich neue Nachfrage- und Angebotsmengen, die wiederum Preisänderungen zur Folge haben.

5.1.2 Absatzbereich der Unternehmung

Gegenüber dem Grundmodell wird der Absatzbereich um eine genauere Berechnung der Absatzmenge und eine verbesserte Kalkulation des Absatzpreises erweitert. Bild 5-3 zeigt die Strukturzusammenhänge.

Aus Bild 5-3 lassen sich die Absatzmenge und der Absatzpreis bestimmen.

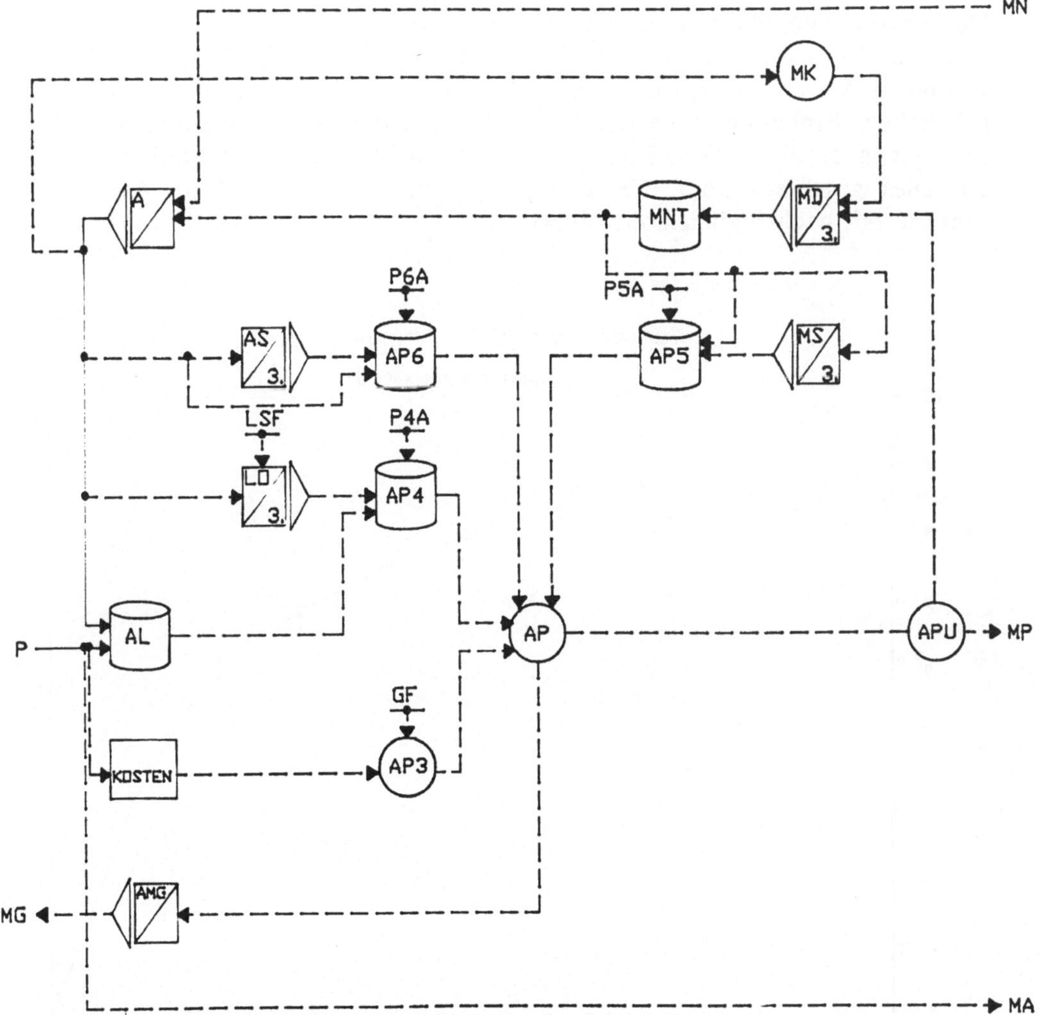

Bild 5-3 Strukturdiagramm des Absatzbereiches

a) Berechnung der Absatzmenge

Aus der Differenz zwischen Absatzpreis (AP) und Marktpreis (MP) errechnet sich ein Angebotspreisunterschied (APU). Über einen nichtlinearen Zusammenhang zwischen Angebotspreisunterschied und Marktanteil (s. Bild 5-4) ergibt sich der Marktanteil (MNT) des Modellunternehmens. Da für eine Änderung des Marktanteils länger anhaltende Preisunterschiede erforderlich sind, wird im Modell eine Verzögerung 3. Ordnung (MD) mit einer durchschnittlichen Verzögerungszeit von 4 Wochen angenommen.

Der prozentuale Marktanteil (MNT) wird mit der Gesamtnachfragemenge (MN) multipliziert und ergibt die Absatzmenge (A). Sind jedoch nicht genügend Waren im Absatzlager (AL) vorhanden, werden die maximal möglichen Einheiten ausgeliefert. Dadurch kann die Absatzmenge (A) schlagartig abfallen. Gleichzeitig fällt dann auch der Marktanteil (MNT) ab. Dies geschieht über die Verbindung mit der Größe MK, die den Marktanteil nachträglich kontrolliert.

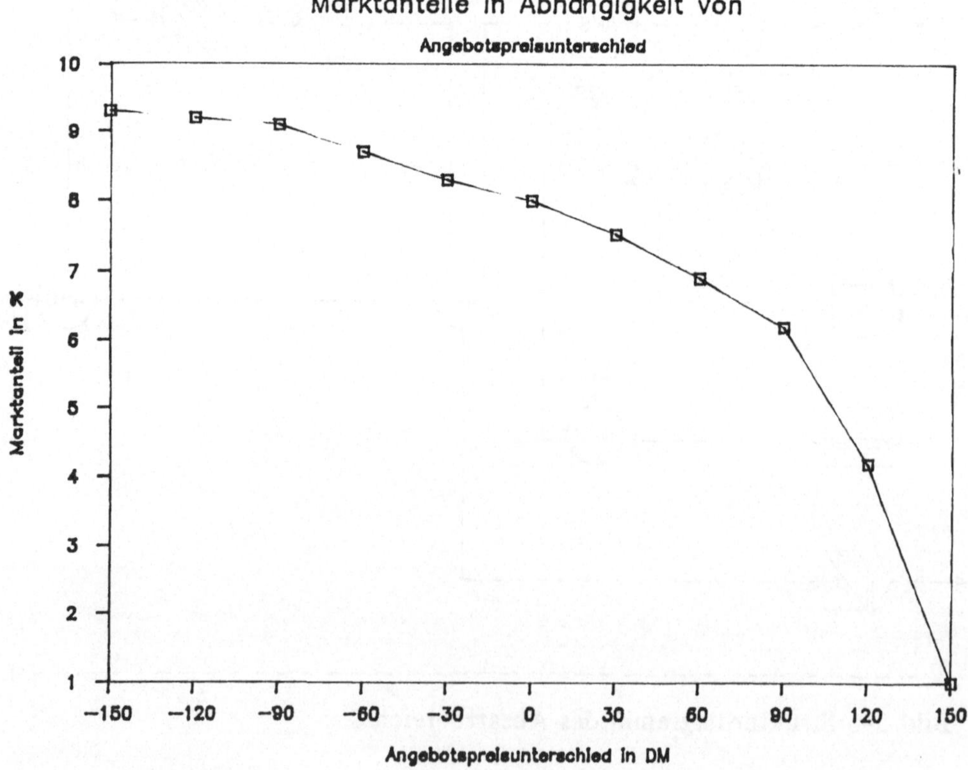

Bild 5-4 Marktanteile in Abhängigkeit von Angebotspreisunterschieden

Unter einem Angebotspreisunterschied wird die Differenz zwischen Angebotspreis (AP) und Marktpreis (MP) verstanden. Aus Bild 5-4 ist zu erkennen, daß bei größeren Unterschieden zwischen Marktpreis (MP) und Absatzpreis (AP) sich über- oder unterpropotionale Verschiebungen der Marktanteile (MNT) ergeben. Bietet das Unternehmen seine Güter zu teuer an (AP > MP, d.h. positiver Bereich der x-Achse), dann fällt der Marktanteil schnell ab. Ist es jedoch möglich, günstiger als der Marktpreis zu produzieren und zu verkaufen (AP < MP; d.h. negativer Bereich der x-Achse), dann steigt der Marktanteil relativ langsam an, da Präferenzen unter den Markteilnehmer beachtet werden müssen. Solche Präferenzen der Marktteilnehmer bestehen in der Bevorzugung bestimmter Produkte aufgrund der bisherigen Kaufgewohnheiten oder gewisser, vom Käufer geschätzten Produkteigenschaften. Für unser Modellunternehmen haben die geschilderten Zusammenhänge folgende Auswirkungen:

Besteht kein Preisunterschied zwischen Markt und Unternehmen, dann soll der Marktanteil des betrachteten Unternehmens 8% betragen. Unter den Voraussetzungen eines Absatzpreises von 500 DM/Einheit und des stabilen Zustandes des Marktes (5000 Einheiten Nachfragemenge und 5000 Angebotsmenge bei einem Marktpreis von 500 DM/Einheit) ergibt sich eine Absatzmenge von 400 Einheiten/Woche für das Unternehmen. Erhöht das Unternehmen den Preis um 30 DM, dann verringert sich der Marktanteil auf 7,52 %. Dies bedeutet einen Rückgang der Absatzmenge auf 376 Einheiten. Drückt man diesen Sachverhalt mit Hilfe der direkten Preiselastizität E aus, erhält man E = -1. Der Faktor E ist das Verhältnis der prozentualen Nachfrageänderung (PNFÄ) zur prozentualen Preisänderung (PPÄ) eines Gutes.

$$\text{PFNÄ} = \frac{(400-376) * 100}{400} = 6\ \%$$

$$\text{PPÄ} = \frac{(500-530) * 100}{500} = -6\ \%$$

$$E = \frac{\text{proz. Nachfrageänderung PFNÄ}}{\text{proz. Preisänderung} \quad \text{PPÄ}} = \frac{6\ \%}{-6\ \%} = -1.$$

Die Preiselastizität errechnet sich also in diesem Fall zu -1. Beträgt die Preiserhöhung jedoch 90 DM/Einheit, dann verringert sich der Marktanteil auf 4,2 %. Damit liegt die Absatzmenge bei 210 Einheiten. Die Preiselastizität beträgt in diesem Fall -2,63.

Unter der Voraussetzung der linearen Nachfragekurve erhält man in jedem Punkt der Nachfragekurve eine unterschiedliche Preiselastizität (s. Bild 5-5).

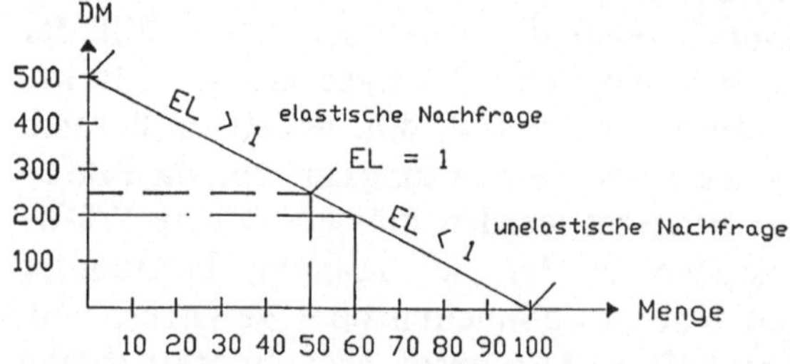

Bild 5-5 Lineare Nachfragekurve und Preiselastizitäten

Schwankungen der Preiselastizität E von Null bis unendlich entsprechen jedoch nicht der Realität. Normalerweise liegen die von der Produktart abhängigen und sich im Zeitverlauf über Jahre hinweg ändernden Preiselastizitäten im Bereich zwischen 0,5 und 2. Ist ein Anbieter in der Lage, die Preiselastizität für sein Produkt zu bestimmen, kann er die Auswirkungen seiner Preispolitik (steigende oder sinkende Umsätze) anhand des folgenden Schemas (Bild 5-6) besser beurteilen.

	EL > 1 elastische Nachfrage	EL = 1 prop. elast. Nachfrage	EL < 1 unelastische Nachfrage
Preissenkung	Umsatz steigt	Umsatz konstant	Umsatz faellt
Preiserhoehung	Umsatz faellt	Umsatz konstant	Umsatz steigt

Bild 5-6 Zusammenhang zwischen Preisänderung und E-Faktor

b) Berechnung des Absatzpreises

Bild 5-3 zeigt, von welchen Größen der Absatzpreis (AP) abhängig ist. Es sind dies die vier Größen AP3, AP4, AP5 und AP6, die näher erklärt werden

1. Kostenbestandteile (AP3)

Die Herstellkosten je Stück (KOSTEN) ergeben sich aus den variablen Stückkosten und den zurechenbaren fixen Kosten. Sie werden mit dem Gewinnfaktor GF multipliziert und bilden als kalkulierte Verkaufskosten die erste Einflußgröße (AP3) auf den Absatzpreis AP.

2. Das Absatzlager (AP4)

Den Einfluß (AP4) des Absatzlagers (AL) auf den Absatzpreis (AP) erhält man durch die Bildung der Differenz aus der momentanen Höhe des Absatzlagers (AL) und einem gewünschten Lagerbestand (LO), die dann mit einer Anpassungskonstanten (P4A) multipliziert wird. Der gewünschte Lagerbestand (LO) läßt sich mit Hilfe einer Konstanten (LSF) und der gegenwärtigen Absatzmenge ermitteln. Die Konstante LSF gibt die Anzahl Wochen an, für die ein Sicherheitsbestand vorgehalten werden soll. Um dabei kurzfristige Absatzschwankungen auszuschließen, wird ein exponentiell geglätteter Durchschnittswert der jeweils 12 letzten Absatzwochen gebildet.

3. Der Marktanteil (AP5)

Der Marktanteil wurde bei der Preisbildung berücksichtigt, um bei konstanter Absatzmenge (A) und steigender Gesamtnachfrage (MN) dem Absinken des Marktanteils entgegenwirken zu können. Durch die Rückkopplung des Marktanteils auf den Absatzpreis hat das Unternehmen die Möglichkeit, auf Nachfrageänderungen zu reagieren. Der Einfluß des Marktanteils auf den Absatzpreis geschieht in folgender Weise:

Die Rate MS bildet einen Durchschnittswert des Marktanteils (MNT) der vergangenen 12 Perioden. Dieser wird in der Größe AP5 ständig dem aktuellen Marktanteil (MNT) gegenübergestellt. Diese Differenz, multipliziert mit einer Anpassungskonstanten (P5A) beschreibt den Einfluß AP5 auf den Absatzpreis AP.

4. Der Absatz (AP6)

Mit derselben Rechenmethode wie bei der eben beschriebenen Anpassung des Absatzpreises durch den Marktanteil wird die Absatzmenge angepaßt. Es wird ein Durschschnittswert (AS) der Absatzzahlen (A) über 4 Wochen gebildet, der dann mit den aktuellen Absatzzahlen (A) verglichen wird. Dies erfolgt durch die Variablen AP6, in die die Anpassungskonstante P6A ebenfalls eingeht und die anschließend auf den Absatzpreis AP wirkt. Der einzige Unterschied ist hier, daß der Durchschnittswert nur über die letzten 4 Wochen gebildet wird, um mehr Flexibilität zu erhalten.

5.1.3 Verhalten des Modells bei Störungen

Um das Verhalten dieses komplexeren Absatzmodells nach Bild 5-3 studieren zu können, werden zum einen Störungen auf den im stabilen

Zustand befindlichen Gesamtmarkt gegeben und zum anderen Abänderungen von Einflußparametern vorgenommen und die Auswirkungen auf Markt und Unternehmen betrachtet.

5.1.3.1 Störungen der Gesamtnachfrage

Im folgenden werden die Auswirkung von Störungen der Gesamtnachfrage (MN) betrachtet. Dabei werden zwei Fälle untersucht:

- Nachfrageausfall und

- wöchentliche Schwankungen.

a) Nachfragerückgang

Bild 5-7 zeigt die Auswirkungen eines Nachfrageausfalls (Absinken der Gesamtnachfrage MN) auf das Angebot des Gesamtmarktes (MA) und den Marktpreis (MP).

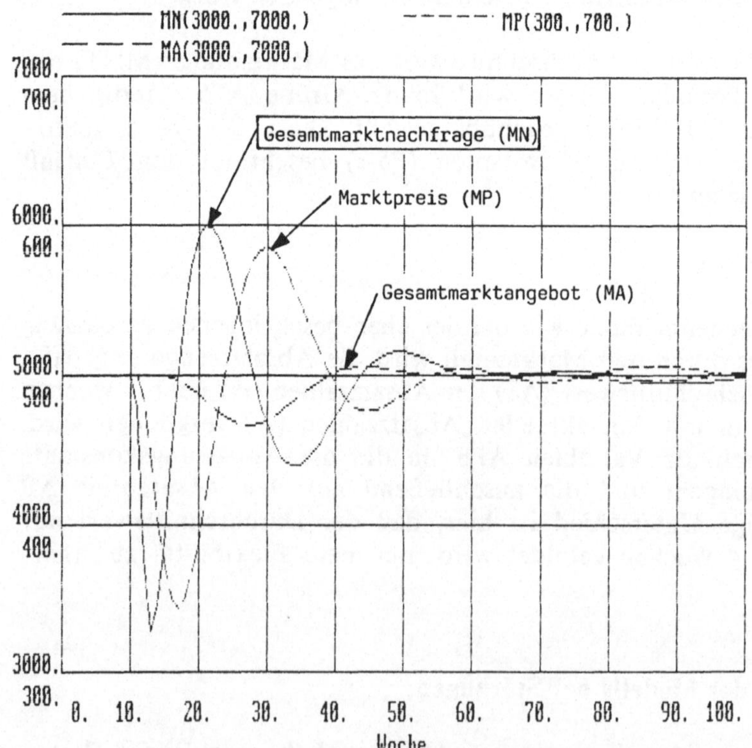

Bild 5-7 Wirkung eines Nachfragerückgangs MA auf den Marktpreis MP und das Gesamzmarktangebot MA

Wie Bild 5-7 zeigt, befinden sich in den ersten 10 Wochen die Gesamtmarktnachfrage (MN), das Gesamtmarktangebot (MA) und der Marktpreis (MP) in einem ausgeglichenen Zustand. Danach setzt ein Nachfrageausfall von ca. 1700 Einheiten ein, so daß die Gesamtnachfrage (MN) von 5000 Einheiten/Woche auf 3300 Einheiten/Woche absinkt. Durch das große Überangebot geht mit leichter Verzögerung der Marktpreis MP auf 344 DM/Einheit zurück. Dadurch werden die Produzenten zu einer ebenfalls verzögerten Verringerung des Gesamtangebots MA auf 4660 Einheiten veranlaßt (etwa 28. Woche). Zwischenzeitlich ist bereits ab der 17. Woche durch die Preisreduzierung und den Nachholbedarf an Gütern die Marktnachfrage bei den Kunden so stark gestiegen, daß sie in der 21. Woche 6000 Einheiten/Woche beträgt. Der großen Nachfrage und dem verminderten Angebot folgend, steigt auch der Marktpreis in der 30. Woche auf 585 DM/Einheit, wodurch die Nachfrage wieder nachläßt. Das Auf- und Abschwingen von Marktnachfrage (MN), Marktangebot (MA) und Marktpreis (MP) setzt sich mit abnehmenden Amplituden bis zur 60. Woche fort. Im weiteren Verlauf haben sich dann die Gesamtmarktnachfrage (MN), das Gesamtmarktangebot (MA) und der Marktpreis (MP) so stark ausgeglichen, daß der stabile Zustand fast wieder erreicht ist.

b) Auswirkungen auf die Unternehmung

Im Gegensatz dazu zeigt Bild 5-8 die Reaktionen des Modellunternehmens auf den zuvor beschriebenen Rückgang der Gesamtmarktnachfrage (MN).

Um dieses Verhalten mit dem Fall des Nachfragerückgangs vergleichen zu können, wurden die entsprechenden Größen des Unternehmens für die Gesamtmarktnachfrage (Absatz), das Gesamtmarktangebot (Produktion) und den Marktpreis (Absatzpreis) gewählt. Die Absatzmenge (A) fällt nach der 10. Woche in gleichem Verhältnis wie die Gesamtnachfragemenge (MN) ab, nämlich um 34,5 % auf 262 Einheiten/Woche. Es ergeben sich jedoch Differenzen zwischen dem Absatzpreis (AP) und dem Marktpreis (MP). Das Unternehmen senkt seinen Absatzpreis (AP) nicht in dem starken Ausmaß wie der Marktpreis auf dem Gesamtmarkt fällt, sondern erhöht bereits in der 15. Periode den Absatzpreis (AP), während der Marktpreis (MP) immer noch fällt. Dies verursacht einen Rückgang des Marktanteiles (MNT) des Unternehmens, der in dem nur schwachen Anstieg der Absatzkurve (A) zum Ausdruck kommt. Dadurch wird zusätzlich Druck auf den Absatzpreis (AP) ausgeübt, so daß dieser weiter fällt. Er erreicht in der 21. Woche seinen absoluten Tiefpunkt mit 337 DM/Einheit. Durch den niedrigen Absatzpreis (AP) nimmt der Absatz wieder zu und die Absatzkurve (A) steigt an, obwohl in der Zwischenzeit die Gesamtnachfragemenge (MN) ihren Höhepunkt überschritten hat. Der Nachragerückgang aufgrund der fallenden Gesamt-

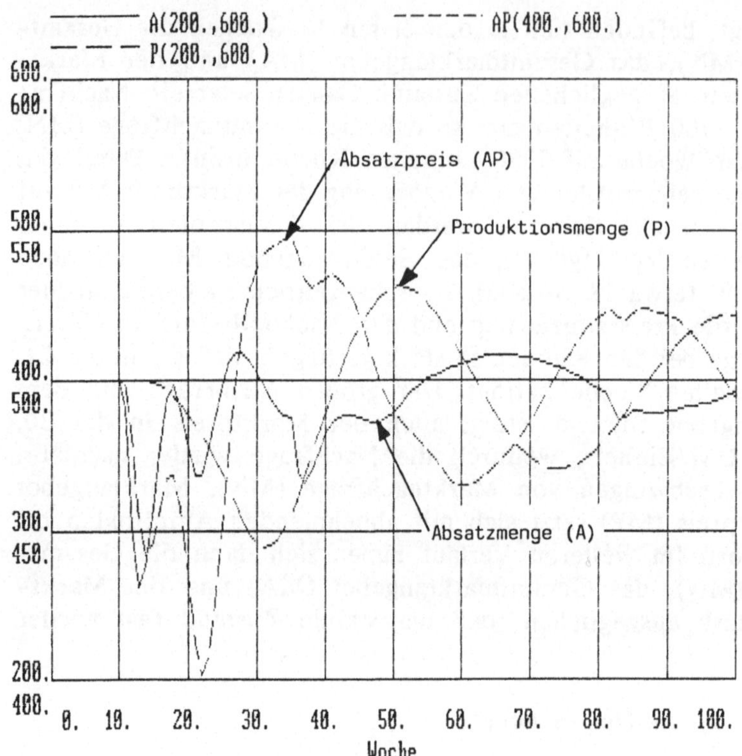

Bild 5-8 Absatz A, Produktion P und Absatzpreis AP bei einem Nachfrageausfall

nachfrage (MN) wird bis zur 27. Woche durch eine Nachfragesteigerung wegen des fallenden Absatzpreises (AP) kompensiert. Danach fällt die Absatzmenge (A) bis zur 35. Woche leicht ab. Zu diesem Zeitpunkt setzt ein starker Rückgang der Absatzmenge (A) ein, weil sich zu wenig Güter im Absatzlager (AL) befinden. Dies hat folgenden Grund: Durch den geringen Absatzpreis (AP) in den vorangegangenen Perioden ist auch die Produktionsmenge (P) gesunken, die in der 31. Woche nur noch 289 Einheiten beträgt. Dadurch ist der Soll-Sicherheitsbestand von 2 Wochen so stark zurückgegangen, daß nicht einmal die Absatzmenge (A) einer Woche gedeckt werden kann. Da die Produktionsmenge (P) bereits wieder steigt, dauert dieser Zustand nur 3 Wochen an. Ab diesem Zeitpunkt kann die Absatzmenge (A) wieder ansteigen und sich relativ schnell an den eingeschwungenen Zustand angleichen. Durch die Preisschwankungen am Anfang kam die relativ träge und unflexible Produktionsmenge (P) so sehr aus dem Gleichgewichtszustand, und damit auch das Absatzlager (AL), das wiederum den Absatzpreis (AP) beeinflußt, daß diese drei Größen auch nach 90 Wochen noch nicht wieder den stabilen Zustand gefunden haben.

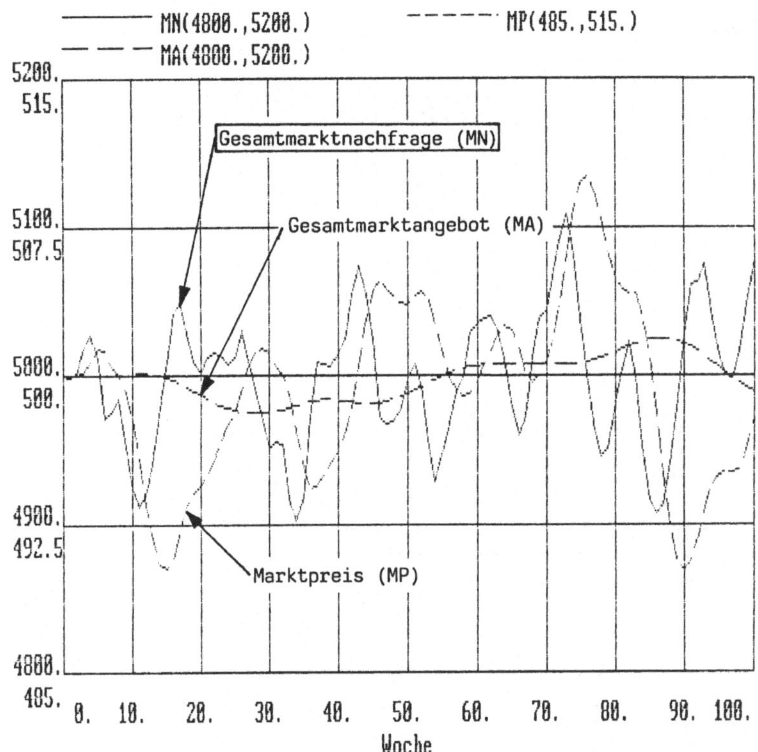

Bild 5-9 Verhalten der Gesamtnachfrage, des Gesamtangebotes und des Marktpreises bei wöchentlichen Schwankungen

c) Wöchentliche Schwankungen

Bild 5-9 zeigt das Verhalten der Gesamtnachfrage (MN), des Gesamtangebotes (MA) und des Marktpreises (MP) bei wöchentlichen Schwankungen der Gesamtmarktnachfrage (MN) von +/- 2 %.

In Bild 5-9 ist zu erkennen, daß durch wöchentliche Schwankungen der Gesamtmarktnachfrage von 2% der Marktpreis (MP) höchstens auf 490 DM/Einheit absinkt, was ebenfalls einer Schwankung von 2 % entspricht. Die Gesamtangebotsmenge (MA) benötigt zum Ausgleich dieser Schwankung nur einen Bereich von +/-1%.

Im nächsten Bild (s. Bild 5-10) sind die Auswirkungen der Gesamtmarktnachfrageschwankungen auf das Unternehmen gezeigt.

Wie in Bild 5-10 zu erkennen ist, schwankt die Absatzmenge (A) innerhalb einem Bereich von +/-2 %, die Produktionsmenge (P) im Bereich von +/-1,7% und der Absatzpreis (AP) um +/-1%. Daraus ist deutlich zu erkennen, daß wöchentliche Schwankungen keine großen Auswirkungen

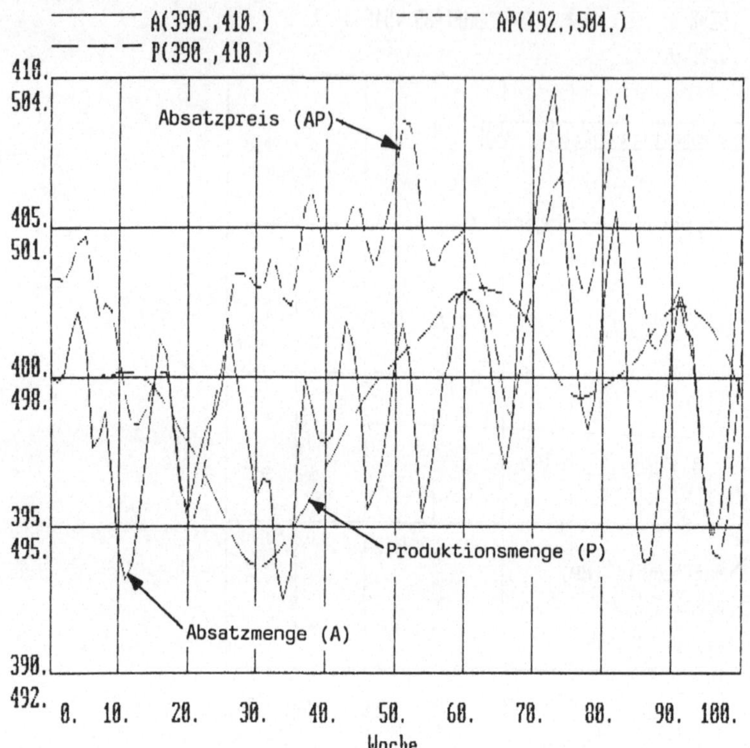

Bild 5-10 Verhalten der Absatzmenge A, der Produktionsmenge P und des Absatzpreises AP bei wöchentlichen Schwankungen

auf das Unternehmen und den Markt haben. Demgegenüber zeigen Trends, zyklische und saisonale Schwankungen eine starke Auswirkung auf den Absatz.

d) Trends und Schwankungen von Zeitreihen

Um Absatzkurven nachbilden zu können, müssen zuerst die einzelnen Bestimmungsfaktoren ermittelt werden. Aus der Beobachtung der Vergangenheitswerte können beispielsweise Trends und saisonale Schwankungen ermittelt werden. Um aus den Kurvenverläufen den Trend von der saisonalen Komponente zu trennen, wird das auch auf anderen Gebieten (z. B. der Physik) bewährte Verfahren der Zerlegung nach *Fourier* angewandt. Sind die einzelnen Faktoren: Trend, saisonaler Einfluß und nichtperiodischer Bestandteil bekannt, dann werden diese zu einer Absatzkurve zusammengesetzt und in das Simulationsmodell eingebracht. Die in Bild 5-11 dargestellten Kurven zeigen diese Einflußfaktoren, wie sie sich isoliert verhalten. Jede Kurve für sich besitzt eine gut zu erkennende Regelmäßigkeit.

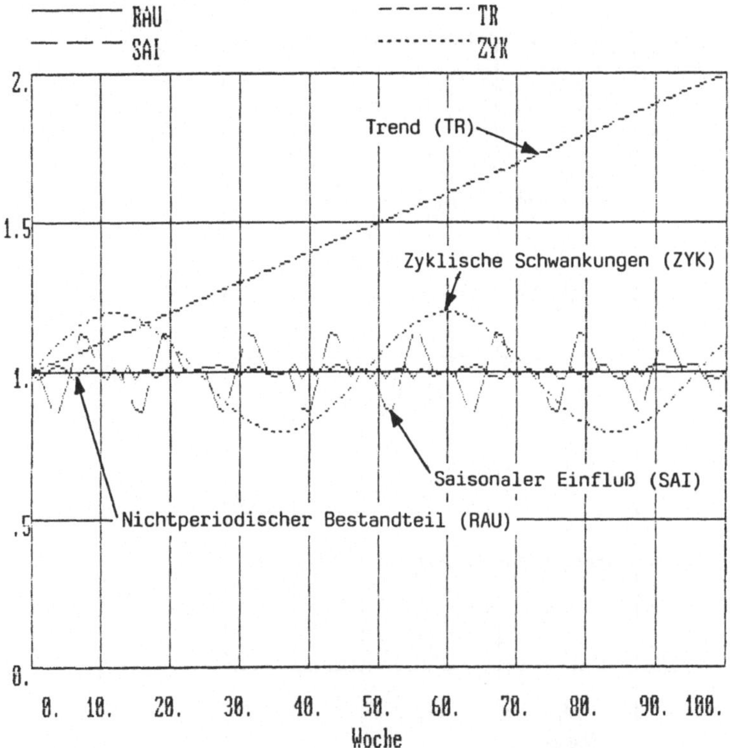

Bild 5-11 Trends und saisonale Schwankungen

Durch eine multiplikative Verknüpfung der einzelnen Faktoren für den Trend und die saisonalen Schwankungen bei einem Ausgangswert von 5000 Einheiten erhält man eine Zeitreihe (s. Bild 5-12), die einer trendsaisonalen Absatzkurve entspricht. Als Zeiteinheit wurde im vorliegenden Fall 1 Monat gewählt, um die Auswirkungen von zyklischen Schwankungen besser erkennen zu können.

5.1.3.2 Unterschiedliche Preiselastizitäten der Gesamtnachfrage

Bisher wurde davon ausgegangen, daß sich die Gesamtangebots- und die Gesamtnachfragekurve durch einen linearen, vom Marktpreis abhängigen Zusammenhang darstellen lassen. Eine lineare Gesamtnachfragekurve ist durch eine unterschiedliche Preiselastizität in jedem Punkt der Kurve gekennzeichnet. (s. Abschn. 5.1.2, Bild 5-5). Da es diese stark schwankende Preiselastizität in der Realität nicht gibt, werden im folgenden Nachfragekurven mit konstanten Preiselastizitäten betrachtet.

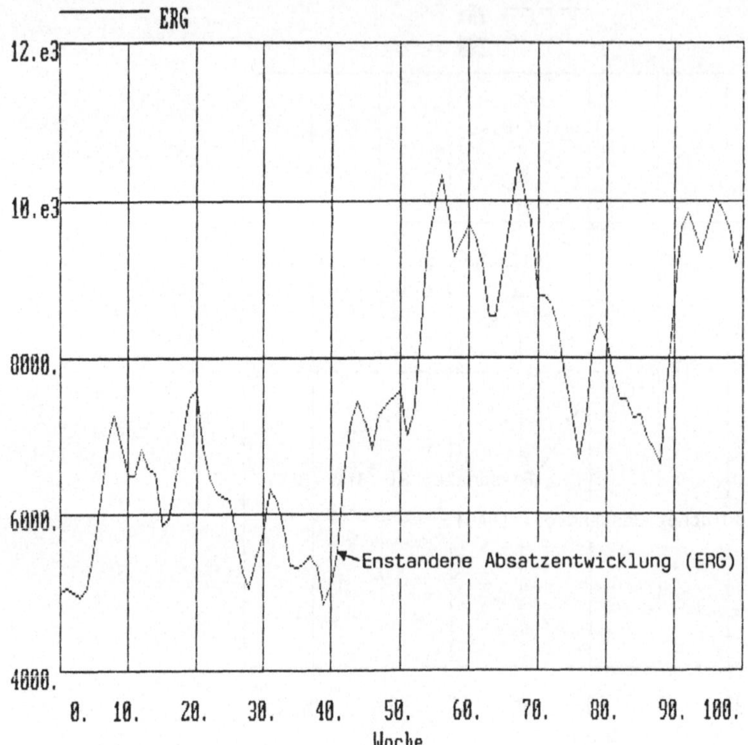

Bild 5-12 Zeitreihe

a) Nachfragekurve mit konstanter Preiselastizität

In diesem Beispiel wird anstatt der linearen Nachfragekurve (= variable Preiselastizität) eine Gesamtnachfragekurve mit einer Preiselastizität von eins in jedem Punkt (nicht-lineare Nachfragekurve) eingesetzt. Die Preiselastizität der Gesamtnachfrage von eins hat zur Folge, daß sich bei einer prozentualen Preisänderung die Nachfragemenge mit demselben Prozentsatz an die neue Situation anpaßt. Die Gesamtmarktangebotsmenge (MA) wird mit Hilfe eines nicht linearen Zusammenhangs dargestellt, der einer Exponentialfunktion ähnlich ist, die bei steigenden Preisen stärker ansteigt. Bild 5-13 zeigt das Verhalten der Gesamtnachfrage (MN) bei einer konstanten (MN.GRU1A) und einer variablen Preiselastizität (MN.GRULA) nach der Störung der Gesamtnachfrage (MN) (s. Abschn. 5.1.3.1).

Wie aus Bild 5-13 erkenntlich ist, entstehen beim nicht linearen Nachfrageverlauf schnellere und stärkere Schwankungen der Gesamtnachfrage als

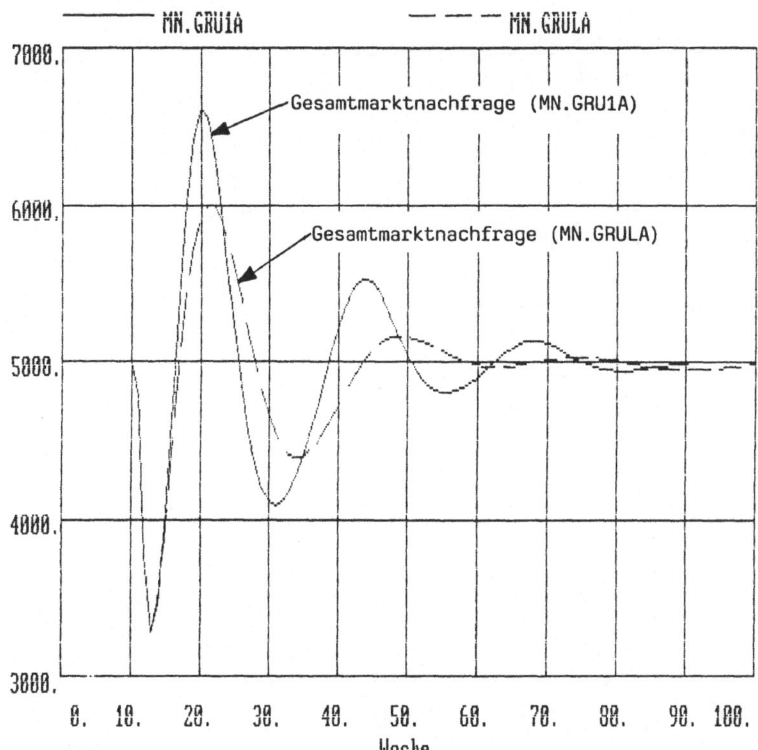

Bild 5-13 Verhalten der Gesamtnachfrage bei konstanter und variabler Preiselastizität

beim linearen Verlauf. Dies hängt damit zusammen, daß bei einem Preis unter 500,- DM (s. Bild 5-15) die nicht lineare Gesamtnachfragekurve stärker ansteigt alas dier lineare. Dadurch benötigt das nicht lineare Nachfragemodell eine längere Zeit, bis der Gleichgewichtszustand erreicht ist.

Dieses unterschiedliche Nachfrageverhalten zeigt für die Absatzmenge (A) des Unternehmens unterschiedliche Wirkungen (s. Bild 5-14).

Dadurch, daß die Nachfrager im nicht linearen Modell schneller reagieren, steigt die Absatzmenge (A.GRU1A) in der 18. Woche auf 438 Einheiten gegenüber 396 Einheiten im linearen Modell (A.GRULA). Dadurch sinkt der Absatzpreis in der 21. Woche nicht so stark und deshalb die Produktionsmenge auch nicht. Der Absatzmengenrückgang in der 37. Woche aufgrund des fehlenden Absatzlagers kann somit vermieden werden. Die beiden Kurven verlaufen ab der 50. Woche gleich. Das bedeutet, daß die beiden Modelle im Gleichgewichtszustand kaum einen Unterschied aufweisen.

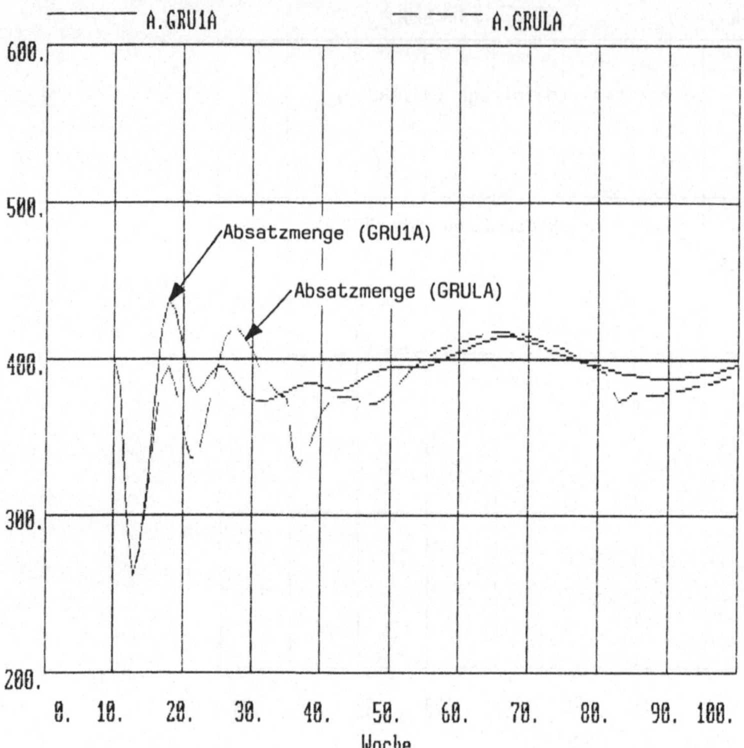

Bild 5-14 Auswirkungen der unterschiedlichen Nachfrageschwankungen auf die Absatzmenge

Weiterhin zeigt der beispielhafte Vergleich zwischen konstanter und variabler Preiselastizität die Auswirkungen von leicht unterschiedlichen Bedingungen auf die Reaktionsgeschwindigkeit und die Wirkungen auf weiter entfernt liegende Elemente.

b) Unterschiedliche Preiselastizitäten

Bild 5-15 zeigt die Nachfragekurven unterschiedlicher Preiselastizität.

Ausgegangen wurde bei allen Kurven von einem Preis von 100 DM und einer Nachfrage von 23 700 Einheiten. Daraus wurden die Nachfrageänderungen und somit die neuen Nachfragekurven bei Preisänderungen bis zu 1000 DM/Einheit berechnet. Die angenommenen Preiselastizitäten der Nachfrage liegen zwischen 0,6 und 1,4 (in Abständen von 0,2). Die entsprechenden Nachfragekurven wandern bei steigenden Preiselastizitäten von rechts oben nach links unten.

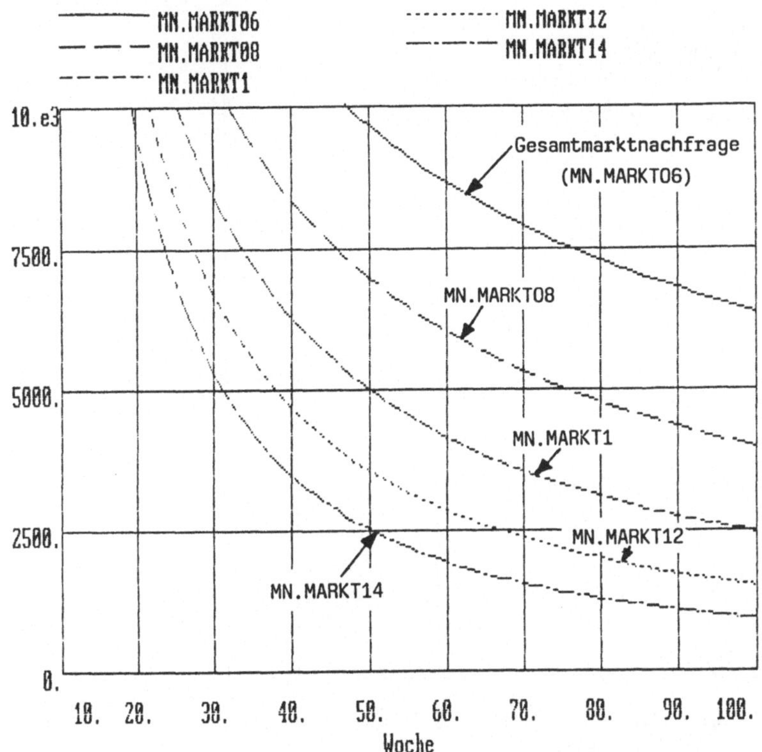

Bild 5-15 Nachfragekurven unterschiedlicher Preiselastizität

Es bestätigt sich, daß sich bei einer geringen Preiselastizität höhere Nachfragemengen (bei gleichen Preisen) ergeben als bei hohen Preiselastizitäten. Bei einem Preis von 500 DM erhält man beispielsweise bei einer Nachfrageelastizität von 1 eine Nachfragemenge von 5000 Einheiten und bei einer Elastizität von 1,4 nur noch 2500 Einheiten.

Bild 5-16 zeigt die Reaktion der Marktnachfrage bei Preiselastizitäten zwischen 1,4 und 1.

In Bild 5-16 wird die mit steigendem Elastizitätskoeffizienten wachsende Neigung zum Schwingen um den Gleichgewichtszustand deutlich. Die Kurve MN.MA14A mit der Preiselastzizität von 1,4 zeigt die größten Amplituden und benötigt die längste Zeit, um in einen Gleichgewichtszustand zu kommen. Deutlich schneller und stabiler sind die Kurven mit geringeren Preiselastizitäten (MN.MA12A=1,2; MN.MA1A=1). Man kann jedoch nicht allgemein davon ausgehen, daß mit weiter abnehmendem Preiselastizitäten auch die Stabilität eines Systems weiterhin zunimmt. Das nächste Bild zeigt die Schwankungen der Nachfrage bei Preiselastizitäten von 1 bis 0,6.

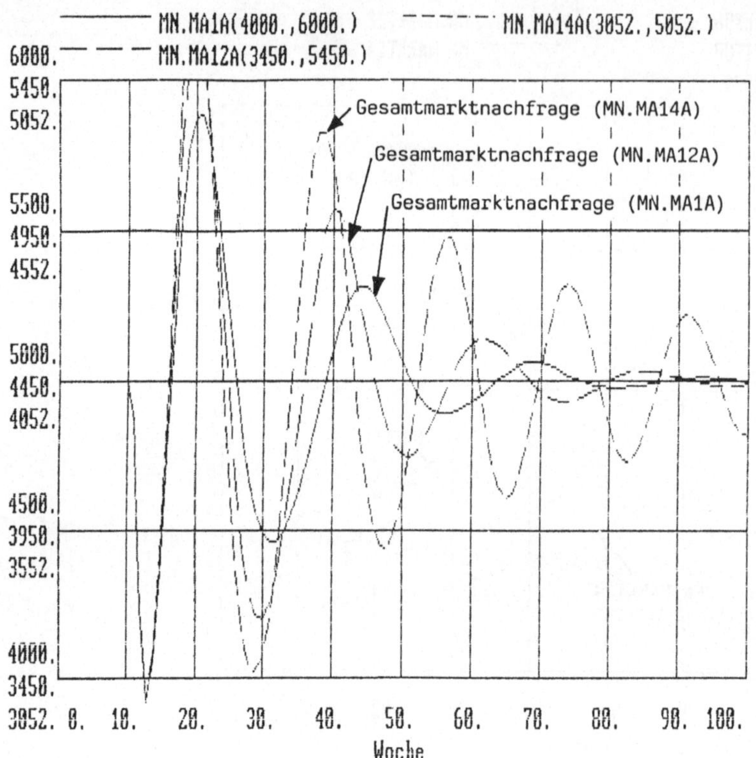

Bild 5-16 Marktnachfrage bei einer Preiselastizität von 1,4; 1,2 und 1

In Bild 5-17 ist neben den Nachfragekurven für die Preiselastizität von 0,6 und 0,8 zum Vergleich noch die Kurve mit der Preiselastizität von 1 (MN.MA1A; gestrichelt) eingezeichnet worden. Nach der ersten Schwingung bis zur 27. Woche scheint die Kurve MN.MA1A aufgrund des größten Ausschlages in der 21. Woche die instabilste zu sein. Danach stabilisiert sie sich jedoch schneller als die beiden anderen Kurvenverläufe. Vom ersten bis zum zweiten Hochpunkt vermindert sich (für die Preiselastizität von 1) die Amplitude um 65 %, während bei einer Preiselastizität von 0,8 eine Abnahme um 59 % und bei der Preiselastizität von 0,6 nur noch ein Abnahme um 9 % zu verzeichnen ist. An diesen Beispielen sollte gezeigt werden, wie wichtig es für das Marktmodell ist, mit großer Sorgfalt die jeweils gültigen Preiselastizitäten zu bestimmen.

5.2 Marketing-Maßnahmen

Während die externen Marktdaten, beispielsweise die allgemeine Konjunkturentwicklung, die Gesamtnachfrage oder die Preiselastizität von

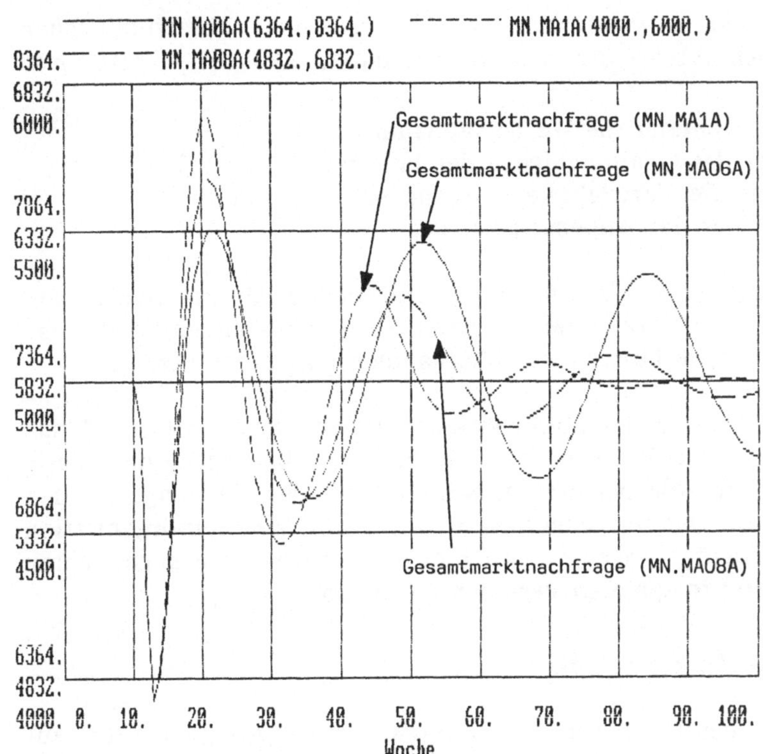

Bild 5-17 Marktnachfrage bei Preiselastizitäten von 1;0,8 und 0,6

den einzelnen Unternehmen nicht zu beeinflussen sind, sondern eine Anpassung verlangen, gibt es Marketing-Maßnahmen, mit denen ein Unternehmen die Nachfrage nach seinem Gut beeinflussen kann. Im Marketing wird dabei von *absatzpolitischem Instrumentarium* gesprochen, das durch einen *Marketing-Mix* in richtiger Weise eingesetzt wird. Üblicherweise wird das Marketing-Mix eingeteilt in *Produktmix* (Sortiment, Markenpflege, Produktgestaltung und Nebenleistungen), *Konditionenmix* (Preisgestaltung), *Distributionsmix* (Absatzwege und Logistik), *Kommunikationsmix* (Verkaufsförderung und Werbung) und *Kontrahierungsmix* (vertragliche Gestaltung von Lieferverträgen). Aus dieser Vielzahl von Maßnahmen werden für unser Modell folgende ausgewählt:

- Werbung,
- Produktqualität,
- Vertriebsorganisation,
- Preispolitik.

Jedes Unternehmen kann durch den Einsatz seiner absatzpolitischen Instrumente seinen Absatz erhöhen. Es gilt dabei, daß der Absatz umso höher ist,

- je zielgerichteter die Werbemaßnahmen,
- je höher das Qualitätsniveau der Produkte,
- je besser die Vertriebswege organisiert sind und
- je niedriger der Angebotspreis ist.

Der auf die betreffende Unternehmung entfallende Marktanteil an der Gesamtnachfrage des Marktes im Vergleich zu Konkurrenzunternehmungen ist umso größer, je besser diese Maßnahmen eingesetzt werden.

Wichtig für den Einsatz der absatzwirksamen Instrumente ist ihr dynamisches Verhalten im Zeitverlauf. Die Preispolitik zeigt eine relativ schnelle Wirkung auf die Nachfrage, während bei der Werbung, bei den Aufwendungen zur Qualitätssicherung und bei der Vertriebsorganisation starke zeitliche Verzögerungen zu beachten sind, so daß die angestrebten Wirkungen sich erst in späteren Perioden einstellen.

5.2.1 Modell zum Marketing-Mix

Um dem bisher beschriebenen Unternehmen mehr Möglichkeiten zur aktiven Gestaltung seiner Unternehmensumwelt, speziell im Vergleich zum Wettbewerber zu geben, werden die oben erwähnten Maßnahmen zur Werbung, zur Qualitätssicherung, zur Distribution und zur Preisgestaltung ergriffen. Die Ergebnisse und Auswirkungen dieser Maßnahmen werden dann durch die Veränderungen der Stärken und Schwächen des betrachteten Unternehmens im Vergleich zur Konkurrenz (*semantische Differenzen*) dargestellt. Diese semantische Differenzen beeinflussen wieder die Marketing-Maßnahmen und den Marktanteil. Zusätzlich wird mit einer einfachen Gewinn- und Verlustrechnung gezeigt, welchen Erfolg die Marketing-Maßnahmen hatten.

Mit einer *Stärke-Schwäche-Profil-Analyse* wird das eigene Produkt relativ zur Konkurrenz beurteilt. Wie Bild 5-18 zeigt, geschieht die Beurteilung an Hand der Kriterien Markenkenntnis, Qualität, Distribution und Preis. Links außen ist das absolute Minimum, rechts außen der ideale Wert dargestellt. Die Werte für das eigene Unternehmen (U) und die Konkurrenz (K) sind in Bild 5-18 eigezeichnet. Der Wertunterschied zwischen dem aktuellen Wert und dem idealen Wert wird *semantische Differenz* genannt. Unterschiede in der semantischen Diffefrenz zwischen Unternehmen und Konkurrenz beschreiben die Wettbewerbsposition der betrachteten Unternehmen.

Das hier gezeigte Produkt des Unternehmens (U) liegt im Bekanntheitsgrad, der in der Markenkenntnis (700) zum Ausdruck kommt, ziemlich

	Minimum		Idealprofil
Markenkenntnis	0	K U	1000
Qualität	0	U K	1000
Distribution	0	U K	1000
Preis	1000	K U	400

K Konkurrenz
U Unternehmen

Bild 5-18 Stärke-Schwäche-Profil-Analyse und semantische Differenz

gut. Die Qualität (400) und die Vertriebswege (450) weisen starke Schwächen auf (hohe semantische Differenz), während der Preis (500) annähernd dem Marktpreis entspricht. Dagegen ist das Konkurrenzprodukt in der Distribution (800) und in der Qualität (600) besser, fällt aber in der Markenkenntnis (500) und dem Preis (600) hinter das betrachtete Produkt des Unternehmens zurück.

5.2.1.1 Modellstruktur des Marketing-Mix

Das gesamte Modell des Marketing-Mix ist in Bild 5-19 dargestellt. Genauere Erklärungen und Beschreibungen der Zusammenhänge der einzelnen Marketinginstrumente folgen in Abschnitt 5.2.1.2.

a) Werbebudget

Der Erlös (Absatzpreis*Absatzmenge) bestimmt zum einen den Werbefaktor1 (WF1) und beeinflußt zusammen mit diesem das Werbebudget1 (B1). Dieses fließt in ein Werbekonto (BUK), das sich auffüllt, wenn das Produkt gut ist (d.h. eine geringe semantische Differenz aufweist) und sich leert, wenn aufgrund größerer semantischer Unterschiede ein stärkerer Werbeeinsatz nötig ist. Als Ausgang des Werbekontos (BUK) dient das von der Marketing-Mix-Wirkung (S3S) abhängige Werbebudget 2 (B2), das anschließend, je nach semantischer Differenz der einzlnen Eigenschaften (S1W, S1Q, S1D, S1P), auf die einzelnen Marketingmaßnahmen aufgeteilt wird. Wenn im folgenden alle Marketingbereiche angesprochen werden, wird dies mit "X" gekennzeichnet. Beispielsweise steht für S1W, S1Q, S1D und S1P nur noch S1X.

b) Verteilung des Werbebudgets auf die Marketinginstrumente

Diejenige Eigenschaft, die den größten Abstand zum Idealprofil aufweist (größte semantische Differenz), erhält den größten Anteil am Werbebud-

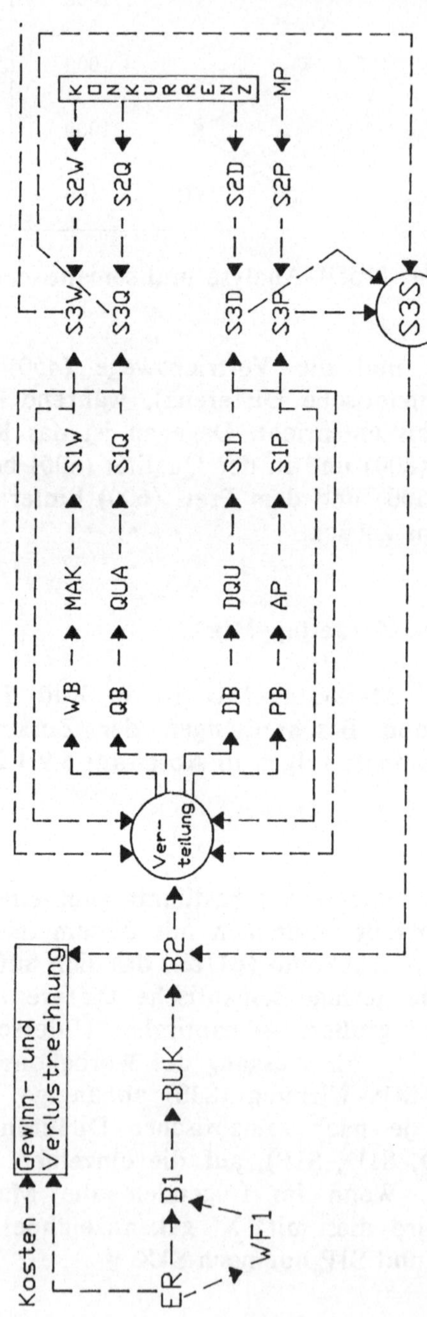

Bild 5-19 Strukturdiagramm des Marketing-Mix

get. Das jeweilige Budget bestimmt dann, wie stark die jeweilige Eigenschaft verändert werden soll. Nach der Änderung wird wieder eine neue semantische Differenz gebildet, die die Voraussetzung für eine neue Verteilung des Werbebudgets 2 (B2) darstellt.

c) Konkurrenzaktivitäten

Gleichzeitig wird mit Hilfe einer Standardverteilung ein Aktivitätsniveau der Konkurrenz für die Markenkenntnis (KWA), die Qualität (KQA) und die Distribution (KDA) festgelegt, das einen Vergleich der einzelnen Produkteigenschaften zwischen Unternehmen und Konkurrenz zuläßt. Weiterhin bestimmt der Vergleich zwischen Marktpreis (MP) und Absatzpreis (AP) den Marktanteil (MNT) der Unternehmung. Genau wie für das eigene Unternehmen wird auch für die Konkurrenz eine semantische Differenz (S2X) gebildet, die in die Berechnung der Wirkung des Marketing-Mix eingeht.

d) Wirkung des Marketing-Mix

Die Wirkung des Marketing-Mix einer einzelnen Eigenschaft (S3X) ist das Verhältnis der semantischen Differenz des Unternehmens (S1X) zur semantischen Differenz der Konkurrenz (S2X). Es gilt:

$$S3X = S1X/S2X.$$

Ist die sematische Differenz des betrachteten Unternehmens S1X größer als die semantische Differenz der Konkurrenz S2X, so hat die Konkurrenz einen Vorteil, der im Modell dadurch zum Ausdruck kommt, daß S3X größer als 1 ist. Das Produkt aus den Wirkungen der einzelnen Marketing-Maßnahmen (S3X) ergibt ein Gesamtverhältnis (S3S), das die Wirkungen der Marketing-Maßnahmen auf die Konkurrenz beschreibt. Im Modell wird dadurch der Marktanteil des Unternehmens an der Gesamtnachfrage bestimmt und außerdem hat diese Verhältnis einen Einfluß auf das Werbebudget 2 (B2). In Tabelle 5-1 werden die einzelnen Berechnungen mit Hilfe der in Bild 5-18 festgelegten Werten vorgenommen.

Tabelle 5-1 Berechnung der Wirkung des Marketing-Mix

	Ideal-profil	Unternehmen Niveau	SD1X	Konkurrenz Niveau	SD2X	Mark.-Mix-Wirkung S3X	Gesamtverhältnis S3S
Markenkenntnis	1000	700	300	500	500	0,6	
Qualität	1000	400	600	600	400	1,5	1,2375
Distribution	1000	450	550	800	200	2,75	
Preis	400	500	−100	600	−200	0,5	

Am Beispiel der Markenkenntnis ergibt sich für die semantische Differenz des Unternehmens (S1W):

S1W = IPW - WAK.UNT = 1000 - 700 = 300;

für die semantische Differenz der Konkurrenz (S2W):

S2W = IPW - KWA.KONK = 1000 - 500 = 500.

Das Marketing-Mix-Wirkungsverhältnis (S3W) berechnet sich zu:

S3W = S1W/S2W = 300/500 = 0,6.

Wie bereits erwähnt, ist die Konkurrenz besser als das betrachtete Unternehmen, wenn die Marketing-Mix-Wirkung größer als 1 ist. Im vorliegenden Beispiel ist, die Markenkenntnis betreffend, die Marketing-Mix-Wirkung kleiner als 1, d. h. das betrachtete Unternehmen ist besser als die Konkurrenz.

Werden die einzelnen Marketing-Mix-Wirkungen (S3X) multipliziert, dann erhält man das Gesamtverhältnis des Aktivitätsniveaus des betrachteten Unternehmens relativ zur Konkurrenz (S3S). Es errechnet sich in unserem Beispiel wie folgt:

S3S = S3W * S3Q * S3D * S3P,
S3S = 0,6 * 1,5 * 2,75 * 0,5 = 1,2375.

Durch diese Größen (Marketing-Mix-Wirkung S3X und Gesamtverhältnis S3S) kann man sofort die Stärken und Schwächen der betrachteten Unternehmung relativ zur Konkurrenz erkennen. Überdies ist mit diesen Faktoren eine gezielte Steuerung der Marketing-Aktivitäten möglich, mit der die Schwächen verbessert werden.

5.2.1.2 Erklärung der Bereichsstrukturen

Im folgenden werden nun die Zusammenhänge und Abhängigkeiten der Bereiche

- Werbebudget und Verteilung auf die Marketinginstrumente,
- Markenkenntnis,
- Qualität,
- Distribution,
- Preis

genauer erklärt und jeweils anhand eines Modells dargestellt.

a) Werbebudget und Verteilung auf die Marketing-Maßnahmen

Bild 5-20 zeigt das Modell des Werbebudgets.

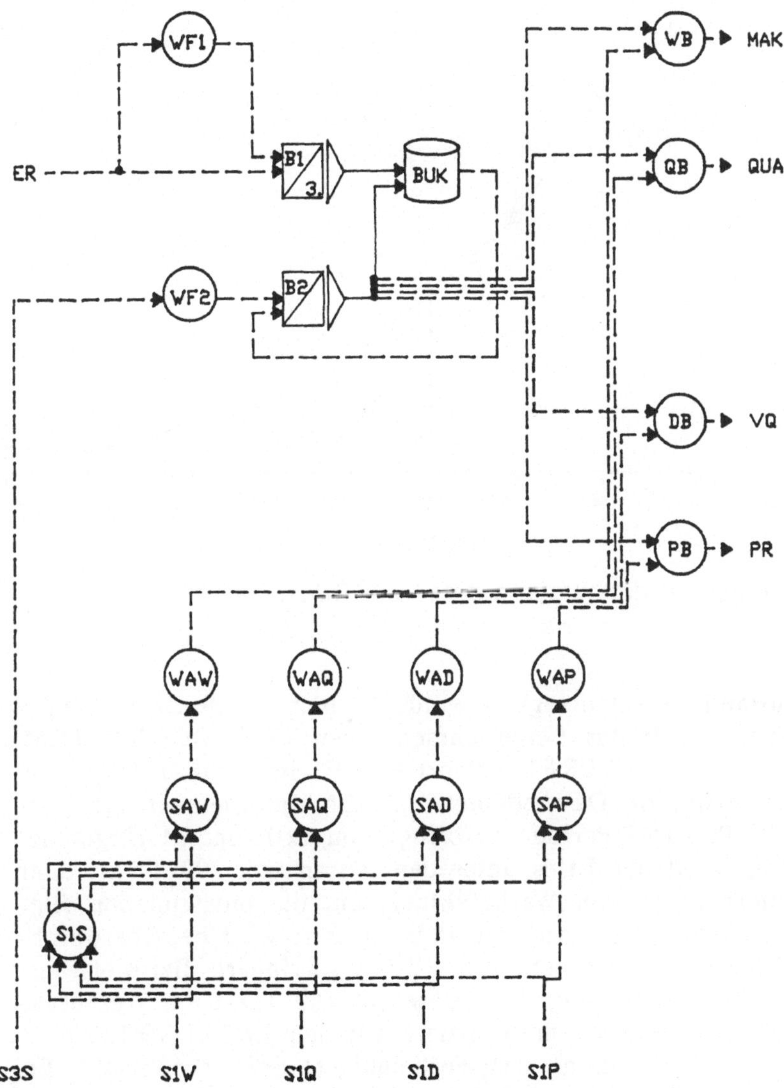

Bild 5-20 Strukturdiagramm des Werbebudgets

Der von der Absatzmenge (A) und dem Absatzpreis (AP) abhängige Erlös (ER) bestimmt einmal den Werbefaktor1 (WF1) und dann geht er zusammen mit dem Werbefaktor1 (WF1) direkt in das Webebudget1 (B1) ein. Die Abhängigkeit des Werbefaktor1 (WF1) vom Erlös wird über einen nicht-linearen Zusammenhang hergestellt (s. Bild 5-21).

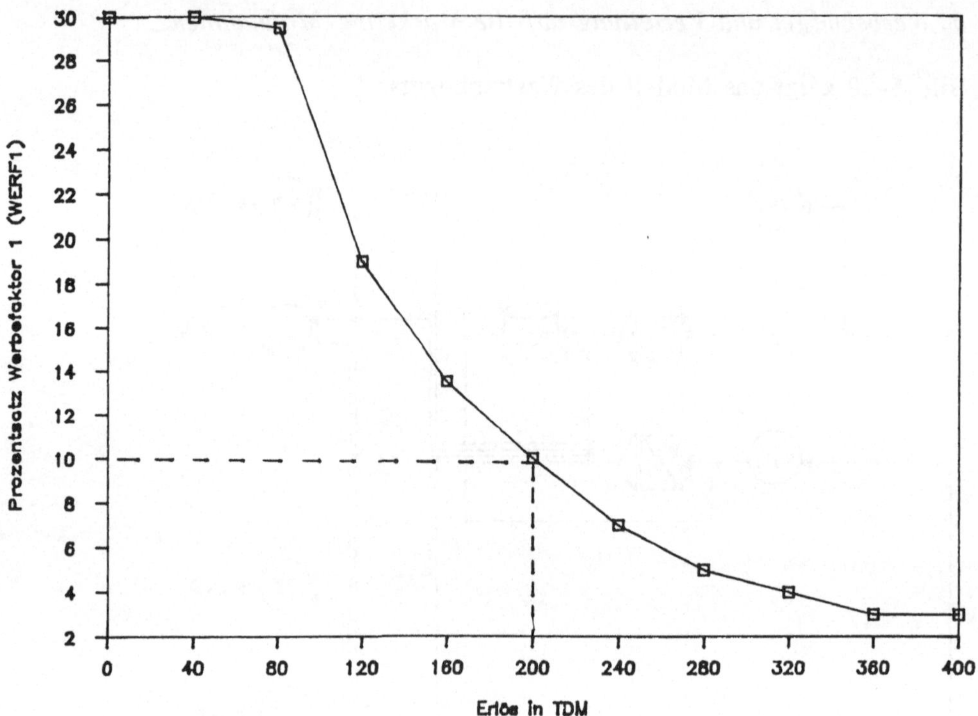

Bild 5-21 Abhängigkeit des Werbefaktor1 vom Erlös

Im stabilen Zustand (Absatzmenge A = 400 Einheiten; Absatzpreis AP = 500 DM/Einheit) erzielt das Unternehmen einen Erlös von 200 TDM, was einem Werbefaktor1 (WERF1, entspricht WF1 im Strukturdiagramm) von 10 Prozent entspricht. Das bedeutet, daß das Unternehmen ein Werbebudget von 20 000 DM/Periode aufbringt, um aktiv ins Marktgeschehen einzugreifen. Fällt der Erlös unter den Betrag von 200 TDM, dann erhöht das Unternehmen den Werbefaktor1, um die entstandenen Einbußen wieder wettzumachen. Auf der anderen Seite wird bei überdurchschnittlichen Erlösen der Werbefaktor1 (WF1) verringert. Beispielsweise ergibt sich bei einem Rückgang der Erlöse auf 160 TDM ein Werbefaktor1 von 13,5 %. Er bewirkt, multipliziert mit den Erlösen (0,135 * 16 0000 = 21 600), eine Erhöhung des Werbebudget1 auf 21 600 DM. Bei einer Steigerung der Erlöse auf 240 TDM fällt der Werbefaktor auf 7 % zurück, womit das Werbebudget1 auf 16 800 DM absinkt (0,07 * 240 000 = 16 800).

Bei einem Werbefaktor1 in Höhe von 30 % der Erlöse kann das Unternehmen aus Kostengründen den Werbeprozentsatz nicht mehr erhöhen. Dies ist am konstanten Verlauf der Kurve unterhalb 80 TDM zu erkennen.

Die finanziellen Mittel des Werbebudget1 (B1) fließen, wie Bild 5-20 zeigt, mit einer Verzögerung von 2 Wochen (aus verwaltungstechnischen Gründen) in ein Budgetkonto (BUK). Als Abgang des Budgetkontos (BUK) dient das Werbebudget2 (B2), das vom Budgetkonto (BUK) und dem Werbefaktor2 (WF2) abhängig ist. Ebenfalls durch einen nichtlinearen Zusammenhang ist der Werbefaktor 2 (WF2) vom Gesamtverhältnis des Aktionsniveaus (semantische Differenz) (S3S) abhängig (s. Bild 5-22).

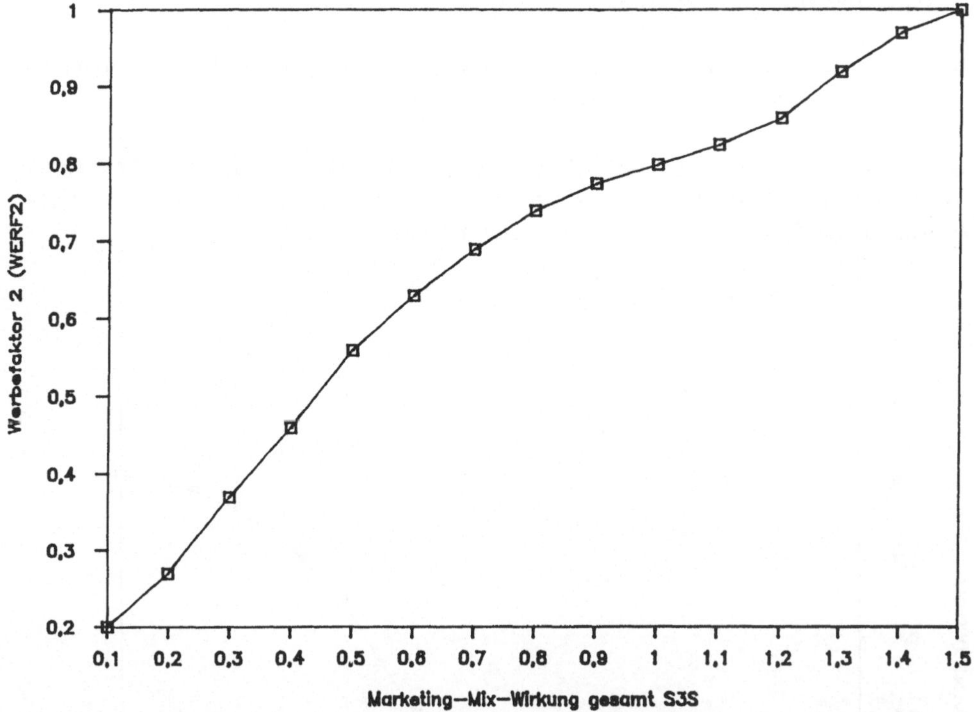

Bild 5-22 Werbefaktor2 (WF2) in Abhängigkeit des Gesamtverhältnisses (S3S)

Das System befindet sich bei ausgeglichenen Wettbewerbsverhältnissen im Gleichgewichtszustand und dies bedeutet, daß der Verhältnisfaktor (S3S) eins beträgt. Erhöht die Konkurrenz ihre Aktivitäten, so ist es dem Unternehmen leicht möglich, kurzfristig eigene Maßnahmen zu ergreifen. Steigt der Verhältnisfaktor auf 1,5, dann wird das Unternehmen sein ganzes Budgetkonto aufwenden und somit keine Reserven für die nächsten Wochen mehr haben. Im Bereich des stabilen Zustandes ist die Kurve etwas flacher, um bei kleinen Schwankungen nicht unangemessen stark zu reagieren. Besitzt das Unternehmen klare Wettbewerbsvorteile (Bereich 0,2 bis 0,8), wird das Budgetkonto nur noch teilweise aufgebraucht.

Durch die Regelung mit zwei unterschiedlichen Werbefaktoren (WF1 und WF2), ist es dem Unternehmen möglich, auf zwei völlig unterschiedliche Situationen zu reagieren:

- *Änderung des Gesamtmarktes*

Wenn sich die Absatzzahlen des Gesamtmarktes ändern, dann ist dies in der Regel unabhängig von der Wettbewerbsposition der Unternehmen.

- *Änderung in der Wettbewerbsposition*

Bei Änderungen in der Wettbewerbsposition muß eine andere Werbestrategie verfolgt werden als bei Verschiebungen auf dem Gesamtmarkt.

Die Verteilung des Werbebudget2 (B2) auf die einzelnen Marketing-Maßnmahmen basiert auf dem Verhältnis (SAX) der semantischen Differenzen (S1X) der einzelnen Bereiche zu der Größe S1S:

$$SAX = S1X/S1S.$$

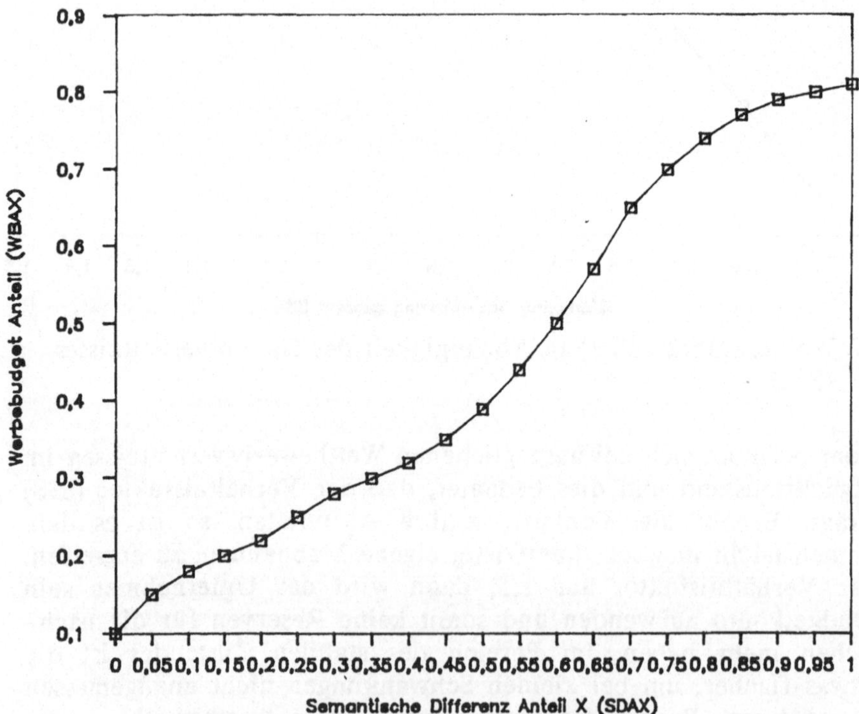

Bild 5-23 Werbebudgetanteil WBAX in Abhängigkeit von dem Anteil der semantischen Differenz SAX (SDAX)

S1S ist die Summe der vier semantischen Differenzen (S1S = S1W + S1Q + S1D + S1P). Beträgt beispielsweise S1W = 400, S1Q = 550, S1D = 800 und S1P = 450, so ergibt sich für S1S der Wert von 2 200 (S1S = 400 + 550 + 800 + 450 = 2 200) und somit für SAW der Wert SAX = S1W/SDIS = 400/2 200 = 0,18. Über einen weiteren nicht linearen Zusammenhang (s. Bild 5-23) ist dann der Anteil der semantische Differenz (SAX) mit dem Anteil des WerbebudgetX (WBAX, entspricht WBX) verbunden.

Um den Gleichgewichtspunkt verhält sich die Funktion annähernd linear mit einer Steigung von ca. 0,8. Wenn jedoch eine Eigenschaft über die Hälfte der Summe der semantischen Differenzen beträgt, steigt der Anteil am Werbebudget schneller an, um ab etwa 0,8 in eine Sättigungsphase überzugehen. Dieser Bereich wird unter normalen Bedingungen jedoch nie erreicht. Die aus dieser Kurve ermittelten Webebudgetanteile (WBAX, entspricht WAX) ergeben zusammen mit dem Werbebudget2 (B2) die Budgets für die jeweiligen Marketing-Maßnahmen.

b) Markenkenntnis

Die Markenkenntnis wird hauptsächlich durch das eben beschriebene Werbebudget (WB) bestimmt, das von dem Werbebudget2 (B2) und dem Marketingbudget Anteil-Werbung (WAW) abhängig ist. Im Strukturdiagramm (s. Bild 5-24) sind die Abhängigkeiten und Wechselwirkungen zu erkennen.

Das Werbebudget (WB) beeinflußt nun zusammen mit der Werbewirkungsfunktion (WZF), die von dem Markenkenntniszustand (WAK) abhängig ist, die Markenkenntniszunahme (WZ mit einer durchschnittlichen Verzögerungszeit von 12 Wochen). Die Werbewirkungsfunktion (WZF) wirkt, von der derzeitigen Markenkenntnis (WAK) ausgehend, auf die Markenkenntniszunahme (WZ) zurück. Bei der Markenkenntniszunahme handelt es sich um die Verbreitung des Produktnamens und des Markenbewußtseins bei den Zielgruppen. Ist bereits ein hoher Markenkenntnisstand erreicht, wird mehr über das Produkt gesprochen und dadurch werden wieder mehr Personen mit der Werbebotschaft konfrontiert. Multipliziert man den Werbewirkungsfaktor (WZF) mit dem Werbebudget (WB), so erhält man die Markenkenntniszunahme (WZ).

$$WZ = WZF * WB.$$

Die Markenkenntnisabnahme (WAB) setzt sich hauptsächlich aus zwei Komponenten zusammen und zwar dem Mittelwert (WAM) einer Standardverteilung, der vom jeweiligen Markenkenntniszustand (WAK) über eine Exponentialfunktion abhängig ist, und einer variablen Standardabweichung (WAS). Da es sich bei den Größen des Markenkenntnisstandes um zufällig verteilte Parameter handelt, wird eine Standardverteilung vorausgesetzt. Der Mittelwert gibt dabei den wahrscheinlichsten Wert an

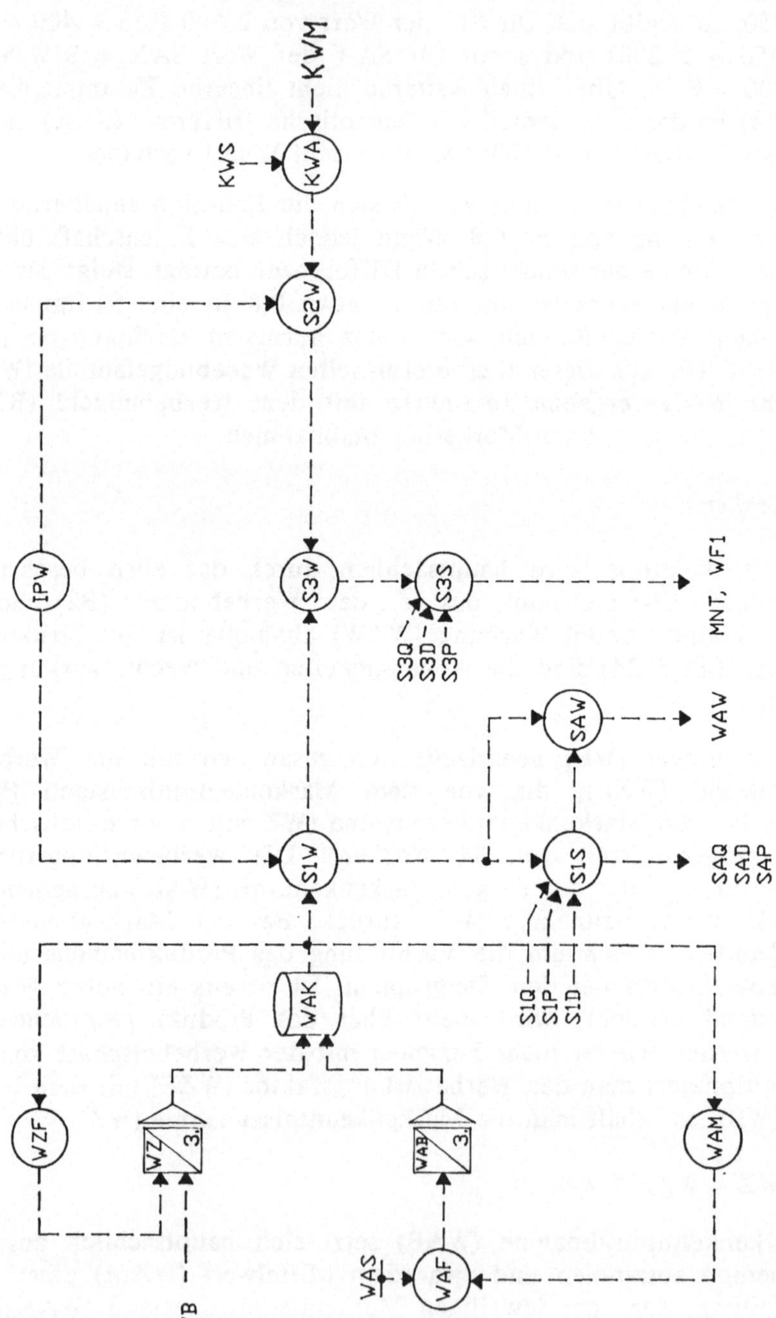

Bild 5-24 Strukturdiagramm der Markenkenntnis

und die Standardabweichung ist ein Maß für die Abweichung vom Mittelwert (große Standardabweichungen deuten auf eine große Streuung des Wertes hin). Dadurch, daß bei einem bekannteren Produkt die Gefahr der negativen Werbung ebenfalls größer wird, ist auch die Markenkenntnisabnahme vom jeweiligen Markenkenntnisstand abhängig. Durch das Bestimmen der Standardabweichung ist dem Modellanwender die Möglichkeit gegeben, eine Störgröße in der Unternehmensumwelt zu bestimmen. Wählt er einen großen Faktor (ca. 100), der mit einem weiteren Faktor (STD) multipliziert wird, sind die zufälligen WAKenkenntnisabnahmen starken Schwankungen unterworfen. Liegt der Faktor zwischen 5 und 10, dann ergeben sich nur minimale Schwankungen. Die Markenkenntnisabnahme (WAB) unterliegt ebenfalls einer Verzögerung 3. Ordnung, aber einer um die Hälfte geringeren Verzögerungszeit von 6 Wochen. Dies ist deshalb plausibel, weil sich ein schlechter Ruf um einiges schneller ausbreitet als ein langsam aufgebautes Markenimage.

Anschließend errechnet sich aus dem Markenkenntisstand (WAK) und dem Idealprofil (IPW) die semantische Differenz der Unternehmung (S1W). Aus dieser wird durch Division mit der semantischen Differenz der Konkurrenz S2W das Marketing-Mix-Wirkungsverhältnis (S3W) ermittelt.

c) Qualität

Die Struktur der Qualitätszunahme (QZ), der Qualitätsabnahme (QA) und des Qualitätsniveau (QUA) entspricht dem Modell der Markenkenntnis (s. voriger Abschnitt).

Die Qualitätszunahme (QZ) wird bestimmt durch das Werbebudget (QB) und einer Qualitätsfunktion (QWF), die vom Qualitätsniveau (QUA) abhängig ist. Der Qualitätsbereich unterscheidet sich von dem der Markenkenntnis vor allem durch die unterschiedlichen Verzögerungszeiten der Qualitätszu- und -abnahme. Die Qualitätszunahme benötigt durchschnittlich 20 Wochen, bis die Ergebnisse der Anstrengungen zur Qualitätsverbesserung auf dem Markt zu erkennen sind. Dagegen ist bei einem Qualitätsverlust eine sehr schnelle Reaktion zu erwarten, die sich in einer Verzögerungszeit von nur 2 Wochen äußert. Ein zweites Unterscheidungsmerkmal liegt bei der Qualitätsabnahme (QA). Bei der Qualität ist nicht nur der Mittelwert der Standardverteilung (QAM) von dem Qualitätsniveau (QUA) abhängig, sondern auch die Standardabweichung (QAS). Ist ein hohes Qualitätsniveau erreicht, besteht eine große Gefahr, daß die Qualität kurzfristigen Schwankungen unterworfen ist. Dies kann durch eine große Standardabweichung berücksichtigt werden. Der Mittelwert der Standardverteilung (QAM) ergibt sich aus einem Prozentsatz (QAP), der vom Qualitätsniveau (QUA) abhängig ist (s. Bild 5-26), multipliziert mit dem Qualitätsnivau (QUA).

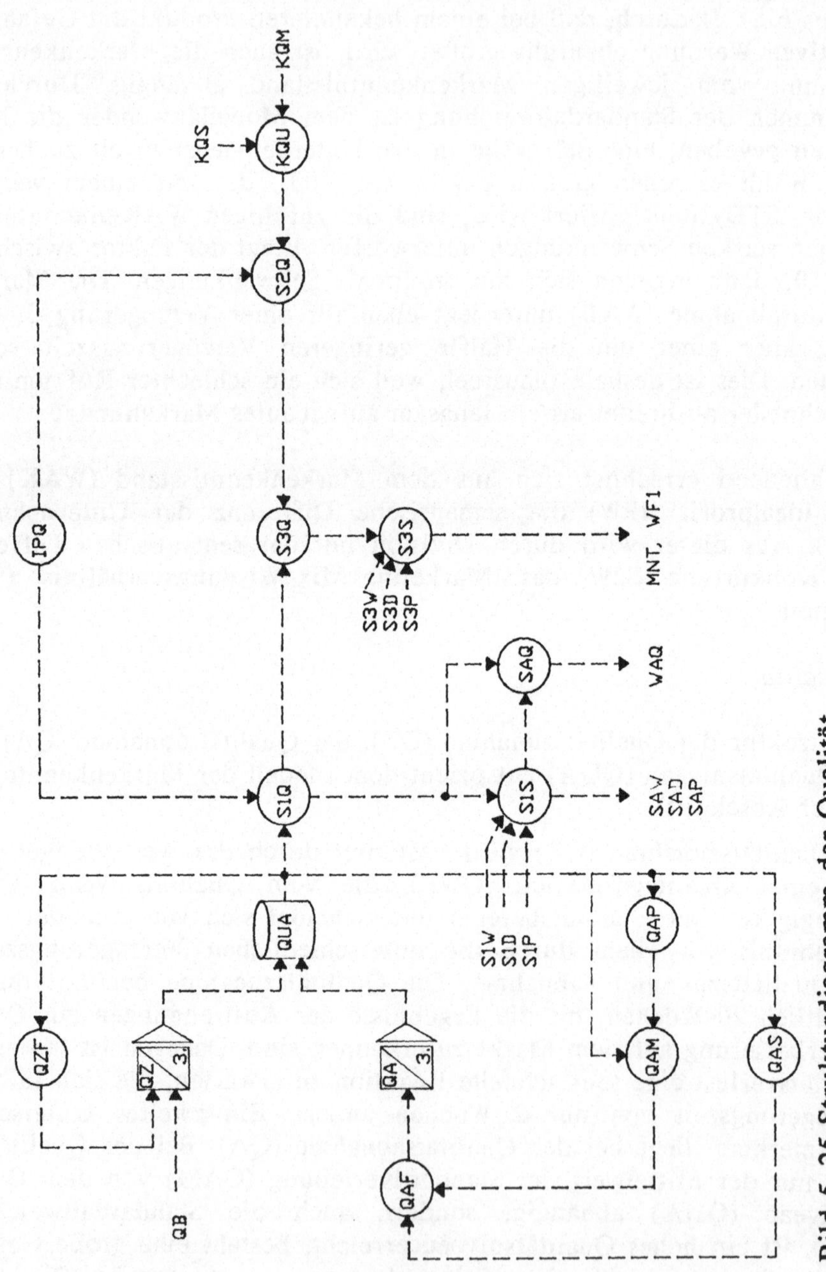

Bild 5-25 Strukturdiagramm der Qualität

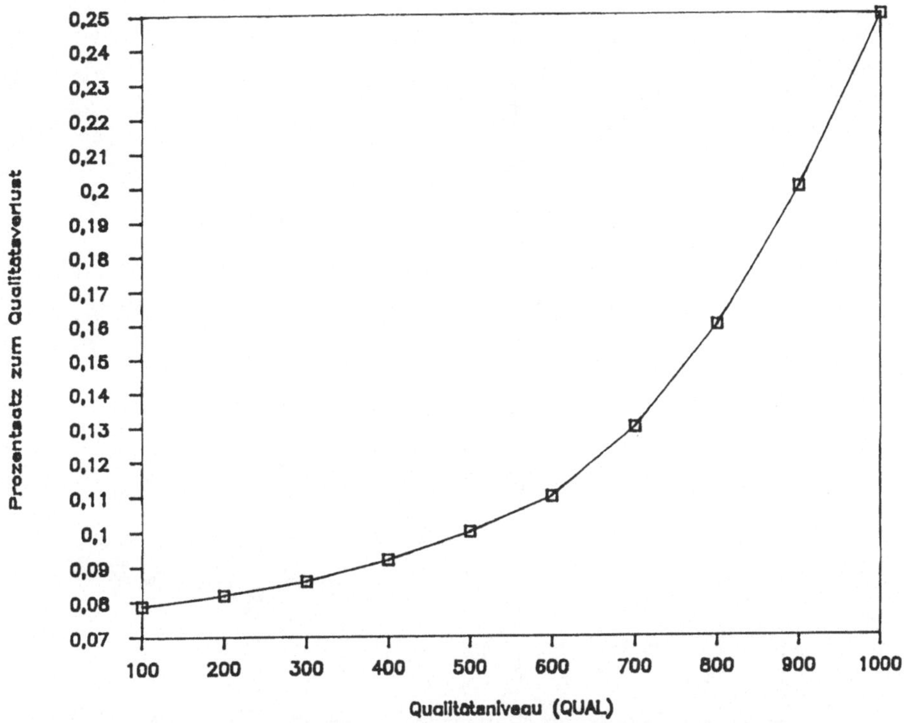

Bild 5-26 Mittelwert der prozentualen Qualitätsabnahme (QAP) in Abhängigkeit vom Qualitätsniveau (QUAL entspricht QUA)

Bei einem niedrigen Qualitätsniveau (QUA) kann keine große Qualitätseinbuße stattfinden, so daß sich bei niedrigem Qualitätsniveau (QUA) ein geringer Prozentsatz (QAP) an Qualitätseinbuße ergibt. Mit steigender Qualität nimmt der Prozentsatz des Qualitätverlustes überproportional zu und bewirkt dadurch, daß bei hohem Qualitätsniveau immer mehr Aufwendungen nötig sind, um die Qualität weiterhin zu steigern.

Das Qualitätsniveau (QUA) bestimmt dann zusammen mit dem Idealprofil der Qualität (IPQ) die semantische Differenz (S1Q), aus der sich dann der Marketing-Mix-Wirkungsfaktor (S3Q) und die Anteile zur Verteilung des Werbebudget2 ergeben. Die Berücksichtigung der Konkurrenz erfolgt wie bei der Markenkenntnis mit Hilfe einer Standardverteilung.

d) Distribution

Die Distributionsqualität und -organisation kann durch zwei unterschiedliche Maßnahmen das Konkurrenzniveau übertreffen. Zum einen kann die Distributionsqualität durch ein höheres Distributionsbudget gesteigert werden und zum andern durch eine höhere Vertreteranzahl. Mit einem höheren Distributionsbudget können die angestellten Vertreter durch

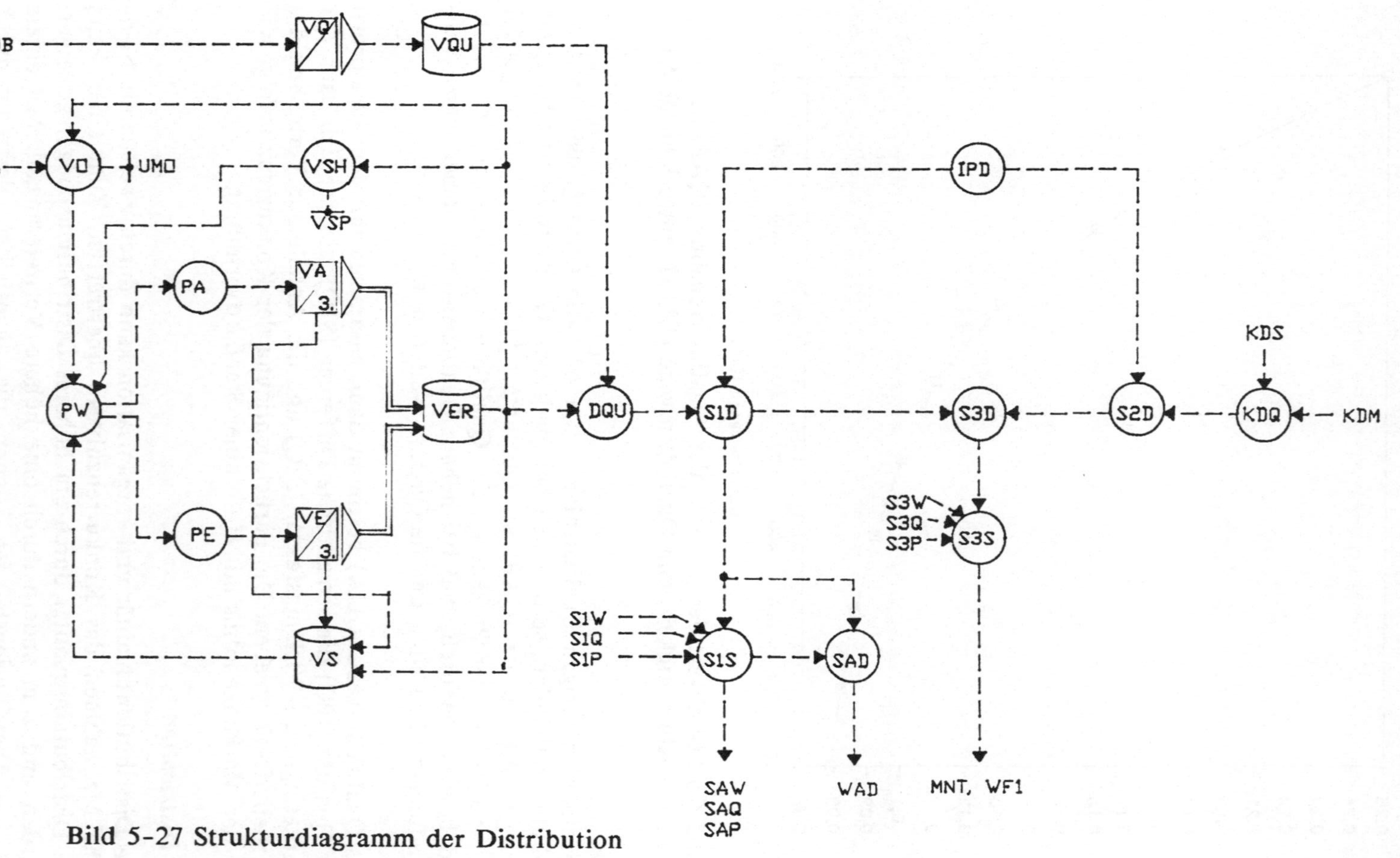

Bild 5-27 Strukturdiagramm der Distribution

höhere Provisionen besser motiviert werden und zusätzlich ist auch eine bessere Vertreteraus- und -weiterbildung möglich. Bei einer höheren Vertreteranzahl können mehr Kundenbesuche durchgeführt werden und dadurch erhöht sich die Wahrscheinlichkeit eines Kauferfolges. In Bild 5-27 sind die Zusammenhänge dargestellt.

Das Distributionsbudget (DB) bestimmt durch den in Bild 5-28 dargestellten Zusammenhang und einer Verzögerung 3. Ordnung mit einer Verzögerungszeit von 20 Wochen die Vertreterqualitätl (VQ) und die Vertreterqualität (VQU), deren Level rechentechnisch notwendig ist. Aus der Vertreterqualität und der Anzahl der vorhanden Vertretern (VER) berechnet sich dann die Distributionsqualität (DQU).

Wie Bild 5-28 zeigt, steigt die Motivation und die Qualität der Ausbildung der Vertreter zu Beginn der Kurve mit wachsendem Distributionsbudget (DB) überproportional bis zu einer Höhe von 7000 des Distributionsbudgets (DB) an. Dann beginnt eine Sättigungsphase, ab der mit geringeren Steigerungen der Vertreterqualität trotz großer Aufwendungen zu rechnen ist. Man könnte zum besseren Verständnis anführen, daß eine weitere Erhöhung der Provision den Vertretern keine Mehreinkünfte bringen, da der größte Teil durch erhöhte Steuern verlorengeht. Erst wenn es möglich wird, den Vertretern durch ein höheres Distributions-

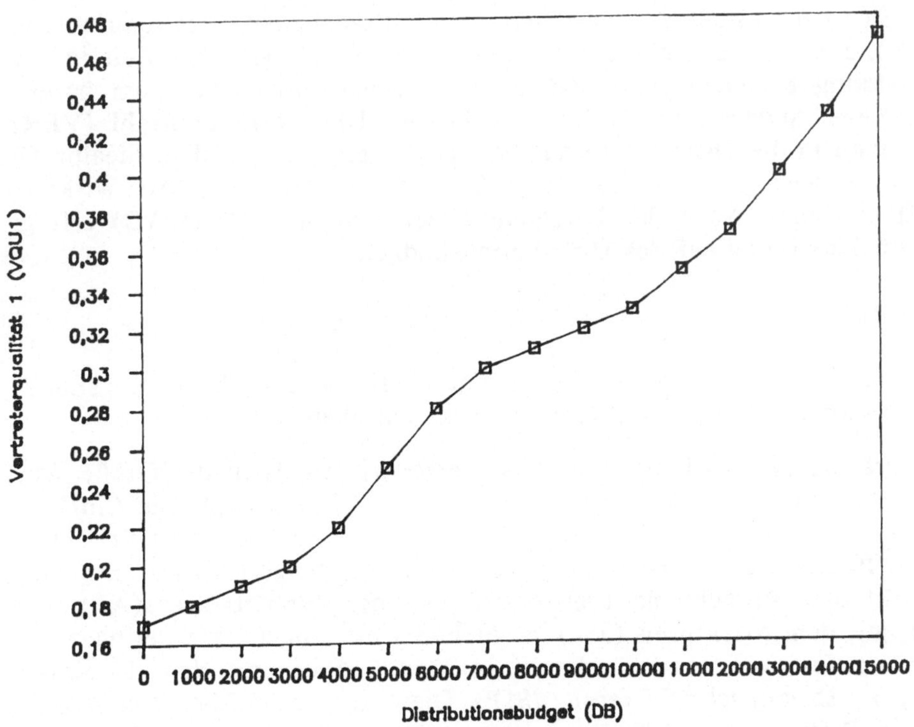

Bild 5-28 Vertreterqualitätl in Abhängigkeit vom Distributionsbudget

budget beispielweise firmeneigene PKWs zur Verfügung zu stellen, steigt die Vertreterqualitätl (VQ) wieder deutlich an.

Die Vertreteranzahl ist abhängig von der momentanen Absatzmenge (A) und einer Konstanten (UMO), die die gewünschte Absatzmenge eines Vertreters angibt. Nach Division dieser beiden Zahlen erhält man die gewünschte Vertreteranzahl (VO), die in die Berechnung des Personalwechsels (PW) eingeht. Dort wird die gewünschte Anzahl der Vertreter (VO) mit der tatsächlich vorhanden Anzahl Vertreter verglichen und je nach Über- oder Unterbelegung eine Personalausbildung (PA) oder -entlassung (PE) ausgelöst. Bei der Personalausbildung- und -entlassung wird zusätzlich eine Schwankungsbreite (VSH), die von der Vertreteranzahl (VER) und einem Schwankungsprozentsatz (VSP) abhängig ist, berücksichtigt. Sind beispielsweise 20 Vertreter angestellt und der Prozentsatz beträgt 10 %, dann wird erst über einem gewünschten Vertreterbestand (VO) von 22 Vertretern reagiert oder unter einem von 18. Dies ist nötig, um unnötige Schwankungen bei kurzfristigen Änderungen zu vermeiden. Die Personalausbildung (PA) bestimmt dann, wieviel Personen eingestellt werden und die Vertreterausbildung von 6 Wochen (VA) durchlaufen, bevor sie effektiv eingesetzt werden können und die Vertreteranzahl (VER) erhöhen. Genauso geht es mit den Entlassungen (PE), die erst nach Ablauf der Kündigungsfrist von 12 Wochen wirksam werden. Die Vertretersumme (VS) beinhaltet ständig den aktuellen Stand der Vertreter. Sie berücksichtigt nicht nur den tatsächlichen Vertreterbestand (VER), sondern auch die angehenden Vertreter, die sich zur Zeit in der Ausbildung befinden (PA) und auch die schon entlassenen, um bereits vollzogene Änderungen zu berücksichtigen. Die Vertreteranzahl (VER) geht dann in die Distributionsqualität (DQU) ein, die mit dem Idealprofil (IPD) die semantische Differenz (S1D) und die Marketing-Mix-Wirkung (S3S) bestimmt. Nach der Berechnung der Budgetanteile (WAD) erfolgt die Rückkopplung auf das Distributionsbudget.

e) Preis

Die Änderungen durch des Preisbudget (PB) (s. Bild 5-29) gegenüber dem bisherigen Modell sind einfach zu beschreiben.

Das Preisbudget wird um 2 Wochen verzögert, bis es in die Größe AP7 eingeht und dann direkt auf den Absatzpreis (AP) einwirkt. Die Einflußgröße (AP7) auf den Absatzpreis (AP) berechnet sich aus dem Preisbudget 2 (PR), dividiert durch die jeweilige Absatzmenge (A). Das Ergebnis bewirkt eine tatsächliche Preisreduzierung des Absatzpreises (AP), der dann mit dem Marktpreis (MP) verglichen wird, um die Marketing-Mix-Wirkung festzustellen und ebenso in Kombination mit dem Idealpreis (IPP) die semantische Differenz (S1P). Diese geht dann über den semantischen Differenzanteil (SAP) und den Werbebudgetanteil (WAP) in das Preisbudget (PB) ein.

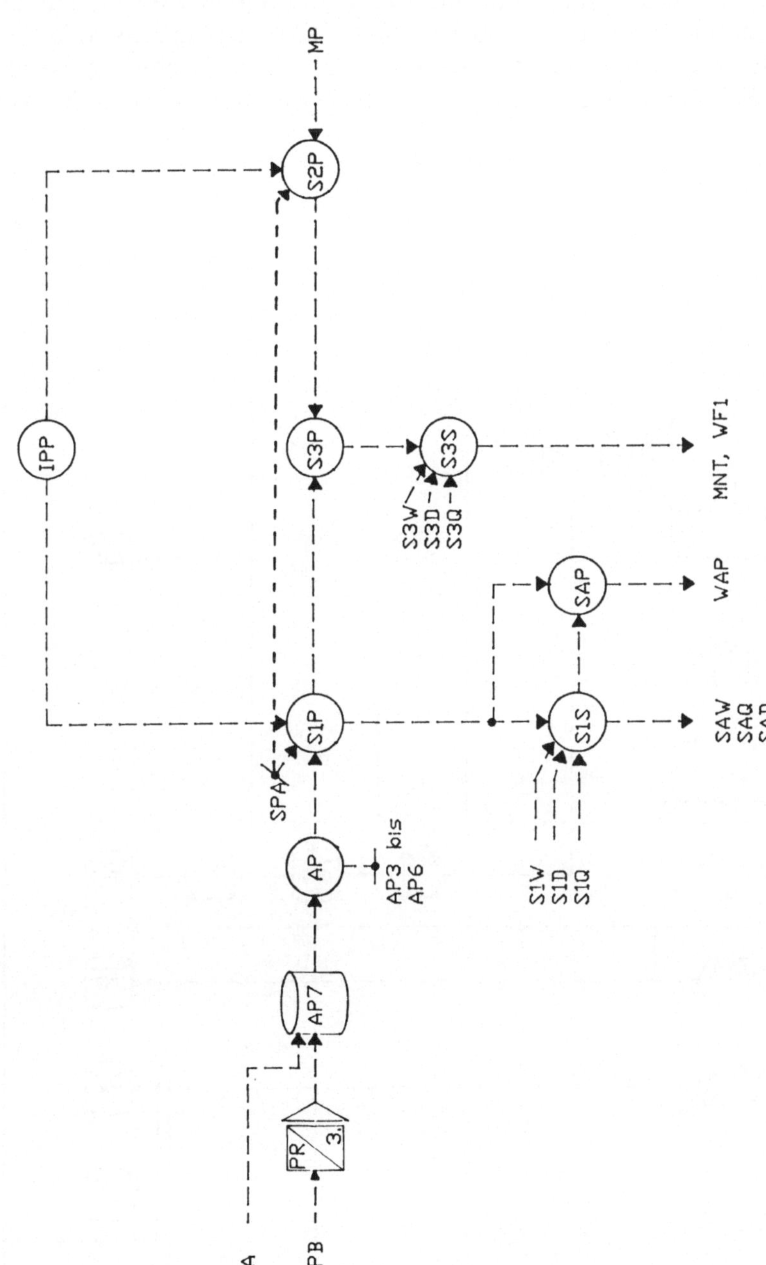

Bild 5-29 Strukturdiagramm der Preisbeeinflussung

5.2.1.3 Gewinn- und Verlustrechnung

Dieser Teilbereich dient zur Kontrolle der Unternehmensaktivitäten und als Beurteilungsmaßstab der verschiedenen Aktionsmöglichkeiten und Strategien. Bei dieser einfachen Gewinn- und Verlustrechnung werden die Kosten, die Umsätze und die Gewinne erfaßt und miteinander verglichen.

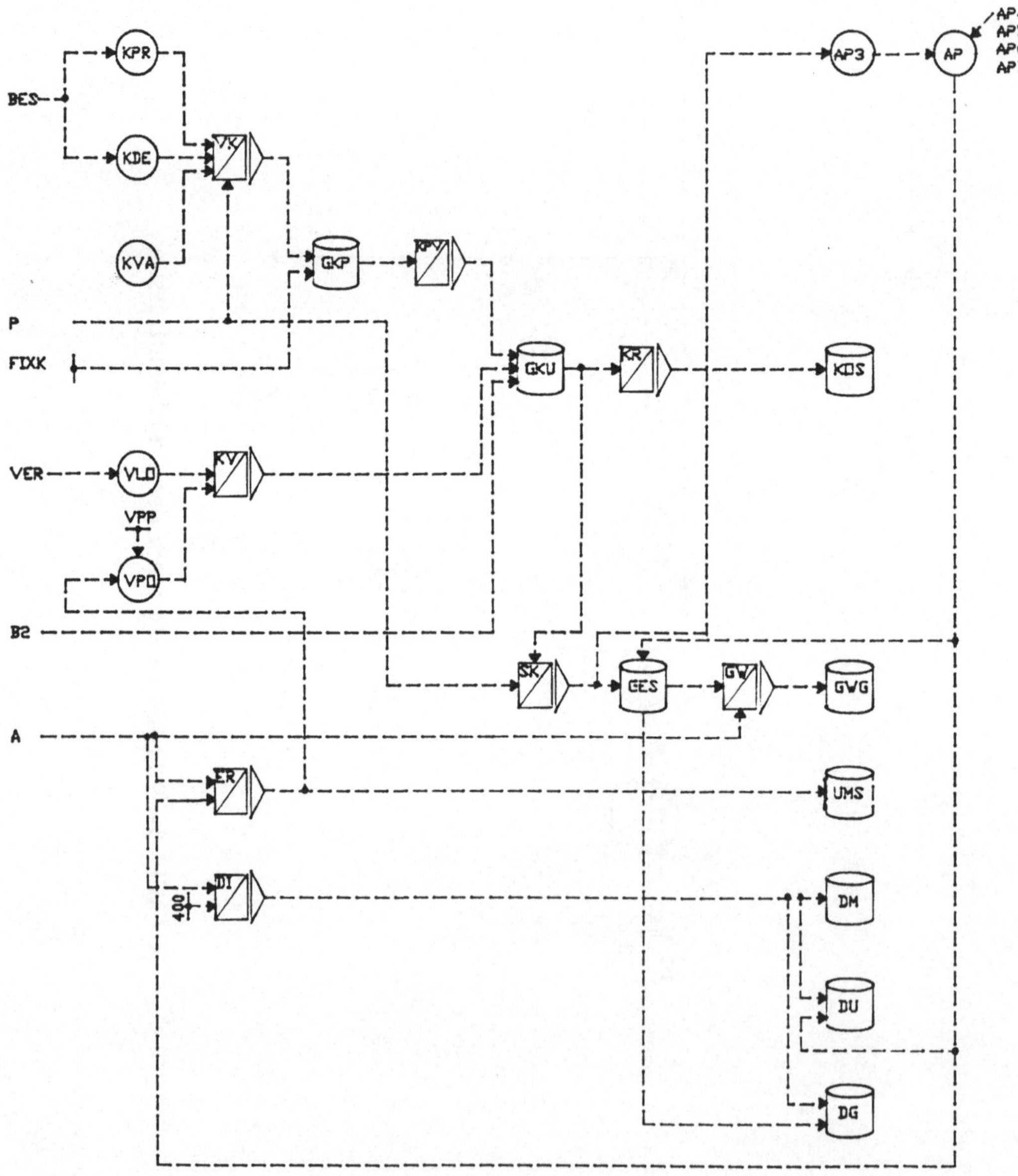

Bild 5-30 Strukturdiagramm der Gewinn- und Verlustrechnung

Die Kosten (GKU) setzen sich zusammen aus den:

- Durchschnittlichen variablen Kosten (VK):

  -proportionale Kosten (KVA)
  (Fertigungsmaterial, Stücklöhne),

  -progressive Kosten (KPR)
  (Überstundenlöhne, Kosten für Überbeanspruchung der Maschinen),

  -degressive Kosten (KDE)
  (Materialkosten bei Mengenrabatt),

- Fixen Kosten (FIXK):
- (Gehälter und Sozialkosten)

- Marketingkosten (B2),

- Vetreterlöhne (KV):
  - Vertretergrundlohn (VLO),
  - Vertreterprovision (UPO).

a) Durchschnittliche variable Kosten (VK)

Der Beschäftigungsgrad (BES), der das Verhältnis der derzeit in Produktion befindlichen Artikel zur Gesamtkapazität darstellt, bestimmt die progressiven und degressiven variablen Kosten, die mit den rein proportionalen Kosten (KVA) die durchschnittlichen variablen Kosten (VK) ergeben.

b) Verteterlöhne (KV)

Die Vergütungen der Verteter setzen sich aus einem Grundlohn und einer verkaufsmengenabhängigen Provision zusammen. Die Anzahl der Vertreter, multipliziert mit dem Grundlohn ergibt die Summe der Vertreterlöhne (VLO) des gesamten Unternehmens. Die Vertreterprovision errechnet sich durch Multiplikation der Erlöse mit dem Provisionsprozentsatz (VPP). Addiert man beide, erhält man die Vertreterlöhne (KV).

c) Gesamtkosten (GKU)

Die Summe aus den variablen Kosten (VK) und den fixen Kosten (FIXK) ergeben die Gesamtkosten der Produktion (GKP) des Unternehmens für eine Zeitperiode. Die Schwankungen der Produktionsstückkosten sind hauptsächlich auf Änderungen im Beschäftigungsgrad zurückzuführen und dieser erfaßt, wie bereits erwähnt, immer sämtliche im Produktionsumlauf befindlichen Güter. Aus diesem Grund wurde die Hälfte der Produktionsverzögerung angenommen, da nicht bestimmbar ist, wie weit ein Produkt bereits fertig gestellt ist. Die Zusammenfassung sämtlicher Kosten erfolgt im Gesamtkostenlevel (GKU), in den zusätzlich zu den Produktionskosten (KPU) die Kosten der Vertreter (KV) und die Aufwendungen für die Marketinginstrumente in Form des Werbebudget2 (B2) eingehen. Die Gesamtkosten des Unternehmens fließen dann über die Gesamtkostenrate in den Kostenlevel ein, in dem sämtliche Kosten über die Simulationsdauer aufsummiert werden.

d) Stückkosten und Gewinn (SK und GWG)

Die Stückkosten (SK) werden aus den Gesamtkosten (GKU) dividiert durch die Produktionsmenge (P) errechnet. Diese dienen zum einen zur Bildung des Kostenanteils (AP3) für die Berechnung des Absatzpreises (AP) und zum anderen zur Errechnung des Gewinnes pro Stück (Differenz aus Absatzpreis und Stückkosten). Multipliziert man nun den Stückgewinn (GES) mit der Absatzmenge, dann erhält man den Periodengewinn (GW), der im Gesamtgewinn (GWG) über sämtliche Perioden zusammengefaßt wird. Im Umsatzlevel (UMS) werden ebenfalls die Erlöse (ER) zusammengefaßt, die von der Absatzmenge und dem Absatzpreis abhängig sind.

e) Differenzmengen (DI)

Die Möglichkeit, Änderungen an Parametern und Einflußgrößen vorzunehmen, ist das Interessante und das meist genutzte Einsatzgebiet der Simulation. Um Änderungen gegenüber dem Gleichgewichtszustand besser analysieren zu können, berechnet die Rate (DI) den Unterschied zwischen der normalen Absatzmenge (400 Einheit/Woche) und der tatsächlichen Absatzmenge (A). An diesem Wert ist leicht ersichtlich, ob und in welcher Höhe sich ein zusätzlicher Aufwand gelohnt hat. Die Zusammenfassung dieser Differenzmengen (DI) ergibt die Differenzabsatzmenge (DM). Multipliziert mit dem Absatzpreis bildet die Differenzmenge (DI) den Differenzumsatz (DU) und multipliziert mit dem Stückgewinn ergibt sich der Differenzgewinn (DG).

5.2.2 Strategien beim Marketing-Mix

5.2.2.1 Verschiedene Arten von Werbeimpulsen

Zur Terminplanung von Werbebudgets ist zu sagen, daß sie stark saisonabhängig sind und die zeitlichen Verzögerungen zwischen der Werbeaufwendung bis zu den gewünschten Marktreaktionen bei der Planung unbedingt beachtet werden müssen. Um dies zu verdeutlichen, werden im folgenden verschiedenartige Werbeimpulse auf eine Verzögerung dritter Ordnung mit einer Verzögerungszeit von 20 Wochen gegeben und die Auswirkungen betrachtet. In diesem Beispiel handelt es sich nur um eine Verzögerung, während in größeren Modellen und meist in der Realität immer mehrere verschiedenartige Verzögerungen beachtet werden müssen. So können beispielsweise die Auswirkungen des Werbebudgets auf den Umsatz, auf die Kosten und auf den Gewinn untersucht und schließlich die Rückkopplung dieser Größen auf das Werbebudget berücksichtigt werden.

Bei unserer Untersuchung wird ein Werbebudget von 1000 TDM auf verschiedene Zeiträume, Höhen des Werbebudgets und Stetigkeiten so verteilt, daß folgende Situationen zustande kommen:

- gleichmäßiger Verlauf der Werbeausgaben,
- zeitweise Werbeimpulse (intermittierende Werbung).

Wenn man sich für einen kontinuierlichen Werbebudgetverlauf entscheidet, bleibt noch zu klären, welche Höhe der Werbeimpuls besitzt (kontinuierliche Werbeausgaben). Damit wird festgelegt, wie lange der Werbeimpuls bei einem feststehenden Budget finanziert werden kann. Bei dem angenommen Budget von 1000 TDM können sich beispielsweise folgende Kombinationen ergeben (s. Tabelle 5-2):

Tabelle 5-2 Unterschiedliche Werbeaktivitäten bei konstantem Werbebudget

Kurve	Pulshöhe	Pulsdauer	Pulsintervall
U1	200	5	1
U2	100	10	1
U3	50	20	1
U4	25	40	1
U5	11,11	90	1
U6	25	10	1

Bild 5-31 zeigt die Sprungantworten auf Werbeimpulse.

Wie Bild 5-31 zeigt, liegt der Kurve A.U7 kein kontinuierlicher Verlauf zugrunde, sondern ein zeitweilig wieder aussetzender Werbeimpuls, dessen einzelne Impulse sich periodisch wiederholen. Es ist zu beobachten, daß sich in der Höhe der Sprungantwort auf den Werbeimpuls kein

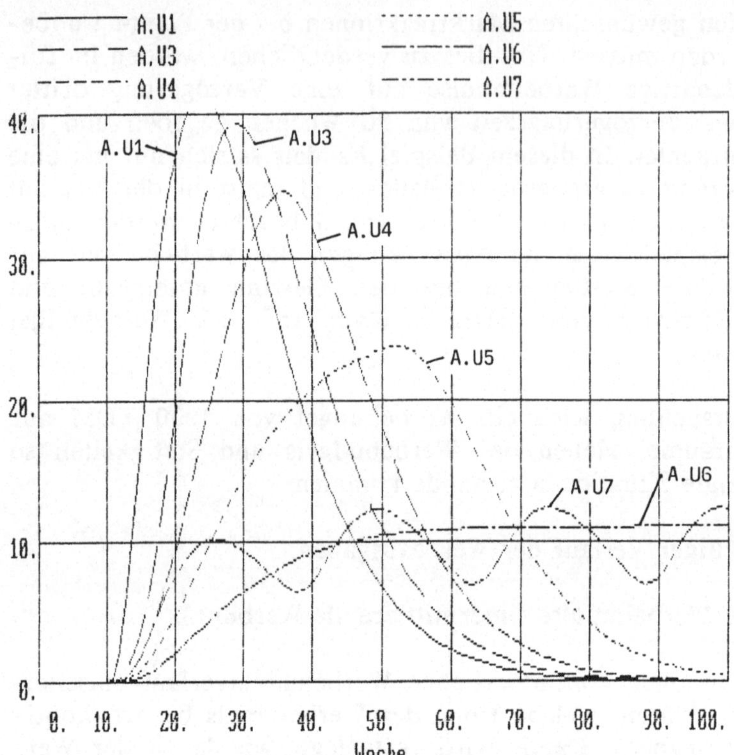

Bild 5-31 Sprungantworten auf Werbeimpulse

beträchtlicher Unterschied einstellt, obwohl bei der Kurve A.U1 ein Impuls von 200 Einheiten vorhanden war und bei der Kurve A.U3 ein Impuls von nur 100 Einheiten. Bei weiter abfallenden Impulshöhen und dafür länger andauernden Impulsen zeigt sich deutlich die breitere Streuung des Impulses über den Zeitverlauf (Produkt mit langer Lebensdauer). Die Kurve A.U6, bei der der Werbeimpuls über die ganze Lebensdauer eines Produktes verteilt ist, steigt dieser bis zum Niveau von 11 Einheiten an und hält konstant dieses Niveau. Bei den kürzeren und dafür kräftigeren Impulsen (z.B. Parteienwerbung vor Wahlen) kam es immer wieder relativ bald zu einem Rückgang der Werbebotschaft. Es stellt sich für den Planenden also die Frage, ob er von seinen Werbeempfängern erwartet, daß sie auf eine schlagartige starke Werbung reagieren oder ob sie ständig wieder an eine bestimmte Werbebotschaft erinnert werden müssen.

Die Kurve A.U7 ist das Ergebnis einer periodischen, aber zeitweise wieder aussetzenden Werbekampagne. Es zeigen sich Schwankungen, deren Rückgänge auf die werbelose Zeit und deren Steigerungen auf die erneuten Werbeimpulse zurückzuführen sind.

Andere Alternativen zu einem kontinuierlichen Werbeverlauf sind ansteigende und im Zeitverlauf abfallende Werbebudgets. Diese verursachen von der Charakteristik her dieselben Kurven wie in Bild 5-31 mit dem Unterschied, daß bei den langsam ansteigenden Budgets der Höhepunkt später liegt und bei den abfallenden Budgets der Abfall noch schneller erfolgt als in Kurve A.U1.

Es muß also je nach Zweck, Kundenkreis, Lebensalter- und -dauer des Produkts sowie unter Berücksichtigung konjunktureller und gesamtwirtschaftlicher Rahmenbedingungen der richtige Verlauf der Werbeimpulse gefunden werden.

5.2.2.2 Gesonderte Betrachtung des Markenkenntnisbereichs

Da der Markenkenntnisbereich annähernd dieselbe Struktur aufweist wie der Qualitätsbereich und beide im Prinzip nur von den Marketinganstrengungen in Form eines Budgets abhängig sind, werden einige Besonderheiten im Markenkenntnisbereich beispielhaft betrachtet.

Es wird untersucht, wie die Markenkenntnis (WAK) und die Markenkenntnisabnahme (WAB) reagieren, wenn über einen Zeitraum von 20 Wochen ein zusätzlicher Impuls erfolgen würde, der der Verzögerung bei der Markenkenntniszunahme (WZ) nicht unterliegt. Wenn sich die Markenkenntnisabnahme nicht verändern und die Zunahme linear verlaufen würde, müßte die Markenkenntnis ihren Idealwert von 1000 erreichen (WAK-Anfang 500 + 20 Wochen * 25 Einheiten). Die simulierte Markenkenntnis (in Bild 5-32 MARK) und den Verlauf der Markenkenntniszunahme (in Bild 5-32 MZU) und -abnahme (in Bild 5-32 MAB) zeigt jedoch Bild 5-32.

Ab der zehnten Periode erhöht sich die Markenkenntniszunahme (WZ entspricht MZU) sehr schnell von 50 Einheiten auf 75 und dann steigt sie in den folgenden 20 Wochen nur noch langsam auf knapp über 80 Einheiten an, um dann mit der Reduzierung des Budgets wieder auf ihren alten Wert von 50 zurückzufallen. Der schnelle Anstieg in der zehnten Periode beruht auf der Erhöhung des Budgets. Der anschließende Zuwachs entsteht durch die Rückkopplung der Markenkenntnis (WAK entspricht MARK) mit der Markenkenntniszunahme (WZ entspricht MZU).

Durch die Erhöhung der Markenkenntniszunahme stieg die Markenkenntnis von der zehnten bis zur zwanzigsten Woche auf 678 Einheiten, verursacht dadurch, daß die Markenkenntnisabnahme aufgrund der Abhängigkeit von der Markenkenntnis sich ebenfalls erhöhte. Die Markenkenntnis erreichte ihren Höhepunkt, als die Abnahme größer wurde

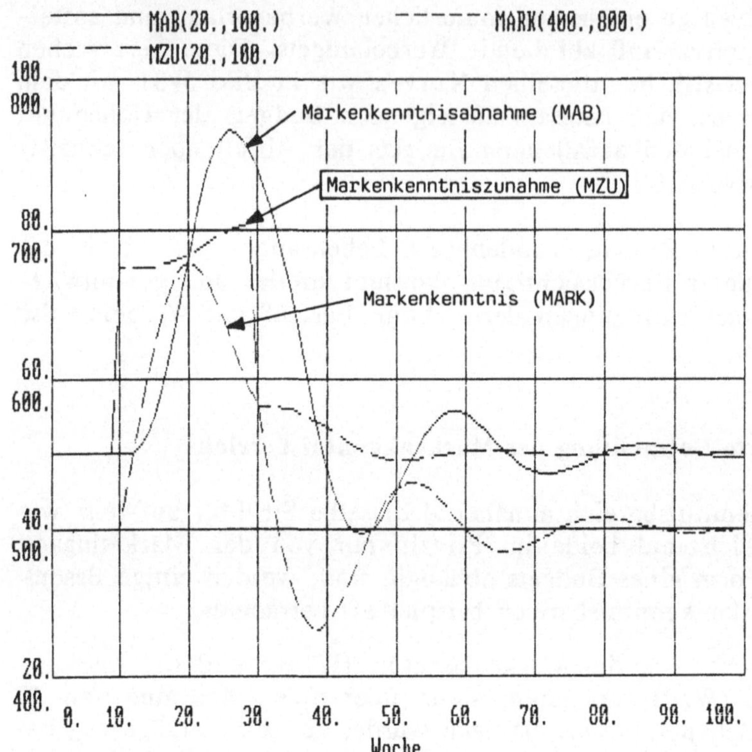

Bild 5-32 Markenkenntnis (MARK), ihre Zu (MZU)- und Abnahme (MAB) im Zeitverlauf

als die Zunahme. Hätte das Unternehmen die Absicht, die Markenkenntnis noch weiter zu erhöhen, müßte das Werbebudget soweit gesteigert werden, daß die höhere Abnahme kompensiert werden kann. Durch den starken Rückgang der Markenkenntniszunahme in der Woche 30 sinkt die Markenkenntnis (WAK entspricht MARK) ab diesem Zeitpunkt noch stärker. Die Markenkenntisabnahme bewirkt durch die Verzögerung dritter Ordnung und die Verzögerungszeit von 6 Wochen eine Reduzierung der Markenkenntnis unter den Gleichgewichtszustand auf 432 Einheitten. Durch die Reduzierung sinkt auch die Abnahme wieder und das System schwingt ab Woche 50 langsam in den stabilen Zustand.

5.2.2.3 Analyse des Gesamtmodells

Um über das Verhalten des Modells Erkenntnisse zu gewinnen und die Auswirkungen verschiedene Marketingmaßnahmen abschätzen zu können, müssen unterschiedliche Strategien simuliert und die Ergebnisse interpretiert werden. Zur Analyse werden hier folgende Alternativen durchgespielt und beschrieben:

- zusätzlicher Impuls auf Werbebudget2,
- Hochpreisstrategie:
  * erhöhte Werbung und erhöhte Qualitätsaufwendungen
  * erhöhte Distributionsaufwendungen
- Niedrigpreisstrategie,
- im Zeitverlauf wechselnde Strategie.

a) Zusätzlicher Werbeimpuls

Es werden fünf verschiedene Impulse auf das Werbebudget2 (B2) gegeben, die sich in der Pulsdauer, jedoch nicht in der Pulshöhe unterscheiden. Bild 5-33 zeigt die Marketing-Mix-Wirkung (S3S) bei den verschiedenen Maßnahmen:

- S3S.G5 bei einer Pulsdauer von 5 Wochen,
- S3S.G10 bei einer Pulsdauer von 10 Wochen,
- S3S.G20 bei einer Pulsdauer von 20 Wochen,
- S3S.G50 bei einer Pulsdauer von 50 Wochen,
- S3S.G100 bei einer Pulsdauer von 100 Wochen.

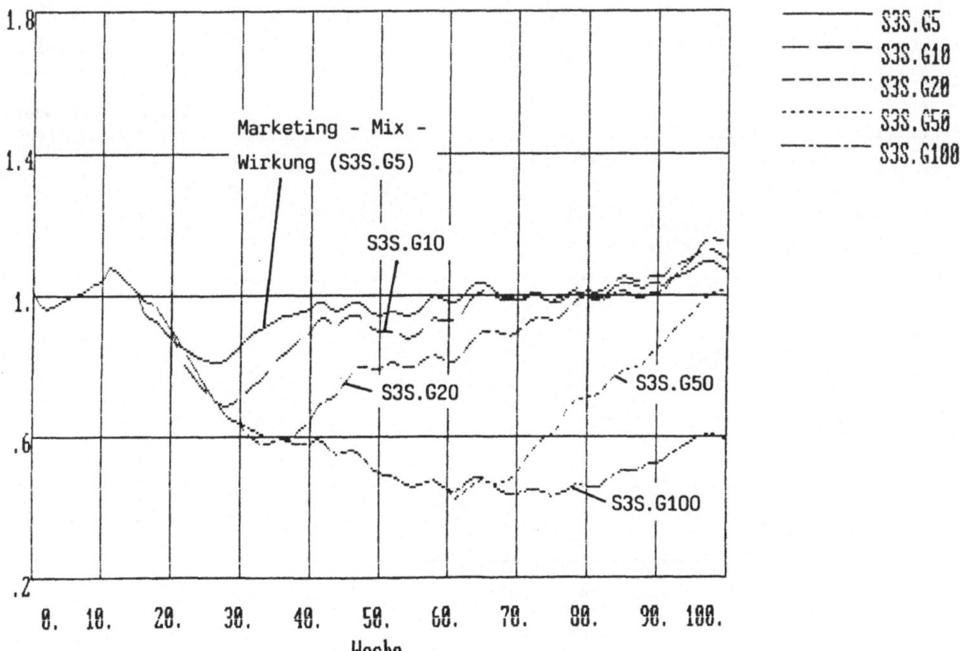

Bild 5-33 Wirkungen unterschiedlicher Werbeimpulse

Wie Bild 5-33 zeigt, schwingen in den ersten 10 Wochen sämtliche Kurven leicht um den Faktor eins. Dies ist auf die Standardverteilung des Konkurrenzniveaus und auf die Schwankungen der Qualitätsabnahme zurückzuführen. Ab der zehnten Woche steigt dann die Kurve wegen der Finanzierung des Werbeimpulses, die höhere Absatzpreise zur Folge haben, stärker an. Ab der zwölften Woche kann der höhere Absatzpreis durch die ebenfalls größere Markenkenntnis kompensiert werden, so daß sich das Gesamtwirkungsverhältnis zugunsten der Unternehmung (S3S<1) verschiebt. Zeitlich stärker verzögert folgen die Qualitätsmaßnahmen und die Erhöhung des Distributionsniveaus. Die Kurve S3S.G5 hat ihren Tiefpunkt (das bedeutet den größte Vorteil gegenüber der Konkurrenz) in der Woche 27, obwohl der Werbeimpuls bereits in Woche 15 zu Ende war. Dies beruht auf die langsam wirkenden Verzögerungen im Qualitätsbereich. Danach strebt die Kurve wieder den stabilen Zustand (S3S = 1) an. Bei den anderen Kurven kann man jeweils nach Ende der Pulsdauer plus den Verzögerungszeiten dasselbe Verhalten beobachten. Eine Ausnahme davon ist die Kurve S3S.G100, die sich im Bereich von 0,6 einschwingt. Das Schwingen um diesen Punkt kommt durch die Schwankungen des Absatzpreises zustande.

Bild 5-34 zeigt den Verlauf der Absatzpreise für die verschiedenen Werbeimpulse.

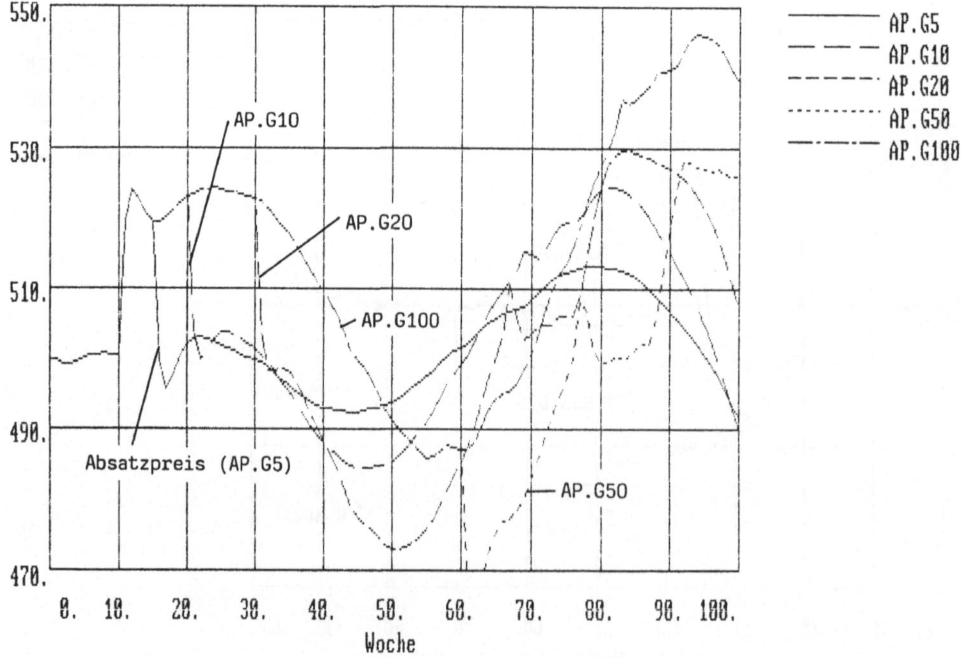

Bild 5-34 Verlauf der Absatzpreise für verschiedene Werbeimpulse

Bei den Absatzpreisen ist ab der zehnten Woche ein klarer Anstieg zu erkennen, der von der Finanzierung der Werbeimpulse herrührt und der nach Ende des Impulses genauso stark wieder abfällt. Bei dem kleinsten Impuls (AP.G5) schwingt der Absatzpreis nur geringfügig nach, während bei AP.G10 und AP.G20 schon stärkere Schwankungen zu beobachten sind. Die Kurven AP.G50 und AP.G100 sinken aufgrund des sinkenden Absatzlagers (AL) bereits ab der dreißgsten Woche ab, obwohl der Werbeimpuls noch aktiv ist. Sie erreichen in der Woche 60 ihren Tiefpunkt. Bei der Kurve AP.G50 sinkt der Preis nochmals ab, da zu diesem Zeitpunkt der Werbeimpuls zu Ende ist. Die Kurve AP.G100 steigt bis zu einem Absatzpreis von 540 DM/Einheit an.

Bild 5-35 zeigt das Verhalten der Absatzmengen.

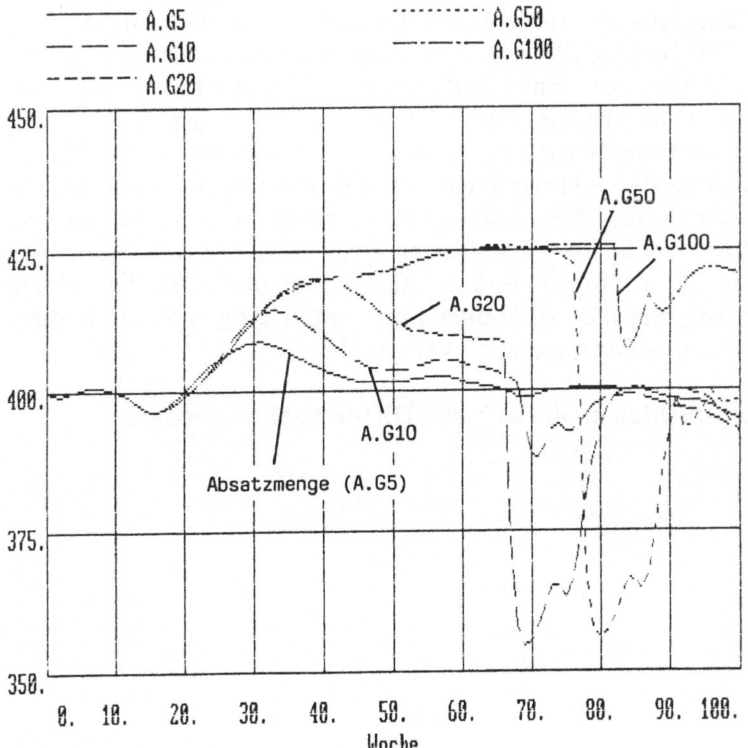

Bild 5-35 Verhalten der Absatzmengen

Nach der zehnten Woche sinken die Absatzmengen zuerst leicht ab, da die Absatzpreise erhöht wurden. Ab der zwanzigsten Woche steigen dann die Absatzmengen über das Normalniveau von 400 Einheiten/Woche. Die Absatzmenge A.G5 erhöht sich nur knapp und schwingt dann wieder in den Gleichgewichtszustand, da der Werbeimpuls nicht lange genug anhält. Bei dem 10 Wochen dauernden Impuls steigt die Absatzmenge auf maximal 410 Einheiten an und flacht dann bis zur Woche 67 wieder ab. Ab diesem Zeitpunkt tritt ein plötzlicher Rückgang der Absatzmenge auf, weil nicht genügend Produkte im Absatzlager waren, um den gewünschten Bedarf zu befriedigen. Die Absatzmenge fällt auf 370 Einheiten und läuft danach in den stabilen Zustand. Bei dem 20 Wochen andauernden Impuls findet annähernd derselbe Verlauf statt, nur daß der Ausfall früher und wesentlich stärker bemerkbar wird. Im nächsten Fall (Impuls 50 Wochen) kann der Rückgang um einige Wochen hinausgeschoben werden, da zwischen der Woche 30 und 50 höhere Absatzpreise bestanden und somit ein höheres Produktionsvolumen ausgelöst wurde. Wie bereits erwähnt, konnte der Ausfall nur zeitlich verschoben, jedoch nicht vermieden werden. Für den Fall, daß der Werbeimpuls über die ganze Simulationsdauer anhält, ist eine Reduzierung des Ausfalles auf ein Minimum möglich. Die Absatzmenge erreicht in der 60ten Woche das Niveau von 425 Einheiten/Woche und hält dies bis zur Woche 82. Dann tritt eine Verringerung der Absatzmenge auf 405 Einheiten wegen des zu geringen Absatzlagers ein. Hier konnte ein stärker Ausfall vermieden werden, da ab der Woche 60 der Absatzpreis wieder angestiegen ist, während bei dem 50-wöchigen Impuls der Absatzpreis in der 60ten Woche wegen des Impulsendes zusätzlich nach unten ging und somit eine Verringerung des Produktionsvolumens verursachte.

Bild 5-36 zeigt den zeitlichen Verlauf der Differenzabsatzmenge.

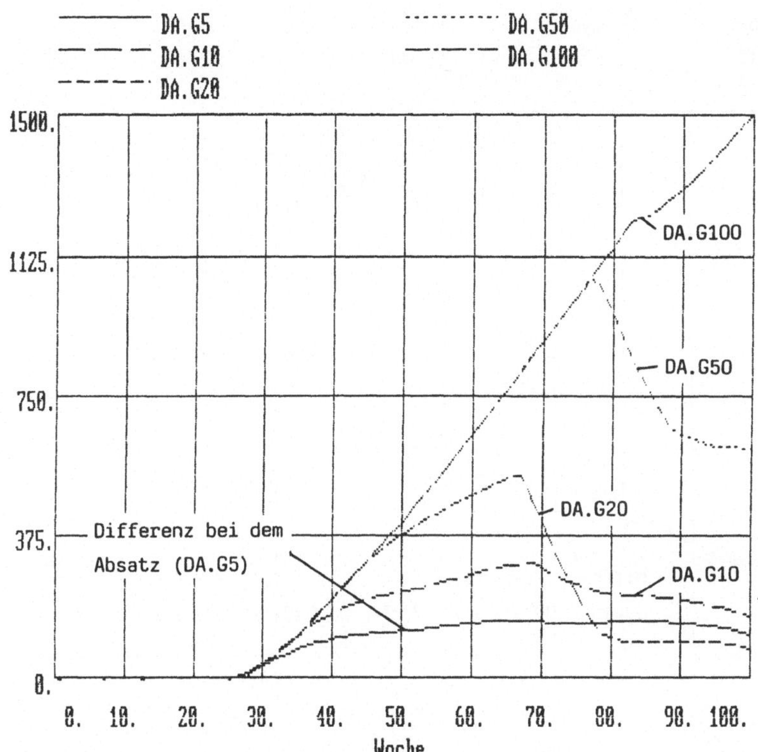

Bild 5-36 Verlauf der Differenzabsatzmenge

Um eine bessere Vergleichsmöglichkeit der unterschiedlichen Situationen zu ermöglichen, zeigen die folgenden Kurven den Verlauf der Differenzabsatzmengen, d. h. der abgesetzten Mengen, die jeweils über 400 Einheiten/Woche liegen. Es zeigt sich, daß am Ende der Simulationsdauer der Impuls von 5 Wochen (g5) eine höhere Gesamtabsatzmenge erzielen konnte als bei dem 20 Wochen andauernden Impuls (G20). Die Differenzabsatzmengen (DA) der Fälle G50 und G100 liegen jedoch weit über diesem Niveau, obwohl G50 auch den oben erwähnten starken Absatzeinbruch hinnehmen nußte.

In Bild 5-37 ist der Verlauf der Differenzgewinne dargestellt.

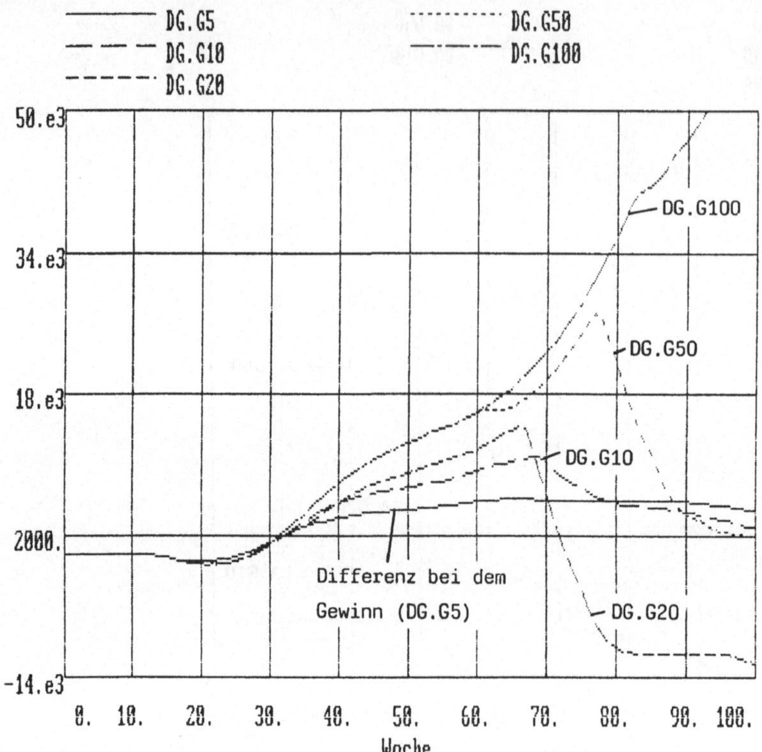

Bild 5-37 Verlauf des Differenzgewinns

Aus Bild 5-37 ist zu erkennen, daß ein erhöhter Absatz nicht automatisch zu einem höheren Gewinn führen muß. Der 20 Wochen andauernde Impuls (G20) erzielt anstatt einer Gewinnerhöhung einen Verlust von 13 000 DM, während bis auf diesen Fall alle anderen Strategien ein zusätzlichen Gewinn von ca 2000 DM erzielen konnten. Nur der lang anhaltende Impuls bringt dem Unternehmen einen relativ großen zusätzlichen Gewinn.

b) Hochpreisstrategie

b1) Erhöhung der Markenkenntnis und Qualität

Bei dieser Strategie wird versucht, durch die Aufmachung, die Qualität und durch Werbemaßnahmen einen höheren Marktpreis zu erzielen. Der Preis wird um 2,5; 5; 10 und 15 Prozent erhöht und jeweils die Hälfte der Mehreinnahmen wird zur Finanzierung einer verstärkten Werbebotschaft und einer verbesserten Qualität aufgewendet und die zweite Hälfte fließt den Gewinnen zu. Die Zurechnung auf den Werbebereich und den Qualitätsbereich erfolgt dierekt beim jeweiligen Budget (WB und QB). Um die starken Ausfälle bei gering erhöhten Absatzpreisen wegen des zu geringen Absatzlagers zu vermeiden, werden in den weiteren Tests die gewünschten Absatzmengen (AMG) zusätzlich erhöht und zwar bei

- höheren Absatzmengen als die Produktionsmengen und bei
- niedrigeren Lagerbeständen (AL) als den optimalen Lagerbestand (LO).

Zunächst werden die Auswirkungen am Beispiel einer 15 prozentigen Presierhöhung gezeigt (s. Bild 5-38).

Es zeigt sich, daß die Markenkenntnis (S3W) und die Qualität (S3Q) in den ersten 10 Wochen stark ansteigen und damit die semantische Differenz (S3S), die die Stärken bzw. Schwächen gegenüber der Konkurrenz beschreibt, entscheidend beeinflußt. Das Preisverhältnis (S3P) geht durch die Erhöhung sofort über eins und drückt dadurch die semantische Dif-

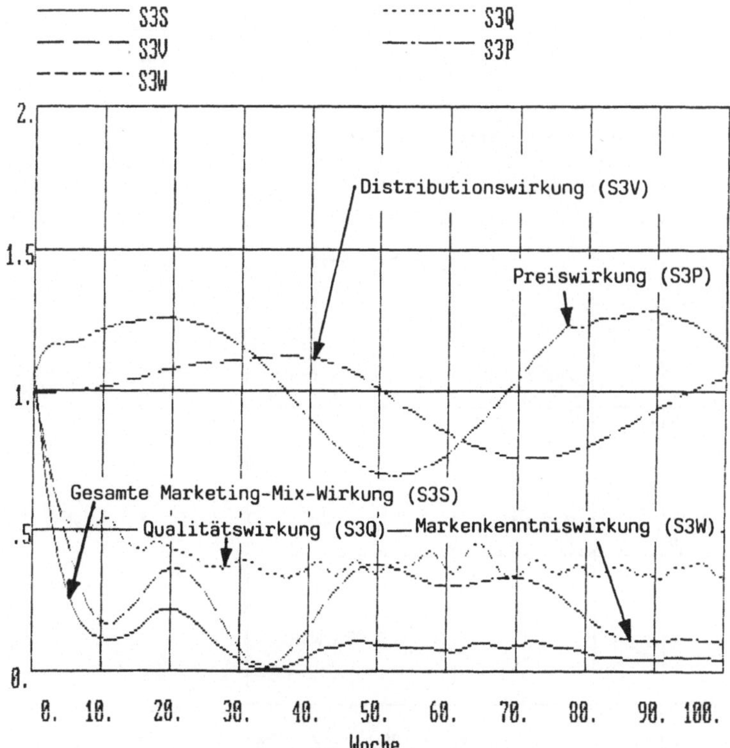

Bild 5-38 Marketing-Wirkung der einzelnen Bereiche am Beispiel einer 15 prozentigen Preiserhöhung

ferenz (S3S). Da durch die Erhöhung des Gesamtwirkungsverhältnisses das Werbebudget2 (B2) reduziert wird und das Distributionsniveau (DQU) am Anfang dem der Konkurrenz entspricht, fällt das Distributionsbudget (DB) ab und verursacht dadurch eine Verschlechterung der Distributionsqualität (DQU). Dieser schlechte Zustand in der Woche 40 sowie ein niedriger Absatzpreis (AP) in Verbindung mit einem guten Markenkenntnis- und Qualitätsniveau führen dazu, daß das Distributionsbudget stark erhöht wird (Preisbudget reduziert) und somit eine Verbesserung der Distributionqualität (DQU) von der 50ten bis zur 90ten Woche erreicht wird. Der Markenkenntnis- und der Qualitätsbereich sind von diesen Schwankungen nicht betroffen, da sie durch die zusätzlichen Aufwendungen bestimmt sind und sowieso schon ein hohes Niveau erreicht haben.

Das nächste Bild zeigt den Verlauf des Gesamtwirkungsverhältnisses (gesamte semantische Differenz) für die verschiedenen Maßnahmen. Die Zusätze W025, W05, W1 und W15 zeigen die Kurven für die Erhöhungen des Absatzpreises um 2.5, 5, 10 und 15 Prozent.

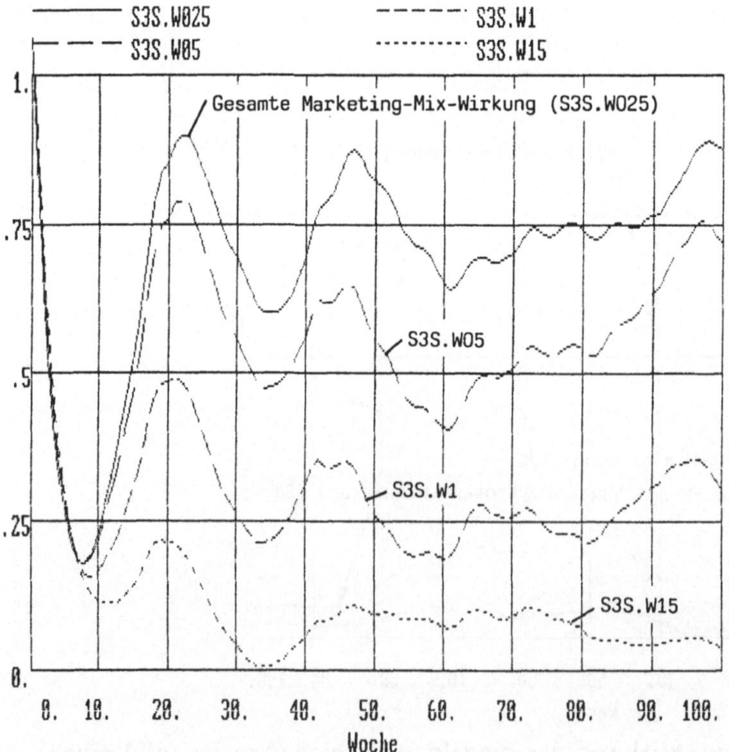

Bild 5-39 Verlauf des Gesamtwirkungsverhältnisses (S3S)

Hier zeigt sich, daß am Anfang die Höhe der Mehraufwendungen nicht entscheidend ist, was am gleichen Verlauf der verschiedenen Tests bis zur Woche 7 zu erkennen ist. Danach fallen die nur schwach erhöhten Budgets wieder schnell ab, da sich die Markenkenntnis in einem Bereich mit einer starken Markenkenntnisabnahme befindet und dadurch das Gesamtwirkungsverhältnis verringert. Das erhöhte Werbebudget ist noch nicht in der Lage, den durch das höhere Niveau verstärkten Markenkenntnisverfall zu kompensieren. Die Charakteristik der Kurven ist ansonsten bei allen Fäälen gleich, wobei die Schwingungen hauptsächlich auf die Markenkenntnisschwankungen zurückzuführen sind.

Bild 5-40 zeigt den Verlauf der Absatzmengen.

Die Absatzkurven steigen bis zur Woche 12 aufgrund des günstigen Gesamtwirkungsverhältnis an und fallen dann, entsprechend den in Bild 5-35 gezeigten Gesamtwirkungsverhältnissen ab. Eine Ausnahme von diesem Verlauf bildet jedoch die Kurve A.W15, die trotz verbesserter Struktur wegen eines fehlenden Absatzlagers einen Absatzrückgang für die gewünschten Absatzmengen (AMG) hinnehmen muß. Weiterhin zeigt

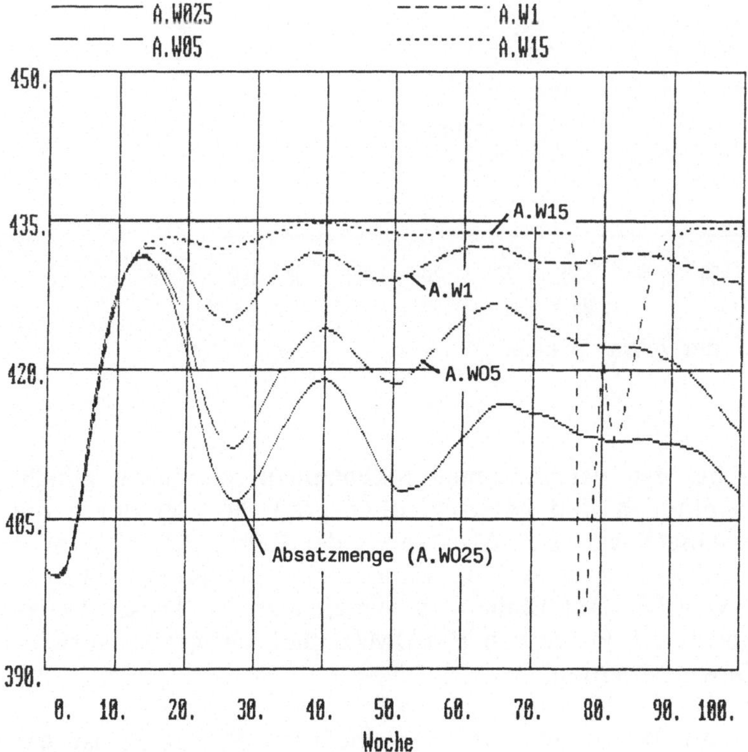

Bild 5-40 Absatzmengenverlauf

sich, daß bestehende Schwierigkeiten einer bestehenden Struktur nicht immer durch einfaches Hinzufügen einer weiteren Informationsschleife aufgehoben werden können, sondern oft weitergehender Änderungen der Organisation bedürfen.

Den Verlauf der Absatzpreise zeigt Bild 5-41.

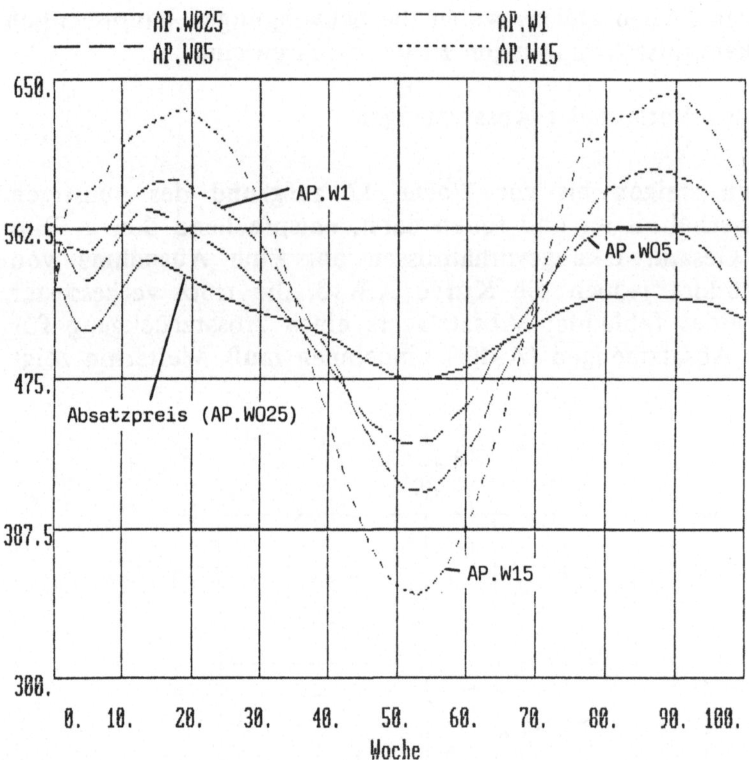

Bild 5-41 Verlauf der Absatzpreise

Die Absatzpreise bei den verschiedenen Maßnahmen schwingen gleich. Lediglich ihre Amplituden sind unterschiedlich groß, bedingt durch die unterschiedlichen Absatzlager. Der Absatzpreis der Kurve AP.W025 geht höchstens auf 475 DM/Einheit zurück, während bei der Kurve AP.W15 ein tiefster Preis von 370 DM/Einheit zu verzeichnen ist. Dieser Preisunterschied der geringsten Preise von 100 DM/Einheit hat große Auswirkungen auf die Gewinnsituation.

Entscheidend für die Beurteilung der verschiedenen Strategien ist der erzielte Differenzgewinn. Bild 5-42 zeigt den Verlauf des Differenz-

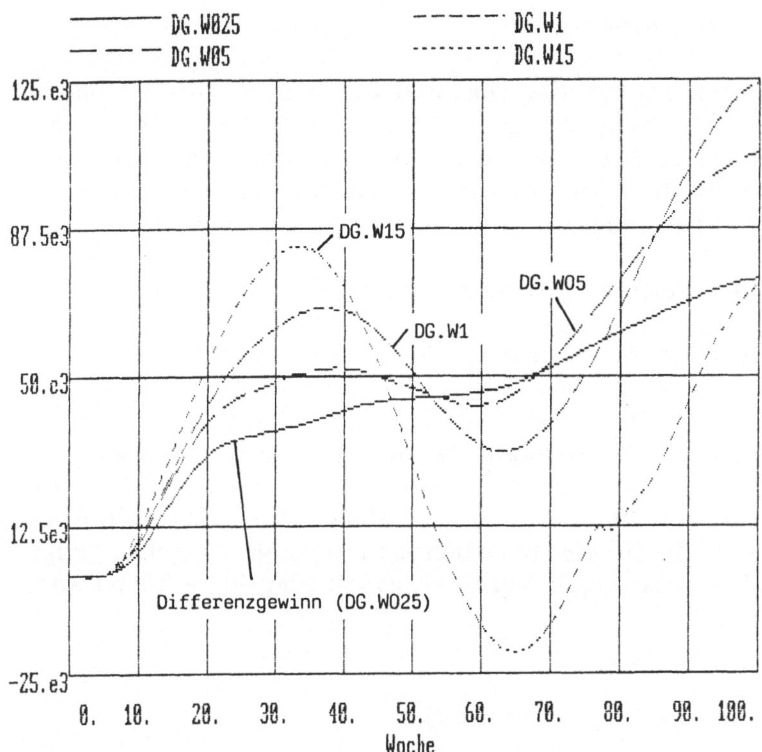

Bild 5-42 Verlauf der Differenzgewinne

gewinns (Mehrgewinn gegenüber stabilem Zustand) der unterschiedlichen Preiserhöhungen aufgrund des höheren Markenkenntnis- und Qualitätsbudgets.

Wieder einmal zeigt sich, daß die Strategie, die zu Anfang den höchsten Gewinn erzielte, am Ende die ungünstigste ist. Bis etwa zur Woche 35 steigen alle Gewinne entsprechend den Preiserhöhungen an. Zu diesem Zeitpunkt setzt dann wegen des absinkenden Absatzpreises eine Verlustphase ein, die bei der 15-prozentigen Preiserhöhung den gesamten bisher erzielten Gewinn aufzehrt und sogar Verluste aufweist. Der Absatzausfall bei dieser Strategie erzeugt in der Gewinnkurve nur einen kleinen Knick in der Woche 78. An Ende entspricht der Gewinn der 2,5-prozentigen Erhöhung des Absatzpreises dem der 15-prozentigen Preissteigerung. Die besten Ergebnisse erzielt die 10-prozentige Erhöhung des Absatzpreises, obwohl sie in der Woche 62 einen stärkeren Rückgang gegenüber der 5-prozentigen Erhöhung hinnehmen mußte.

b2) Erhöhung der Distributionsqualität

Eine andere Alternative für die Hochpreisstrategie ist die Verfolgung einer optimalen Vertriebsorganisation. Hierbei wird diesmal der Absatzpreis immer um 5% erhöht und wie im vorhergehenden Fall zur einen Hälfte zur Erhöhung des Gewinns genutzt und zur anderen zur Verbesserung der Distribution. Folgende Alternativen werden untersucht:

- A1: Erhöhung der Vertreterqualität mit ca. 5 000 DM/Periode,

- A2: Erhöhung der Vertreteranzahl von 20 auf 30 Vertreter,

- A3: Erhöhung der Vertreteranzahl von 20 auf 25 Vertreter
  und Erhöhung der Vertreterqualität um ca. 2500 DM/Periode.

Als Basislohn eines Vertreters wird im Modell mit 500 DM/Woche gerechnet, der sich durch die Provision und sonstige Vergünstigungen (Distributionsbudget, das in die Vertreterqualität eingeht) erhöhen kann.

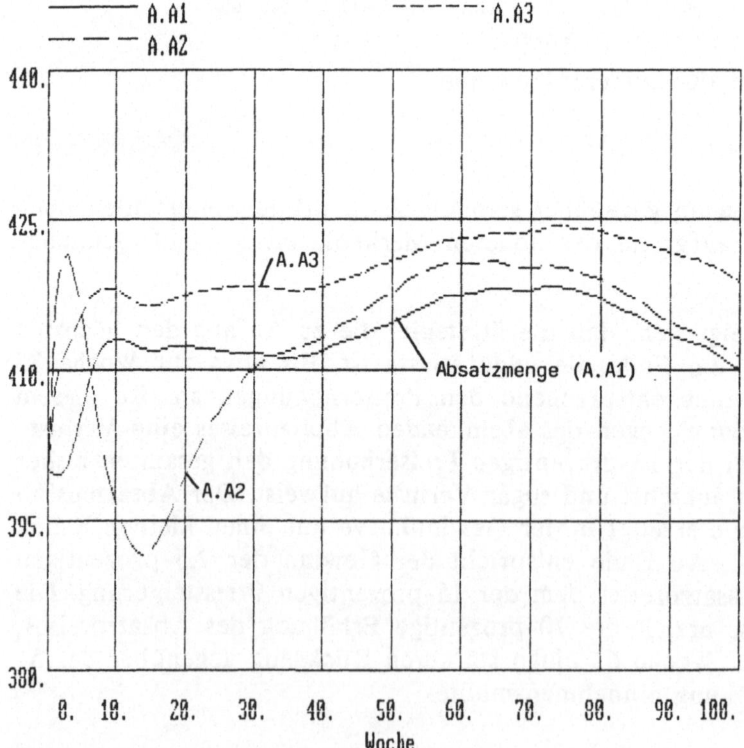

Bild 5-43 Verlauf der Absatzmengen

Dadurch wird es möglich, die Varianten auszutauschen. Den zeitlichen Verlauf der Absatzmengen zeigt Bild 5-43 (die Zusätze A1, A2 und A3 stehen für die Alternativen).

Bild 5-43 zeigt bis zur Woche 40 völlig unterschiedliche Verläufe der Kurven A.A1 und A.A2. Bei A.A1 steigt die Absatzsmenge wegen der plötzlichen Erhöhung des Distributionsbudgets und der damit verbundenen Stärkung des Gesamtwirkungsverhältnisses sofort an und bleibt dann bis zur Woche 40 auf dem selben Niveau. Ab diesem Zeitpunkt kann der Marktanteil wieder etwas gesteigert werden, da zuerst der Absatzpreis sein Minimum ereicht und damit ein Wettbewerbsvorteil erzielt wird. Danach befindet sich die Markenkenntnis im Vorteil und anschließend hat die Qualität einen Optimalpunkt erreicht. Diese Bereiche schwingen jedoch nur leicht um ihren stabilen Punkt. Die Kurve A.A2 hat zu Beginn des Simulationslaufes sofort ein Maxiumum zu verzeichnen. Dies kommt durch die hohe Vertreterzahl zustande, da dadurch anscheinend ein hohes Distributionsniveau erreicht wurde. Die Folge davon ist ein stark reduziertes Distributionsbudget und dadurch ein Absinken der Vertreterqualität, was in der abfallenden Absatzmenge bis zur Woche 14 zu erkennen ist. Danach pendelt sich das Distributionsbudget auf einen normalen Zustand ein und dadurch steigt die Absatzmenge sogar auf ein höheres Niveau als im ersten Fall (A1). Die Kurve A.A3, welcher eine Kombination der beiden ersten Bedingungen zugrunde liegt, kann die Vorteile beider Varianten nützen. Die Absatzmenge steigt sofort auf 420 Einheiten/Woche an und behält diese erreichte Höhe. Die Steigerungen der Absatzmenge durch Preis, Markenkenntnis- und Qualitätsbereich sind ebenfalls sichtbar, jedoch auf einem höheren Niveau als bei der Kurve A.A1. Die Absatzpreise aller drei Varianten unterscheiden sich nur durch eine Phasenverschiebung von 5 Wochen. Die Amplituden sind bei allen im Bereich von +/- 30 DM.

Das nächste Bild zeigt den Verlauf des Differenzgewinns.

Bei den Differenzgewinnen zeigt sich der Vorteil der Kombination aus mehr Vertretern und einem erhöhten Distributionsbudget sehr deutlich (Kurve DG.A3). Die Differenzgewinne verhalten sich hier entsprechend den abgesetzten Mengen. Daraus kann man bei relativ konstantem Absatzpreis auf eine ähnliche Kostensituation bei den verschiedenen Varianten schließen. Wenn dies zutreffen soll, müßte der Gewinn/Stück unabhängig von der jewils abgesetzten Menge sein. In Bild 5-45 ist der Stückgewinn (GEWS in Bild 5-45 entspricht GES im Strukturdiagramm) in Abhängigkeit von der Absatzmenge (A) aufgetragen.

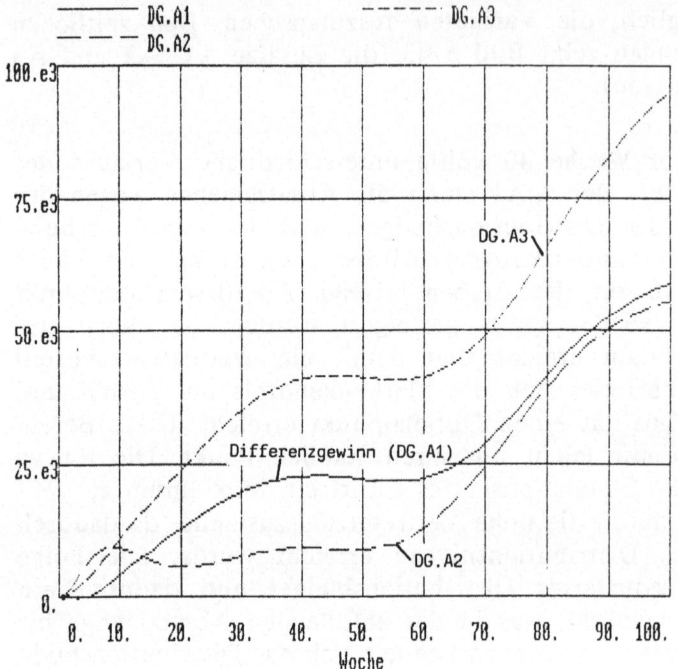

Bild 5-44 Verlauf des Differenzgewinns

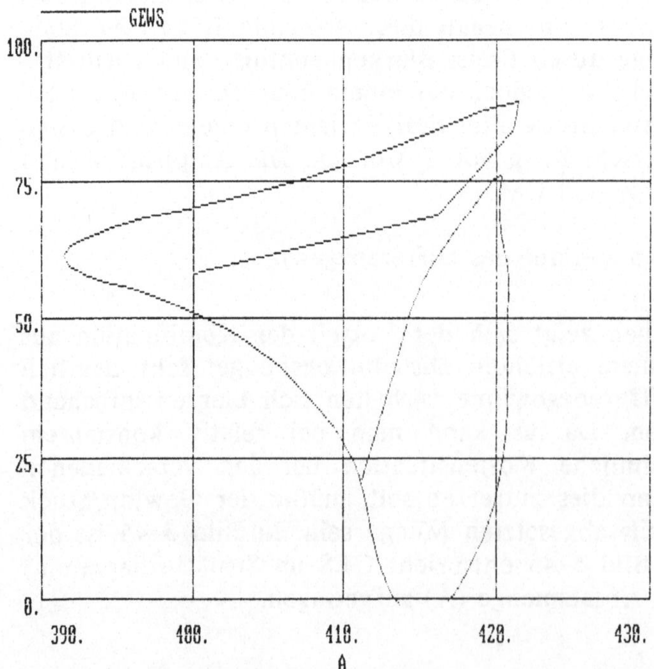

Bild 5-45 Abhängigkeit des Stückgewinns von der Absatzmenge A

Die Kurve beginnt im Punkt 400/55 und steigt im Zeitverlauf an bis ca. 85 DM/Stück. Der Stückgewinn geht mit fallender Absatzmenge nur leicht zurück und sinkt erst bei wieder ansteigender Absatzmenge in den Verlustbereich. Der Gewinn steigt bei konstanter Absatzmenge jedoch bald wieder an. Wäre der Stückgewinn eindeutig von der Absatzmenge abhängig, müßte als Kurve ein Gerade erscheinen.

c) Niedrigpreisstrategie

Eine andere Alternative zu der beschriebenen Hochpreisstrategie ist der Versuch, mit günstigen Angebotspreisen und entsprechend weniger Werbung, Qualität und Distribution die Angebotsmenge zu steigern. Bei der folgenden Simulation wird der Gewinnfaktor (GF), der mit den durchschnittlichen totalen Kosten pro Stück (AP3) multipliziert wird, um den Absatzpreis zu erhalten, variiert. Zusätzlich wird bei dieser Simulation die gewünschte Absatzmenge (AMG) der momentanen Absatzmenge gleichgesetzt, da bei Preisreduzierungen zu wenig produziert werden würde und die getroffenen Änderungen für diesen Fall nicht ausreichen.

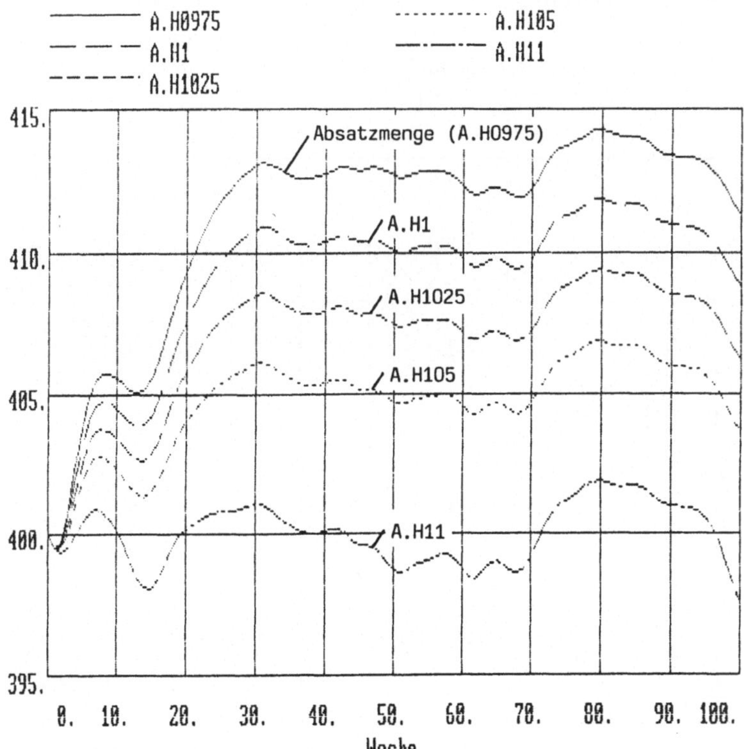

Bild 5-46 Verlauf der Absatzmengen

Es werden folgende Fälle durchgespielt:

- H0975: Gewinnfaktor (GF) = 0,975;
- H1: Gewinnfaktor (GF) = 1;
- H1025: Gewinnfaktor (GF) = 1,025;
- H105: Gewinnfaktor (GF) = 1,05;
- H11: Gewinnfaktor (GF) = 1,1 (Gleichgewichtszustand).

Bild 5-46 zeigt den Verlauf der Absatzmengen A. Die Zusätze entsprechen den gewählten Fällen.

Bild 5-46 bestätigt, daß mit fallenden Gewinnfaktoren (GF) und somit Absatzpreisen (AP) steigende Absatzmengen (A) erzielt werden können. Die Kurve A.H11, die der Absatzmenge des Systems im stabilen Zustand entspricht, schwingt um den Gleichgewichtszustand von 400 Einheiten/Woche. Diese Schwingungen sind auf das durch Zufallszahlen erzeugte Konkurrenzniveau und im Qualitätsbereich auf die Qualitätsabnahme zurückzuführen. Die restlichen Kurven zeigen alle dieselben kurzfristigen Tendenzen wie A.H11, nur daß sie bis zur Woche 30 je nach Gewinnfaktor unterschiedliche Steigungen haben.

Die Auswirkungen auf die Absatzpreise zeigt Bild 5-47.

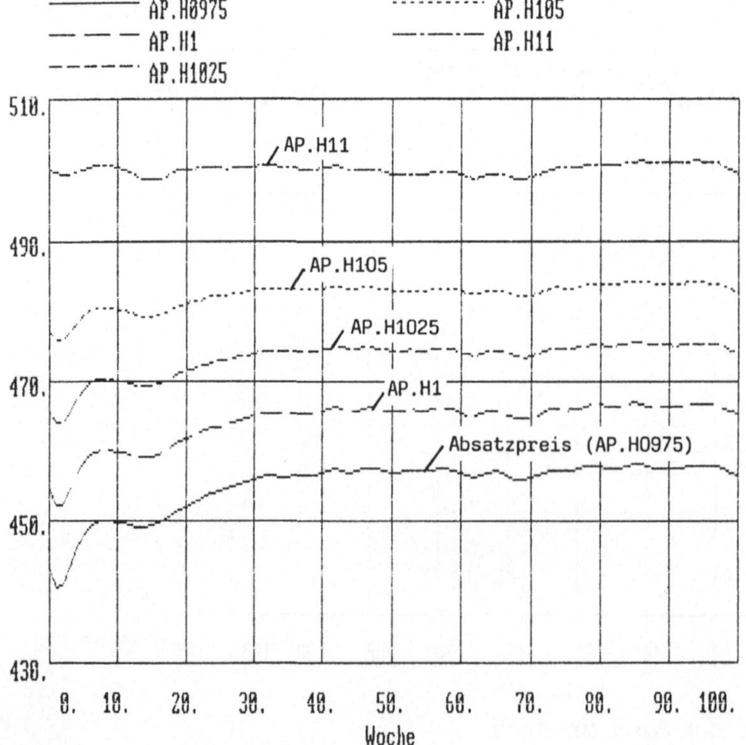

Bild 5-47 Verlauf der Absatzpreise

Bei den Absatzpreisen sind für sämtliche Kurven relativ konstante Verläufe zu erkennen. Nur am Anfang des Simulationslaufes sinken mit fallendem Gewinnfaktor die Absatzpreise stärker. Dies beruht auf dem kurzfristigen Rückgang der Absatzmenge (Zufallsschwankungen) und dem damit geringeren Erlös, der die Vertreterprovision beeinflußt und somit eine neue Preisbildung verursacht.

Der Verlauf der Differenzgewinne ist in Bild 5-48 dargestellt.

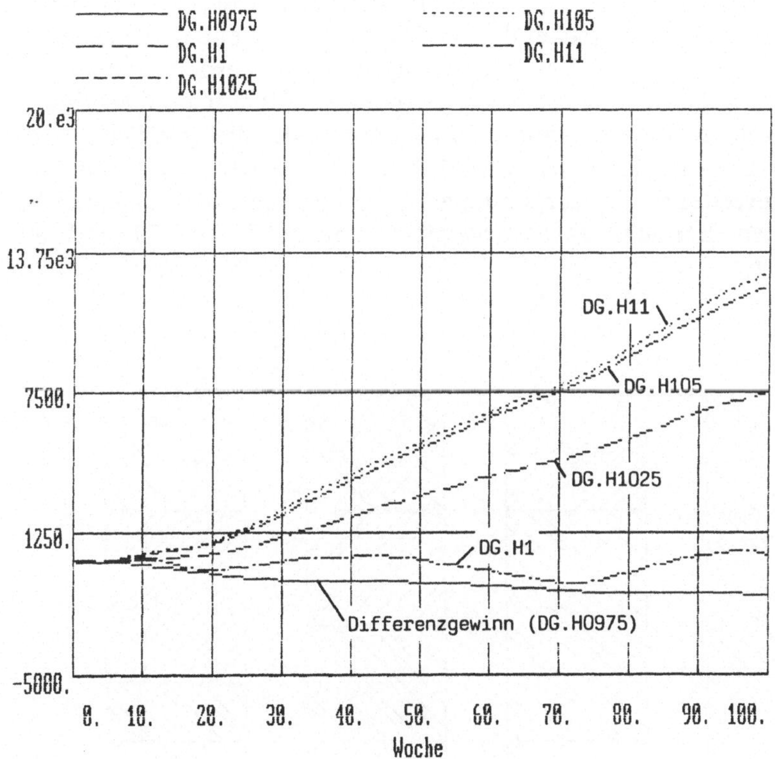

Bild 5-48 Verlauf der Differenzgewinne

Dieses Bild zeigt, ob es sich für das Unternehmen bei Berücksichtigung aller Kosten gelohnt hat, die Absatzpreise zu senken, um dadurch eine höhere Absatzmenge und damit verbunden einen höheren Gewinn zu erzielen. Man kann erkennen, daß bei einem Gewinnfaktor 1; 1,025 und 1.05 ein höherer Gewinn erwirtschaftet wurde, da die erhöhten Absatzmengen die reduzierten Absatzpreise mehr als ausgeglichen haben. Unter diesen drei schneidet die Variante mit einem Faktor von 1,05 (DG.H105) am besten ab und dann 1,025 (DG.H1025) vor dem Faktor 1 (DG.H1).

Bei dem Faktor 1,1 ergibt sich die leicht um den Nullpunkt schwingende Kurve DG.H11. Wenn ein Faktor unter eins gewählt wird, läuft das Unternehmen in die Verlustzone.

d) Wechselnde Strategie

Bisher wurden die Strategien und ihre verschiedenen Varianten zu Anfang eines Simulationslaufes festgelegt. Im folgenden wird während des Simulationslaufes zu vorher bestimmten Zeitpunkten die Strategie geändert, um mehr Einflußmöglichkeiten auszunutzen. Bei Simulationen über längere Zeiträume kann diese Methode beispielsweise zur Wahl bestimmter Strategien entsprechend den Phasen der Lebensyzkluskurve angewandt werden. Hier soll dies beispielhaft gezeigt werden, jedoch ist es bei dem auf Wochen als Zeitperiode ausgelegten Modell und Produkt-Lebenszyklen von mehreren Jahren nicht sinnvoll, die Verläufe mit einem Produkt-Lebenszyklus zu vergleichen. Im Beispiel werden die Faktoren zur Aufteilung des Werbebudget2, wie aus Bild 5-49 ersichtlich, auf die einzelnen Bereiche fest vorgegeben und nach 10, 50 und 80 Wochen geändert.

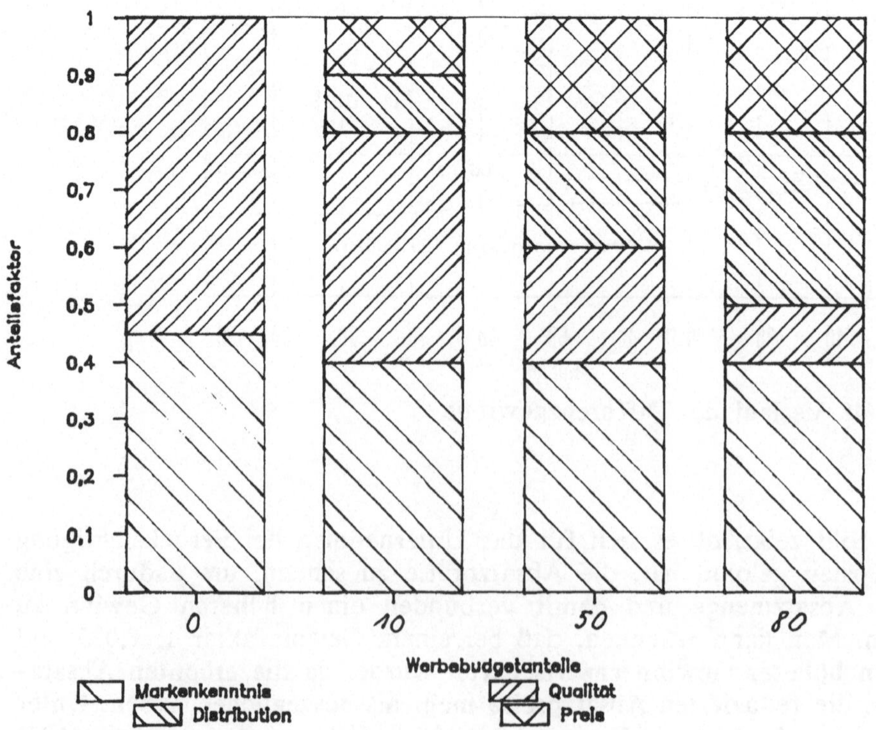

Bild 5-49 Werbebudgetanteile im Zeitverlauf

Man kann aus Bild 5-49 erkennen, daß der Anteil zur Förderung der Markenkenntnis immer einen großen Anteil hat. Vom Start bis zur Woche 20 teilt sich die Markenntnis mit der Qualitätsförderung das ganze Budget. Danach, wenn beispielsweise das Produkt im Markt eingeführt ist, wird begonnen, die Distribution aufzubauen und auch den Marktpreis zu variieren. Diese längste Phase, die der Wachstumsphase entsprechen würde, setzt immer noch auf Qualität und Verbreitung des Produktnamens. In der anschließenden Reifephase wird immer mehr die Distribution auf Kosten der Qualität ausgebaut, um schließlich in der Rückgangsphase einen Anteil von 30 % zu haben. Die Markenkenntnis liegt immer noch bei 40 % und der Preis wie in der Reifephase bei 20 %, lediglich die Qualität ist auf ein Minimum von 10 Prozent abgesunken. Bild 5-50 zeigt den Verlauf der Wirkungsverhältnisse.

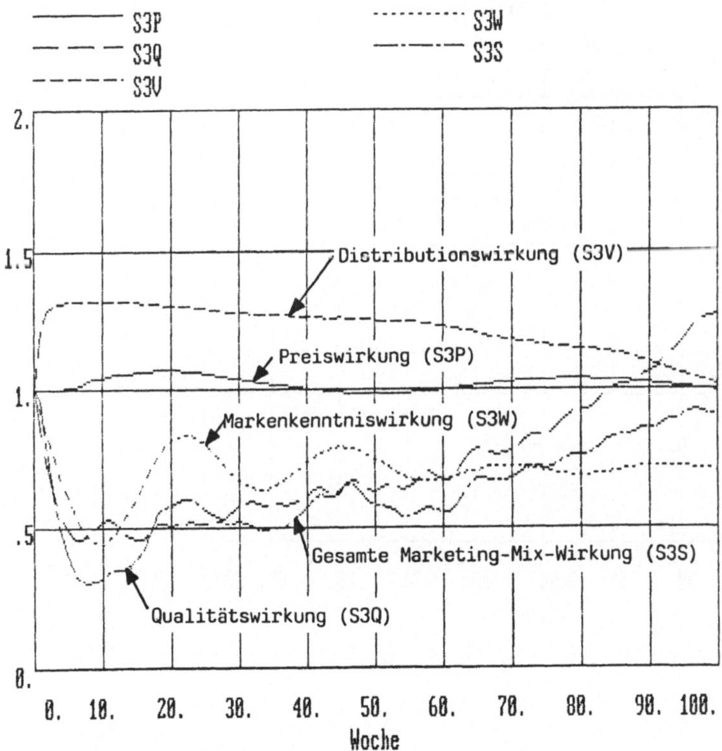

Bild 5-50 Verlauf der Wirkungsverhältnisse

Der Distributionsbereich (S3V) und der Preisbereich (S3P), die zu Anfang stark vernachlässigt wurden, steigen über eins und drücken somit das Gesamtverhältnis (S3S) zu Lasten des Unternehmens. Die Qualität (S3Q) und die Markenkenntnis (S3W) reagieren ebenfalls sofort auf die Konzentration des Werbebudgets auf jene beiden Bereiche, indem ihr Wirkungsverhältnis auf 0,5 (günstiger Bereich) zurückgeht. Mit dem absinkenden Qualitätsbudget und dem dafür steigenden Distributionsbudget tendieren beide Kurven wieder ihrem Gleichgewichtszustand (1) zu. Die Markenkenntnis behält aufgrund des ständig hohen Budgetanteils auch das günstige Wirkungsverhältnis. Der Preisbereich reagiert nur schwach auf Veränderungen seines Budgetanteils. Bild 5-51 zeigt das Verhalten von Absatzmenge (A), Absatzpreis (AP) und Differenzgewinn (DG).

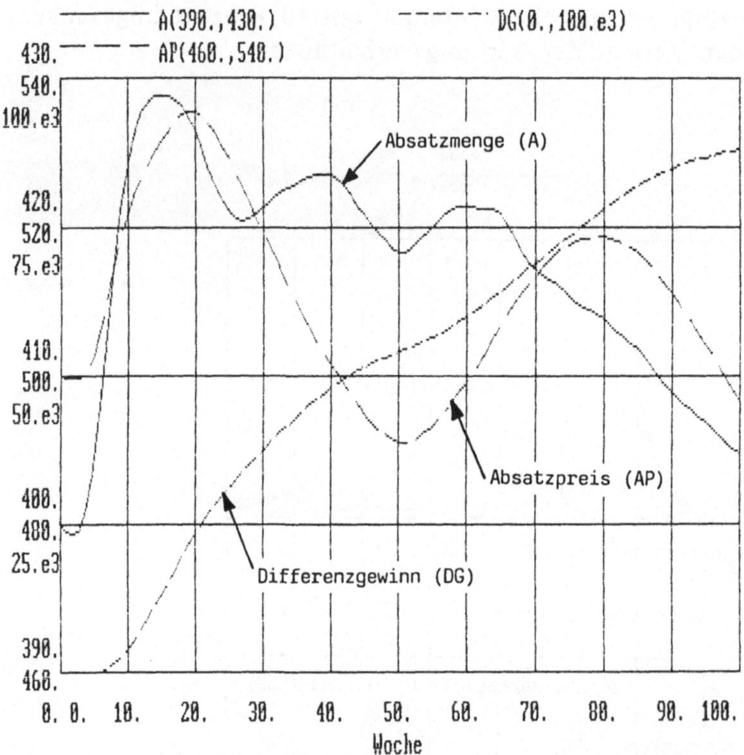

Bild 5-51 Absatzmenge A, Absatzpreis AP und Differenzgewinn DG

Die Absatzmenge steigt bis zur Woche 15 rasch auf 425 Einheiten/Woche an und fällt dann im restlichen Verlauf mit einigen kleinen Schwingungen wieder ab, die auf die Markenkenntnis zurückzuführen sind. Am Anfang konnte ebenfalls schnell ein hoher Absatzpreis erzielt werden, der jedoch durch das Absatzlager zwischen Woche 30 und 80 nach unten gedrückt wurde. Der zusätzliche Gewinn wächst in den ersten Wochen, in denen Absatzmenge und Absatzpreis hoch waren, schneller und ab der Woche 50 langsamer, aber stetig an.

5.3 Wechselkursabhängigkeiten

Für Unternehmen, die in fremde Länder exportieren und in Fremdwährung abrechnen, sind die Wechselkurse und ihre Veränderungen zum einen entscheidend für den Gewinn oder den Verlust eines Geschäftes und zum anderen ein wichtiger Wettbewerbsfaktor, der u. a. darüber entscheidet, ob ein Geschäft überhaupt zustande kommt. In diesem Abschnitt werden der Einfluß der Wechselkurse auf die Nachfrage des Auslands untersucht.

5.3.1 Struktur eines Ex- und Importlandes

Das Strukturdiagramm in Bild 5-52 zeigt die Zusammenhänge und die wichtigsten Parameter eines Landes, das sowohl exportiert als auch importiert. Im Modell werden die Auswirkungen von Wechselkursschwankungen für zwei Länder (Frankreich und USA) simuliert. In Tabelle 5-3 sind die Angebots- und Nachfragemengen des Gesamtmarktes bzw. des Unternehmens zusammengestellt, gegliedert nach Inland und den beiden Exportländern 1 und 2.

Tabelle 5-3 Angebots-, Nachfrage- und Absatzmenge für das Inland und zwei Exportländer

	Gesamtmarkt		Unternehmen
	Angebotsmenge	Nachfragemenge	Absatzmenge
Inland	4000	3500	280
Land 1	750	600	30
Land 2	250	900	90
Insgesamt	5000	5000	400

Bild 5-52 zeigt die Gesamtzusammenhänge, die im folgenden erklärt werden.

a) Gesamtauslandsmarkt am Beispiel eines Landes

Für das Land besteht eine vom Wechselkurs abhängige Nachfragemenge (MN1), die die Gesamtnachfragemenge (MN) beeinflußt und eine Angebotsmenge (MA1), die in die Gesamtangebotsmenge (MA) eingeht. Die Angebots- und Nachfragemengen des Inlands (MAI und MNI) werden mit einem Faktor angepaßt, der dem Inlandsanteil entspricht. Bisher wurde nicht zwischen Nachfrage- und Angebotsmengen im In- und

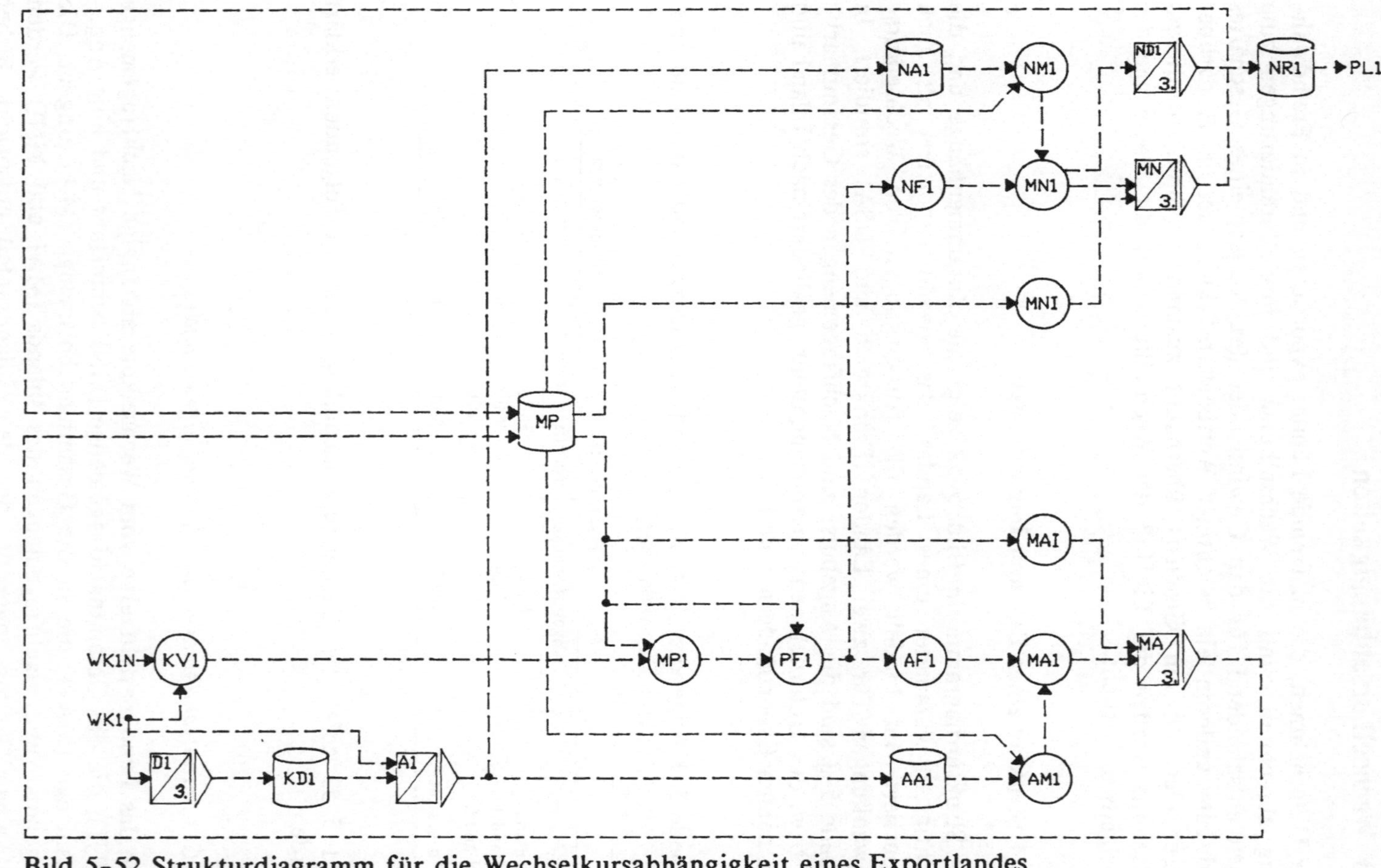

Bild 5-52 Strukturdiagramm für die Wechselkursabhängigkeit eines Exportlandes

Ausland unterschieden, sondern die gesamten Mengen betrachtet. Die vorläufige Nachfragemenge (NM1) ist vom Marktpreis (MP) und dem Marktnachfrageanteil (NA1) abhängig. Zur endgültigen Bestimmung der Marktnachfrage1 (MN1) wird das Verhältnis von Marktpreis (MP) und Marktpreis1 (MP1) berücksichtigt, das im Marktpreisverhältnis1 (PF1) zum Ausdruck kommt. Die Angebotsmenge besitzt dieselbe Abhängigkeit vom Wechselkurs wie die Nachfragemenge. Deshalb wird im folgenden nur die Auswirkungen auf die Nachfragemenge beschrieben. Nur wenn Unterschiede vorhanden sind, werden zusätzliche Erläuterungen gegeben.

b) Marktpreise

Der Marktpreis (MP) im eigenen Land ergibt sich wie üblich aus der Differenz zwischen der Gesamtangebotsmenge und der Gesamtnachfragemenge. Um den Marktpreis (MP1) des Auslandes zu erhalten, wird der Marktpreis (MP) mit dem Wechselkursverhältnis (KV1) multipliziert. Das Wechselkursverhältnis gibt Auskunft darüber, wie sich der momentane Wechselkurs (WK1) gegenüber dem festen Wechselkurs verhält. Dieser feste Wechselkurs kann frei bestimmt werden und ist üblicherweise der gleitende Mittelwert über 100 bzw. 200 Tage.

c) Marktnachfrageanteil und vorläufige Marktnachfragemenge (NM1)

Der Marktnachfrageanteil (NA1) ist vom momentanen Wechselkurs und einem Durchschnittswert des Wechselkurses der vergangenen 10 Wochen (D1) abhängig. Steigt der Wechselkurs (WK1) über diesen Durchschnittswert, bewirkt dies eine langsame Erhöhung des Wechselkursdurchschnittswertes (KD1). Der Wechselkursanpassungsfaktor1 (A1) enthält immer einen Bruchteil der Differenz aus dem momentanen Wechselkurs (WK1) und dem ermittelten Durchschnittswert. Der Wechselkursanpassungsfaktor1 (A1) enthält eine Verzögerungszeit von 10 Wochen und ist eine Informationsverzögerung dritter Ordnung, womit kurzfristige Schwankungen ausgeschlossen werden. Der Marktnachfrageanteil1 (NA1) ergibt sich dann durch Integration dieser Bruchteile über die Zeit.

Mit Hilfe des Marktpreises (MP) wird die Gesamtnachfrage des Landes ermittelt. Multipliziert mit dem Marktnachfrageanteil1 (NA1) ergibt sich die vorläufige Nachfragemenge des Landes 1 (NM1). Bei einem Wechselkursverfall unter den Durchschnittswert treten die entgegengestzten Auswirkungen ein. Für die Angebotsmenge (MA1) wird genauso verfahren, nur daß bei der Bildung des Marktangebotanteils1 (AA1) der negative Wert des Wechselkursanpassungsfaktors (A1) verwendet wird. Die Angebotsmenge (AM1) und die Nachfragemenge (NM1) ist also bis zu dieser Stelle von dem im Inland herrschenden Marktpreis und nicht von dem Marktpreis des Auslandes (MP1) abhängig.

d) Marktpreisverhältnis und endgültige Marktnachfrage im Land 1 (MN1)

In Bild 5-53 wird der Zusammenhang zwischen dem Marktpreisverhältnis (MPV1 entspricht PV1) und dem Marktnachfragefaktor (MNF1 entspricht NF1) gezeigt.

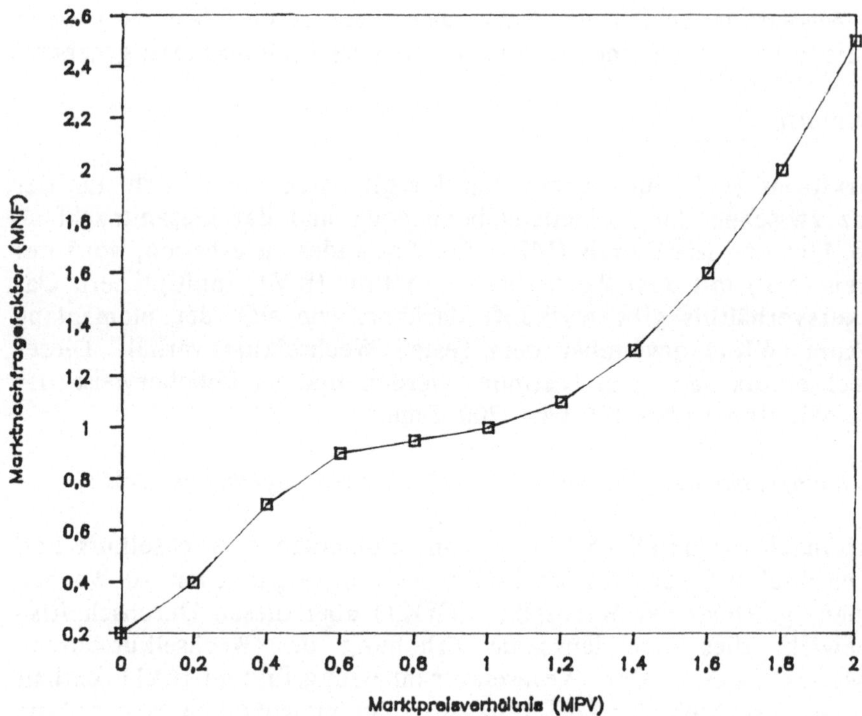

Bild 5-53 Marktnachfragefaktor in Abhängigkeit vom Marktpreisverhältnis

Nachdem durch den Einfluß des inländischen Marktpreises (MP) und des Wechselkursverhältnisses eine vorläufige Nachfragemenge (NM1) festgelegt wurde, bestimmt jetzt der direkte Vergleich zwischen Marktpreis (MP) und Marktpreis des Auslandes (MP1) die endgültige Nachfragemenge des Landes. Liegt der Marktpreis1 (MP1) über dem inländischen Marktpreis (MP) (d. h. das Marktpreisverhältnis ist: PF1 > 1), so ist es für die ausländischen Nachfrager günstiger, in Deutschland zu kaufen und für die deutschen Unternehmen ertragreicher zu exportieren, da sie im Ausland höhere Erlöse als im Inland erzielen können. Dies zeigt sich sehr deutlich an dem raschen Anstieg des Marktnachfragefaktors (MNF1), wenn das Marktpreisverhältnis (MPV) größer als eins wird (s. Bild 5-53). Fällt das Marktpreisverhältnis unter eins, so ist der Inlandspreis höher als der Marktpreis1. In diesem Fall wird weniger exportiert. Die ausländische Nachfrage geht bis auf einen minimalen Wert zurück, der die Güter beinhaltet, die das Ausland nur in Deutschland kaufen kann. Die Nachfragemenge (MN1), die das Produkt aus dem Marktnachfragefaktor1 (MNF1 entspricht NM1) und der vorläufigen Nachfragemenge1 (NM1) ist, geht dann in die Gesamtnachfragemenge (MN) ein und wirkt dadurch auf den Marktpreis (MP).

e) Absatzpreis Land 1

Der Absatzpreis des Landes1 (AP1) ist das Produkt einer Preisanpassung1 (PA1) und einem vorläufigen Absatzpreis1 (PL1). Unterste Grenze des Absatzpreises1 bilden die Herstellkosten pro Stück, die die Stückkosten (SK) umfassen und die Einflüsse aus dem Absatzlager (AP4), dem Marktanteil (AP5) und der Absatzmenge (AP6) berücksichtigen (s. Bild 5-54).

Der vorläufige Absatzpreis (PL1) setzt sich aus dem normalen Absatzpreis (AP) und einer Nachfrage-Land1-Regulierung (NR1) zusammen. Diese reagiert auf Veränderungen der Nachfrage aus Land 1 gegenüber dem

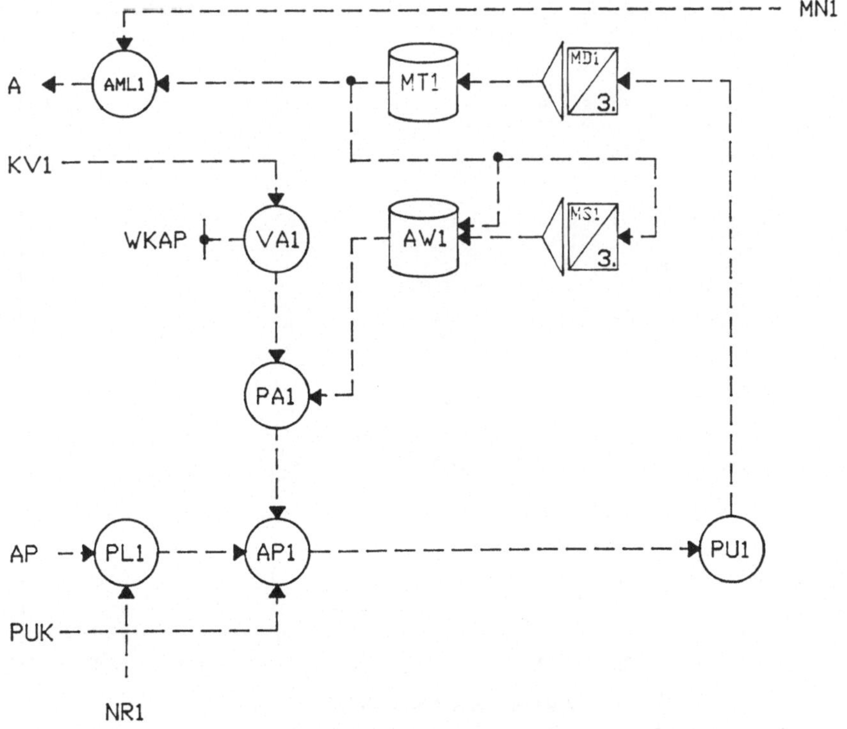

Bild 5-54 Strukturdiagramm zur Preisbildung in Land 1

Durchschnitt der vergangenen 4 Wochen. Wird der Anteil des Landes 1 geringer, reagiert das Unternehmen mit Preissenkungen. Bei steigender Nachfrage aus Land 1 wird dagegen der Preis erhöht. Durch diese Rückkopplung wird die Gesamtmenge kontrolliert. Die Rückkopplung des Marktanteils auf die Preisanpassung1 (PA1) wirkt sich dagegen auf das Verhältnis von Unternehmensabsatzmenge (AM1) zur Nachfragemenge des Landes 1 (MN1) aus.

Die Preisanpassung1 (PA1) berücksichtigt Markanteilsverschiebungen für Land 1 und die Auswirkungen der Wechselkursschwankungen. Das Wechselkursverhältnis 1 (WKV1 entspricht KV1) zeigt, wie in Bild 5-55 dargestellt, einen nicht linearen Zusammenhang (WKVT), der auf die Preisanpassung 1 (WKVT entspricht PA1) einwirkt. Der Faktor WKAP bestimmt, mit welcher Intensität das Unternehmen mit Preisanpassungen auf Wechselkursschwankungen reagiert.

Dieser Zusammenhang zeigt, daß bei normalem Wechselkurs (WK=WKN; WKV=1) das Unternehmen keine Preisanpassungen aufgrund des Wechselkursverhältnis vornehmen muß. Fällt jedoch der Wechselkurs unter

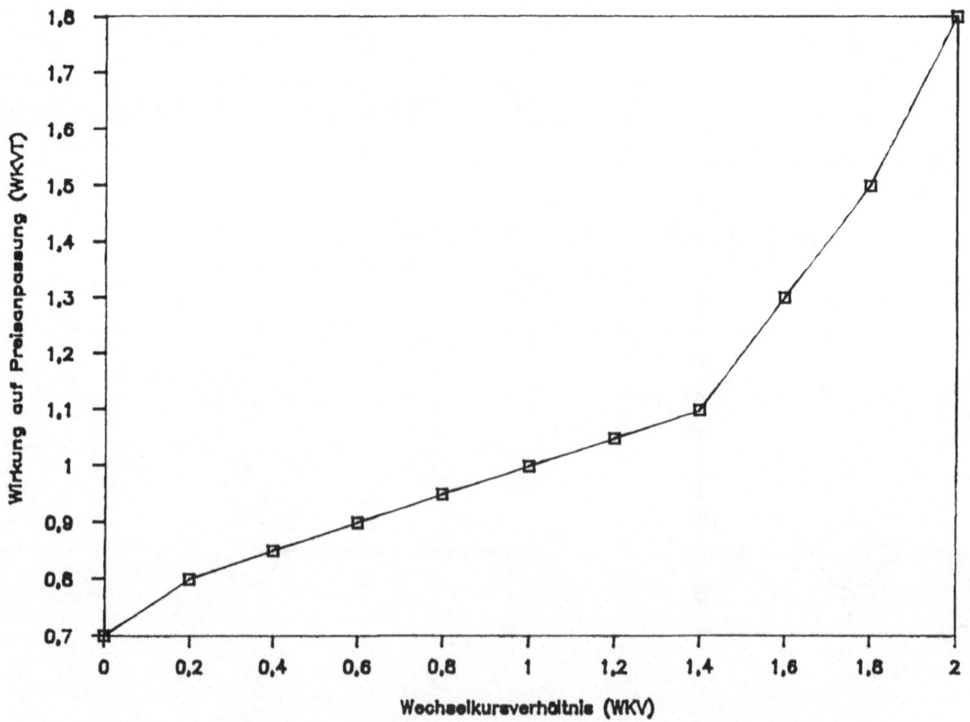

Bild 5-55 Wirkung des Wechselkursverhältnisses auf die Preisanpassung

einen bestimmten Wert, dann verursacht das leichte Preissenkungen. Ist das Wechselkursverhältnis kleiner als eins (WKV < 1), dann nimmt die Kurve annähernd linear mit einer Steigung von -0,25 ab. Bei größeren Steigungen wären schnellere Preisreduzierungen die Folge, so daß das Unternehmen schnell an die Preisuntergrenze (Herstellkosten) gelangt, so daß der Gewinnanteil immer geringer wird. Besteht ein günstiges Wechselkursverhältnis (WKV > 1), wird das Unternehmen versuchen, die Preise zu erhöhen, um dadurch mehr Gewinn erzielen zu können.

f) Marktanteil und Absatzmenge 1

Der Marktanteil MT1 des Unternehmens an der Exportmenge in Land 1 ergibt sich aus der Differenz zwischen Marktpreis1 (MP1) und Absatzpreis Land1 (APL1). Da in einem Exportmarkt im Vergleich zum Inlandsmarkt unterschiedliche Wirkungen bei Werbe-, Distributions- und Qualitätsmaßnahmen entstehen können, wird die Marktanteilsverteilung nur auf das Preisverhältnis zurückgeführt. Der Preisunterschied Land1 ergibt über einen nicht linearen Zusammenhang den Marktanteil (MANT1 entspricht MT1) (s. Bild 5-56). Er bestimmt zusammen mit der Marktnachfrage 1 (MN1) die Absatzmenge (AML1) des Unternehmens für das jeweilige Land.

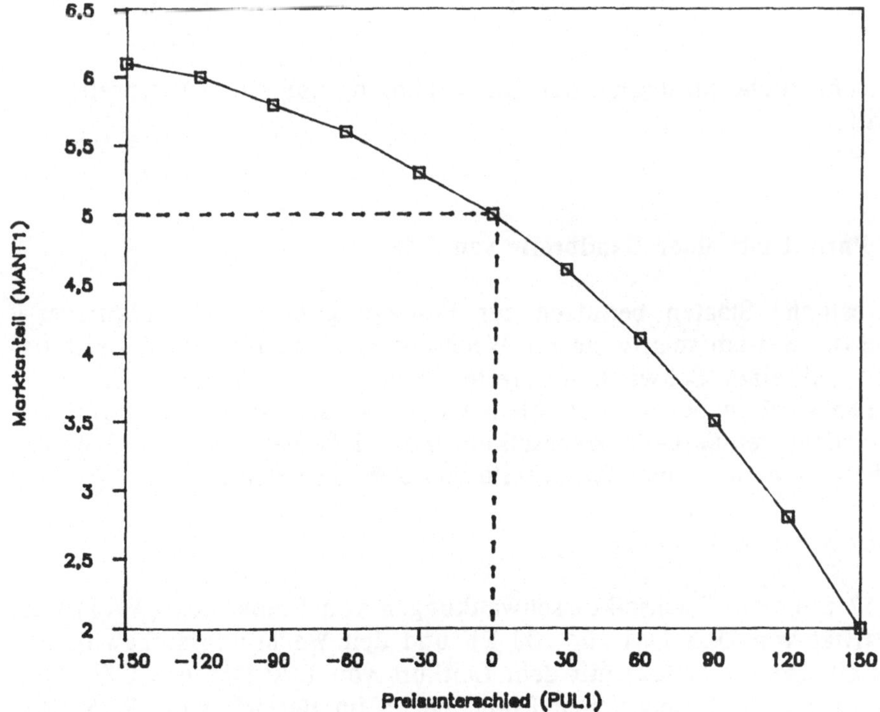

Bild 5-56 Marktanteil in Abhängigkeit des Preisunterschieds

Die Änderung des Marktanteils aufgrund von Unterschieden im Angebotspreis hat denselben Verlauf wie Bild 5-4. Bei Preisvorteilen des Unternehmens gegüber dem Marktpreis steigt der Marktanteil wegen der Präferenzen der Marktteilnehmer nur langsam an. Bei ungüsntigen Preisbedingungen fällt der Marktanteil relativ schnell ab. Bei gleichen Preisen (Preisunterschied gleich Null) besitzt das Unternehmen im Land 1 einen Marktanteil von 5 % (s. Bild 5-56). Dies ergibt bei einer Marktnachfrage des Landes 1 von 600 Einheiten/Woche eine Absatzmenge von 30 Einheiten/Woche.

5.3.2 Analyse der Wechselkursabhängigkeiten

Zur Analyse der Wechselkursabhängigkeiten werden wieder verschiedenartige Störungen auf das Modell gegeben und beobachtet, wie sich das System unter diesen Bedingungen verhält. Im folgenden werden folgende drei Arten von Störungen oder externe Einflüsse untersucht:

- Schwankungen der Wechselkurse um einen Mittelwert (Parität) innerhalb einer Bandbreite von 5 % ;
- Einfluß der tatsächlichen Wechselkursverläufe der vergangenen zwei Jahre;
- unterschiedliche Strategien der Unternehmung auf einen Wechselkursverfall

5.3.2.1 Parität mit einer Bandbreite von 5 %

Viele westliche Staaten benutzen zur Festlegung ihrer Wechselkursverhältnisse das System relativ starrer Wechselkurse, das auf einem Leitkurs (Parität) und einer Schwankungsbreite (Bandbreite) aufgebaut ist. Beispielsweise wird in der Europäischen Gemeinschaft ein Leitkurs festgelegt, von dem der aktuelle Wechselkurs um 2,5 % nach oben und unten abweichen kann, was einer Bandbreite von 5 % entspricht.

a) Wechselkursschwankungen

Bild 5-57 zeigt die Wechselkursschwankungen von Frankreich (WK1) mit einer Parität von 29,5 DM für 100 FF und den Wechselkursschawnkungen des US-Dollars (WK2) mit dem Leitkurs von 1,70 DM pro US$. Die Schwankungen des Französichen Franc liegen im Bereich von 28,75 DM bis 30 DM und die des Dollars zwischen 1,67 DM und 1,75 DM.

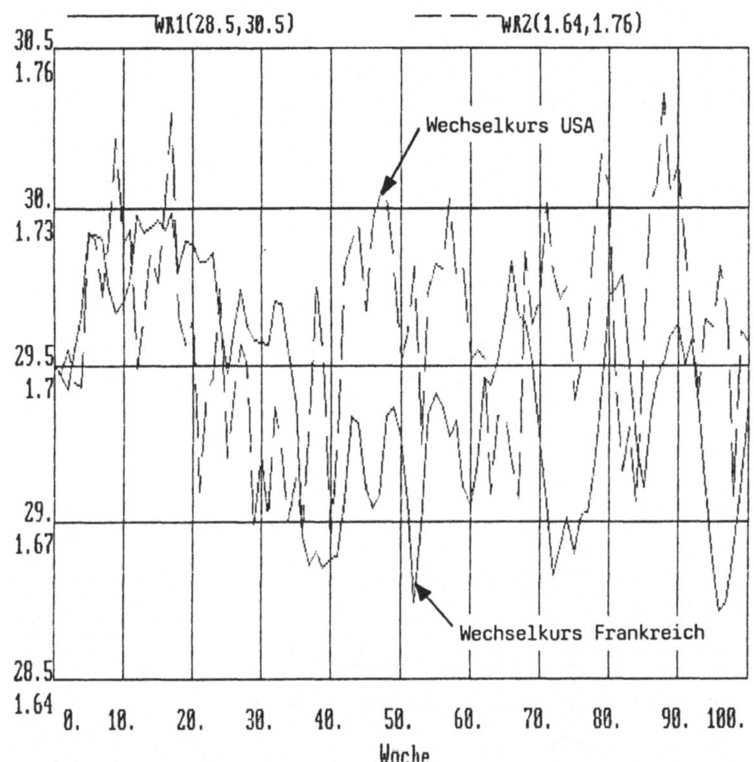

Bild 5-57 Wechselkursschwankungen des FF und des US$ um den Leitkurs

b) Gesamtnachfrage- und Gesamtangebotsmenge

Bild 5-58 zeigt die die Auswirkungen der Wechselkursschwankungen auf die Gesamtnachfrage- und -angebotsmenge (MN und MA) sowie auf den Marktpreis (MP).

Die Nachfragemenge (MN) läßt in der Woche 20 und 30 leichte Spitzenwerte erkennen, die auf die gleichartigen Schwankungen des Dollars zurückzuführen sind. Der zu dieser Zeit ebenfalls steigende Französiche Franc und damit der Anstieg der Nachfragemenge aus Frankreich (+10 Einheiten/Woche) gleicht die verminderte Inlandsnachfrage (-10 Einheiten/Woche) aus, die wegen des steigenden Marktpreises abgenommen hat. Der Marktpreis hat sich wegen des Nachfrageüberhangs zwischen der Woche 10 und 50 um 10 DM/Einheit erhöht. Die Gesamtangebotsmenge (MA) wird in den ersten fünfzig Wochen durch den Rückgang der französischen Angebotsmenge (MA1) (-13 Einheiten/Woche) bestimmt, während die Inlandsangebotsmenge (MAI) maximal um 9 Einheiten/Woche und die Angebotsmenge der USA nur um 2 Einheiten/Woche ansteigt.

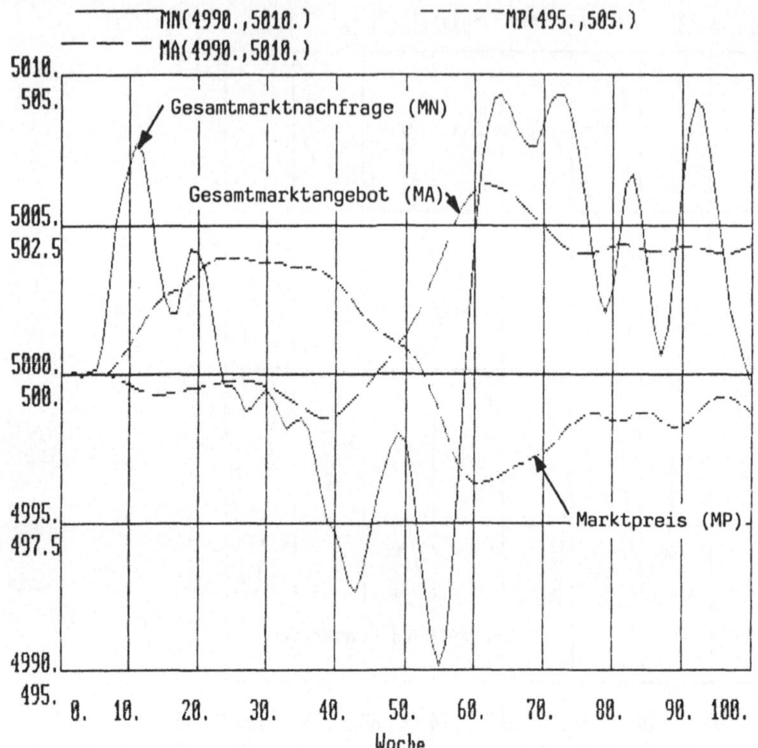

Bild 5-58 Gesamtnachfrage-, Gesamtangebotsmenge und Marktpreis bei Wechselkursschwankungen

Die Summe dieser Angebotsmengenentwicklungen ergibt den leichten Rückgang der Gesamtangebotsmenge (MA) bis zur Woche 43.

Durch den plötzlichen Rückgang des Französichen Franc in der Woche 33, der einen Rückgang der französichen Nachfragemenge zur Folge hatte, fiel auch die Gesamtnachfragemenge auf 4993 Einheiten/Woche. Da nun die Gesamtangebotsmenge größer als die Gesamtnachfragemenge ist, fällt auch der Marktpreis (MP) rasch ab und erzeugt dadurch einen Anstieg der Inlandsnachfrage, der sich in der wieder steigenden Gesamtnachfragemenge äußert. Die Schwankungen der Gesamtnachfrage (MN) um 5 005 Einheiten/Woche sind auf die amerikanische Nachfrage zurückzuführen. Die Gesamtangebotsmenge (MA) wird durch die französiche Angebotsmenge ab Woche 60 erhöht. Deshalb steigt der Marktpreis trotz relativ hoher Nachfrage nur langsam an.

c) Absatzpreise des Unternehmens

In Bild 5-59 sind die Absatzpreise des Inlandes (AP) für Frankreich (APL1) und für die USA (APL2) zu erkennen.

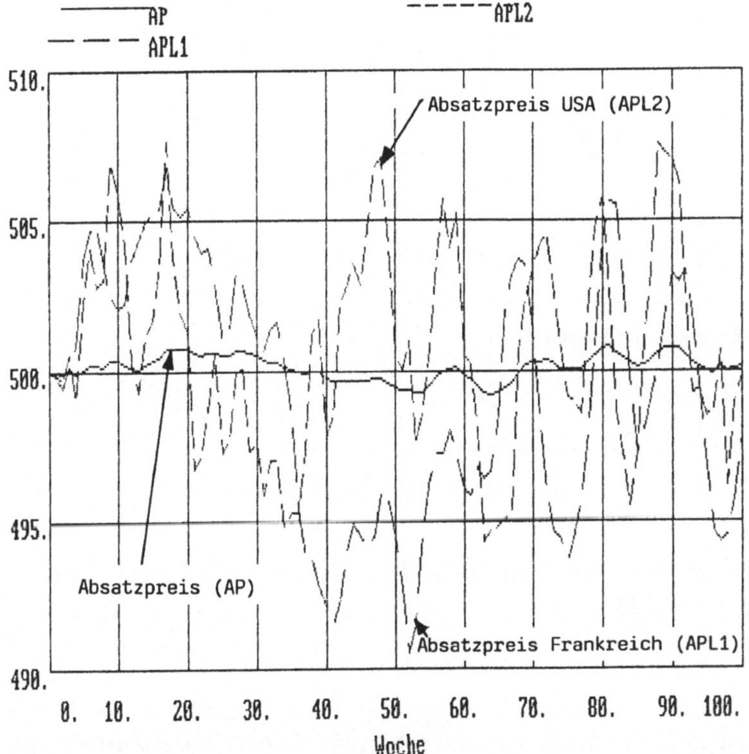

Bild 5-59 Absatzpreise des Inlandes, Frankreichs und der USA

Der Inlandsbereich wird durch die Wechselkursschwankungen kaum berührt, was sich in der minimalen Schwankung des Absatzpreises (AP) zeigt. Die Preise im Ausland sind hauptsächlich durch die Wechselkursschwankungen bestimmt, die annähernd dieselben Kurvenverläufe erkennen lassen (s. Bild 5-57).

d) Auftragsmengen

Bild 5-60 zeigt die Schwankungen der Auftragsmengen im Inland, für Frankreich und die USA.

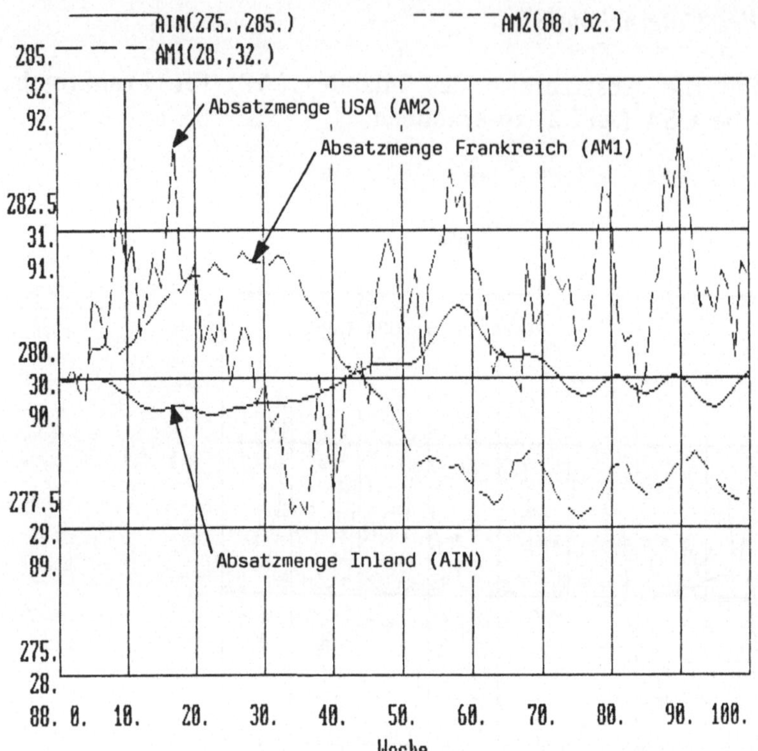

Bild 5-60 Auftragsmengen des Inlandes (AIN), Frankreichs (AM1) und der USA (AM2)

Genauso wie der Inlandsabsatzpreis zeigt die Inlandsabsatzmenge keine großen Reaktionen auf das Wechselkursverhältnis. Die Absatzmengen für Frankreich (AM1) und für die USA (AM2) bewegen sich in derselben Bandbreite wie die Wechselkursverhältnisse. Dies entspricht auch den Gesamtmengenschwankungen (MN1 und MN2) der Länder, da die Marktanteile annähernd konstant geblieben sind. Insgesamt kann man sagen, daß bei Wechselkursschwankungen innerhalb einer festgelegten Bandbreite nur geringfügige Schwankungen der Angebots- und Nachfragemengen zu erwarten sind, und somit der Wechselkurs zu einer kalkulierbaren Größe wird.

5.3.2.2 Tatsächliche Wechselkursverläufe der letzten 2 Jahre

Um zu testen, ob sich das Modell relitätstreu verhält, können tatsächliche Zahlen und Werte der Vergangenheit in das Modell aufgenommen und das Modell überprüft werden. Der folgende Versuch soll dies beispielhaft zeigen.

a) Wechselkurse

Bild 5-61 zeigt den Wechselkursverlauf des Französischen Franc (WK1) und den des amerikanischen Dollars (WK2).

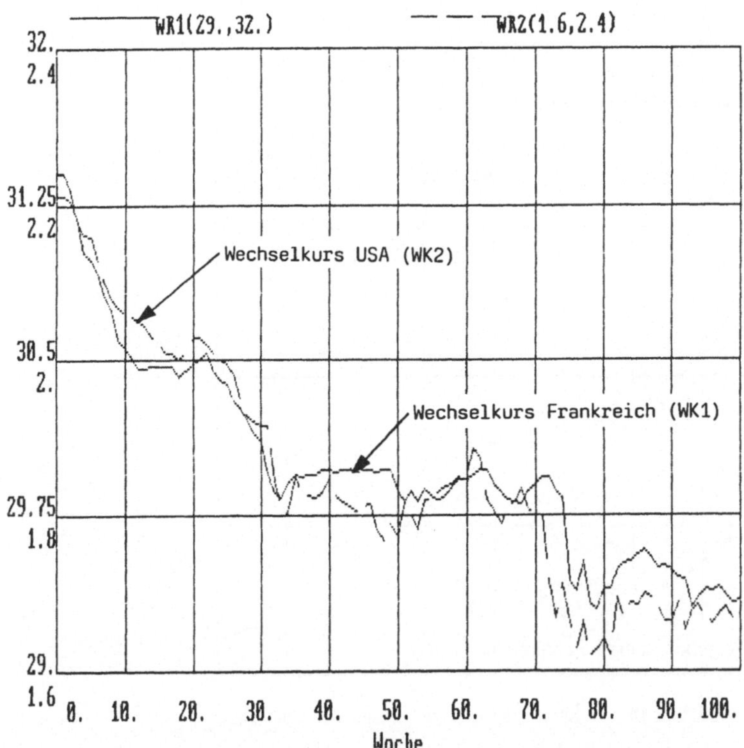

Bild 5-61 Verlauf der Wechselkurse (FF und US$)

Der Französische Franc (FF) fiel von 31,25 DM für 100 FF (Juni 1986) auf ungefähr 29,30 DM (Mai 1988), was einen Kursverfall von 6 % gleichkommt. Ein halbes Jahr später liegt der Währungsverlust bereits bei 10%. Da die Bandbreite aber nur eine Abweichung von 2,5% in eine Richtung zuläßt, müssen in der Praxis immer wieder Neuanpassungen (Realignments) durchgeführt werden. Der US-$ geht von 2,20 DM auf 1,60 DM zurück, und erreicht damit einen Wechselkursverfall um 27 %.

b) Angebots- und Nachfragemengen des Auslandes

In Bild 5-62 ist der Verlauf der Angebots- und Nachfragemengen zu sehen.

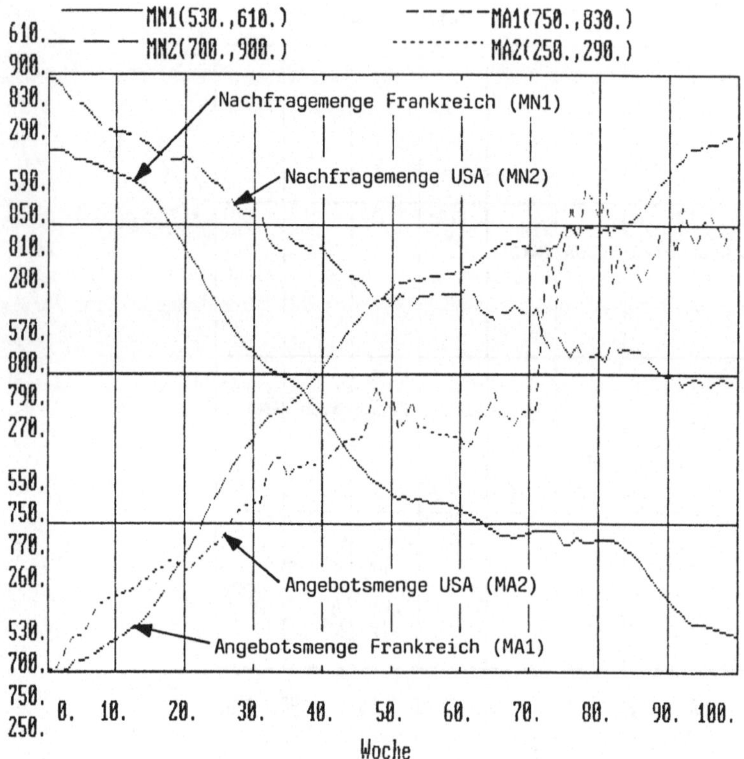

Bild 5-62 Verlauf der Angebots- und Nachfragemengen

Es ist deutlich erkennbar, daß mit der Stärkung der DM ein klarer Rückgang der Nachfragemengen aus dem Ausland verbunden ist. Die Nachfrage aus Frankreich (MN1) ging von 600 Einheiten/Woche auf 535 Einheiten/Woche zurück und dies bedeutet eine Abnahme der Nachfragemengen um 10 %. Die amerikanische Nachfrage (MN2) vermindert sich im Modell von 900 Einheiten/Woche auf 800 Einheiten/Woche. Dies bedeutet trotz 27%-igem Wechselkursverfall lediglich einen Nachfrageausfall von 10 %. Das Verhältnis von Wechselkursverfall zur Abnahme der Nachfragenmengen wird durch den Wechselkursanpassungsparameter bei der Berechnung des Wechselkursanpassungsfaktors (z. B. A1) festgelegt und muß für jede Branche gesondert ermittelt werden.

Die Angebotsmengen der Länder steigen während des Simulationslaufes stetig an. Die Angebotsmenge aus Frankreich französische Menge steigt von 750 auf 820 Einheiten/Woche und die amerikanische von 250 auf 280 Einheiten/Woche. Würden die Inlandsnachfrage- und -angebotsmengen konstant bleiben, wäre ein Angebotüberhang nicht zu vermeiden.

c) Gesamtnachfrage- und -angebotsmenge

Der Verlauf der Nachfrage- und Angebotsmengen im Gesamt- und im Inlandsmarkt sowie der Marktpreisverlauf ist in Bild 5-63 dargestellt.

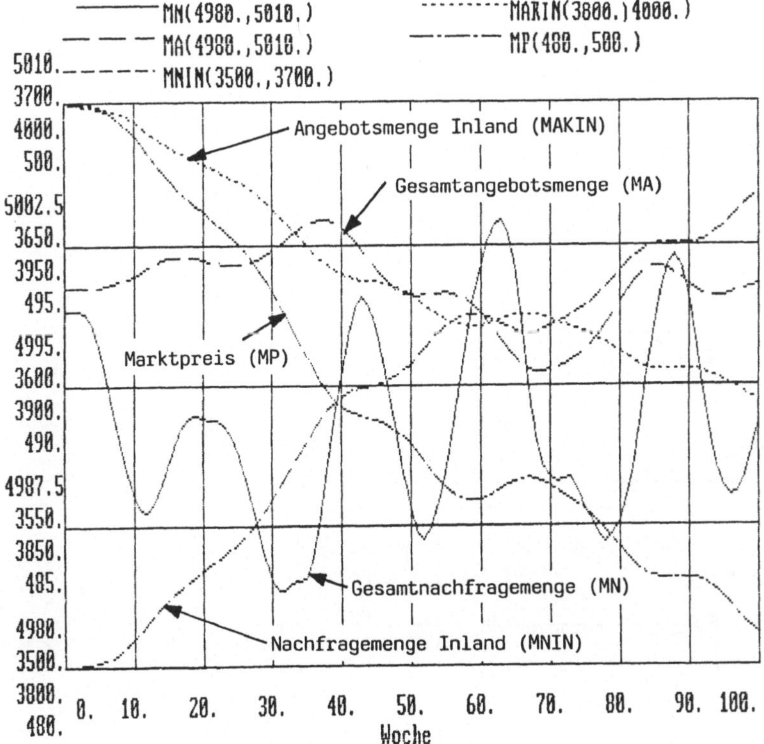

Bild 5-63 Verlauf der Nachfrage- und Angebotsmengen (MN und MA) für den Gesamtmarkt und das Inland (MNIN und MAKIN) sowie der Marktpreisverlauf (MP)

Die Gesamtnachfragemenge (MN) und die Gesamtangebotsmenge (MA) zeigen nur geringe Schwankungen um den Gleichgewichtszustand und keine entscheidenden poitiven oder negativen Trends. Wenn man aber zusätzlich die Auslandsentwicklungen berücksichtigt, erkennt man, daß die Nachfrageschwäche aus dem Ausland durch eine verstärkte Inlandsnachfrage annähernd ausgeglichen werden konnte. Dies kann folgendermaßen erklärt werden. Durch das vom Ausland verursachte Überangebot sinkt der Marktpreis von 500 DM/Einheit auf 480 DM/Einheit ab und erzeugt dadurch eine erhöhte Inlandsnachfrage, die von 3500 auf 3650 Einheiten/Woche ansteigt und damit die verminderte Nachfrage des Auslandes fast völlig kompensiert.

d) Absatzpreise

Bild 5-64 zeigt den Verlauf der Absatzpreise (AP, APL1 und APL2) sowie der Herstellungskosten (HK) und der Vertriebs- und Verwaltungskosten (DTKS).

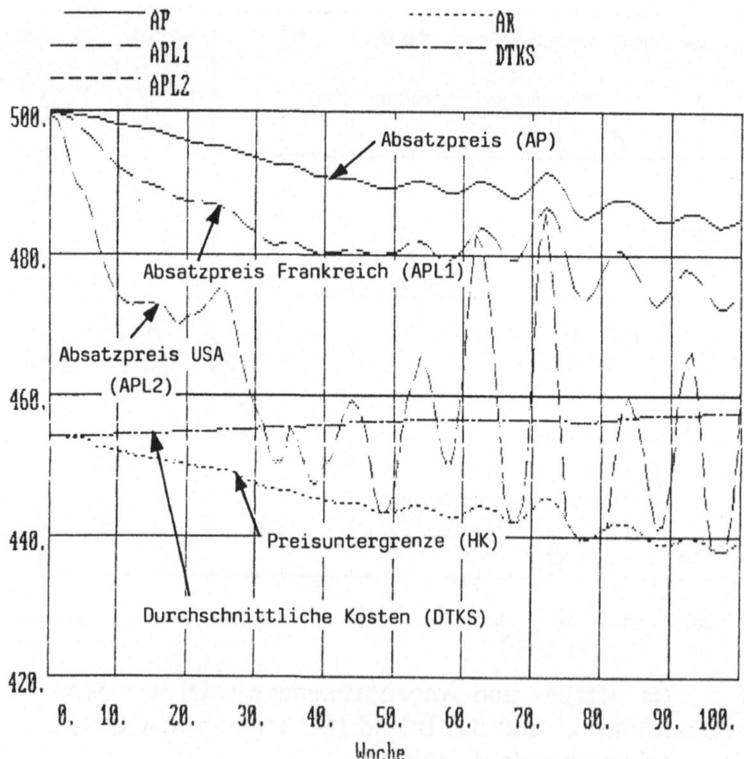

Bild 5-64 Verlauf der Absatzpreise, der Herstellungs-, Vertriebs- und Verwaltungskosten

Die Absatzpreise werden von den Entwicklungen des Marktpreises und des Wechselkursverfalles beeinflußt. Der Inlandsabsatzpreis (AP) sinkt von 500 auf 485 DM/Einheit und reagiert ähnlich wie der Marktpreis (MP). Die Auslandspreise sinken wegen des sinkenden Wechselkurses noch schneller. Der Absatzpreis von Frankreich (APL1) sinkt auf 475 DM/Einheit ab und der Preis (APL2) auf dem amerikanischen Markt auf 440 DM/Einheit. Dieser Preis würde noch stärker absinken, wenn nicht als Preisuntergrenze die Herstellkosten (HK) angesetzt wären. Die Herstellkosten pro Stück vermindern sich hier bei ebenfalls reduzierter Produktionsmenge, da das wachsende Absatzlager die Preisuntergrenze nach unten drückt. Würde man nur die Produktions- und Verwaltungskosten (DTKS) betrachten, würde die Preisuntergrenze ansteigen.

e) Absatzmengen

Den Verlauf für die Absatzmengen zeigt Bild 5-65.

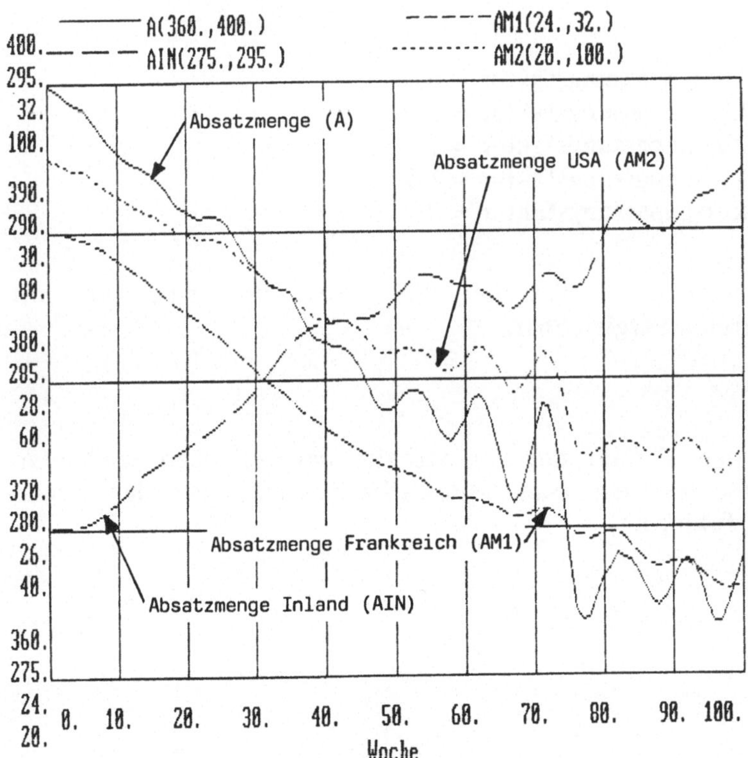

Bild 5-65 Verlauf der Absatzmengen

Die Absatzmenge (A) des Unternehmens geht um ca 10 % auf 360 Einheiten/Woche zurück. Der wachsende Inlandsanteil kann den Verlust des Auslandsgeschäfts nicht wie auf dem Gesamtmarkt ausgleichen. Die Absatzmenge des Unternehmens für die USA fällt um 50%, da dem Unternehmen durch die Preisuntergrenze der Herstellkosten nicht dieselbe Preisreduzierung möglich ist wie den anderen Unternehmen, die den Preis auf dem amerikanischen Markt auf 280 DM/Einheit gedrückt haben. Diese beiden für das Unternehmen schlechten Tendenzen sind für das rapide Absinken der Absatzmengen des Unternehmens verantwortlich.

5.3.2.3 Unterschiedliche Reaktionsmöglichkeiten auf Wechselkursschwankungen

In diesem Abschnitt werden die Auswirkungen unterschiedlicher Reaktionsmöglichkeiten simuliert. Es wird ein langsamer, aber gleichmäßiger Verfall der Wechselkurse angenommen und dann der Wechselkursanpassungsfaktor des Unternehmens variiert. Folgende Fälle werden untersucht:

- E01 Wechselkursanpassungsfaktor = 0,1
- E05 Wechselkursanpassungsfaktor = 0,5
- E1 Wechselkursanpassungsfaktor = 1
- E15 Wechselkursanpassungsfaktor = 1,5
- E2 Wechselkursanpassungsfaktor = 2

Die Ergebnisse werden nur für die USA beschrieben, sind aber mit denen von Frankreich vergleichbar.

a) Absatzpreis USA

Bild 5-66 zeigt den Verlauf der Absatzpreise bei den oben erwähnten Parametern für die Wechselkursanpassung (die Zusätze geben den Wechselkursanpassungsfaktor an).

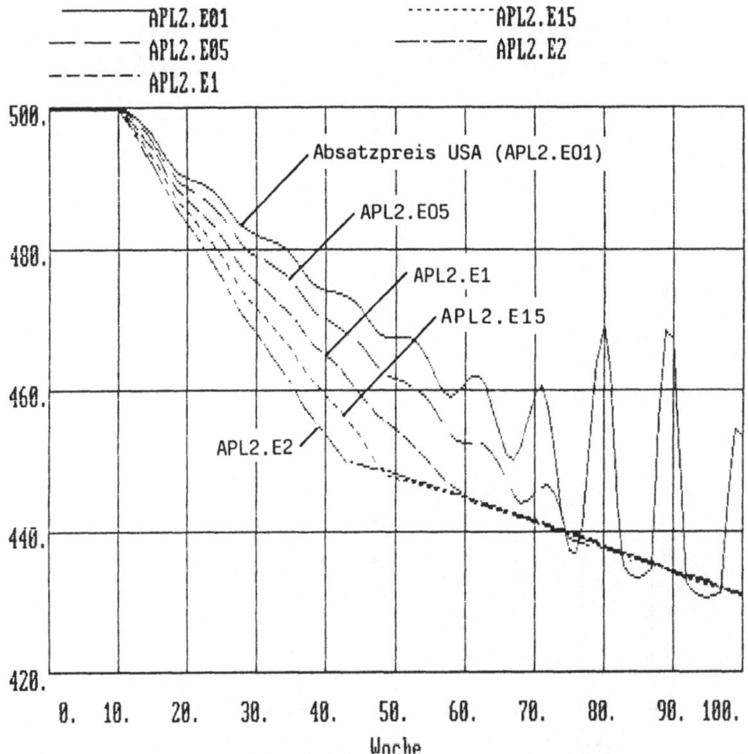

Bild 5-66 Verlauf der Absatzpreise bei verschiedenen Parametern für die Wechselkursanpassung

Wie erwartet fällt beim kleinsten Wechselkursanpassungsparameter der Absatzpreis (APL2.E01) auch am wenigsten schnell. Die schnell absinkenden Absatzpreiskurven bei größeren Anpassungsparametern erreichen dementsprechend schneller die Herstellkosten als Preisuntergrenze und gleichen sich diesen im restlichen Verlauf an. Bei den kleinen Anpassungsfaktoren ist auffällig, daß sie zum Schwingen neigen, besonders bei der Kurve APL2.E01. Dies ist auf die Rückkopplung der Marktanteile auf die Preisanpassung (PA2) zurückzuführen.

b) Absatzmenge der Unternehmung für die USA

Bild 5-67 zeigt den zeitlichen Verlauf der Absatzmengen auf dem amerikanischen Markt bei den unterschiedlichen Anpassungsparametern.

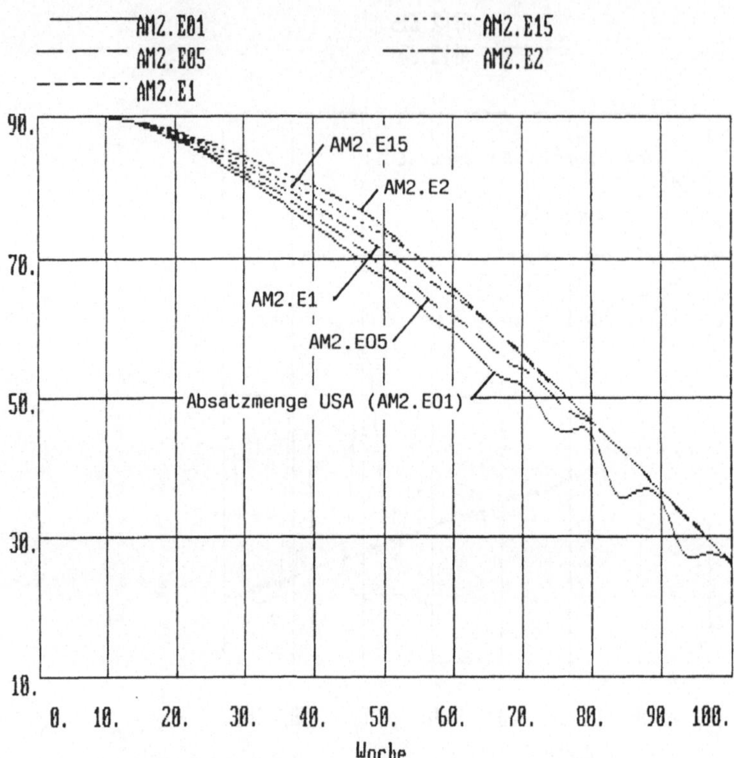

Bild 5-67 Verlauf der Absatzmengen in den USA bei unterschiedlichen Anpassungsparametern

Entsprechend den höheren Absatzpreisen für die kleinen Anpassungsfaktoren sind die Exportmengen nach Amerika geringer. Der Unterschied zwischen den Kurven wird nur langsam größer, ist ungefähr in der Woche 40 am größten und nimmt danach wieder ab. Der Grund für die spätere Angleichung der verschieden Kurven liegt darin, daß als Preisuntergrenze die Herstellkosten gewählt wurden. Der dadurch entstandene einheitliche Preis bringt am Ende der Simulationsdauer gleiche Absatzmengen mit sich. Das Schwingen der Absatzmenge von Kurve E01 ist wie bei den Absatzpreisen (s. Bild 5-66) zu erkennen. Es muß genauer untersucht werden, ob es gewinnbringender ist, den Absatzpreis zu verringern und damit die Absatzmenge zu erhöhen oder den Absatzpreis zu erhöhen und dafür geringere Absatzmengen in Kauf zu nehmen.

c) Gewinn im USA-Geschäft

Der Verlauf des Gesamtgewinns in den USA ist für die verschiedenen Anpassungsparameter in Bild 5-68 dargestellt.

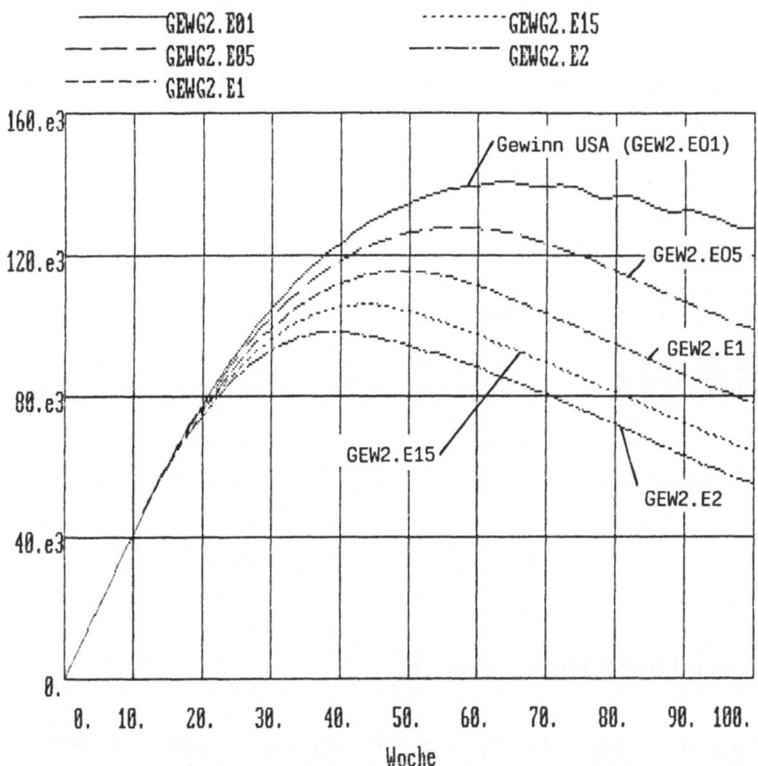

Bild 5-68 Verlauf des Gesamtgewinns in den USA bei unterschiedlichen Anpassungsparametern

Aus Bild 5-68 ist zu erkennen, daß bis zur Woche 20 die Gewinnkurven gleich ansteigen und daß der kleinste Anpassungsfaktor den höchsten Gewinn erzielt und diesen im wesentlichen beibehält. Bei den anderen Kurven ist deutlich zu erkennen, daß ab Woche 40 der Absatzpreis die Kosten nicht mehr decken kann und darum die Gesamtgewinnkurve wieder abfällt. Diese Gewinnverminderung, die durch die Einführung einer Preisuntergrenze vermieden werden sollte, kommt durch den Einfluß des Absatzlagers, des Marktanteils und der Absatzmenge auf die Herstellkosten als Preisuntergrenze zustande.

Die verschiedenen Anpassungsparameter hatten keine unterschiedlichen Entwicklungen im Inland zur Folge. Deshalb wird auf eine Darstellung und Erläuterung der einzelnen Ergebnisse verzichtet.

6 Gesamtmodell einer Unternehmung

6.1 Bereiche

Die einzelnen Unternehmensbereiche sind in Bild 6-1 schematisch dargestellt.

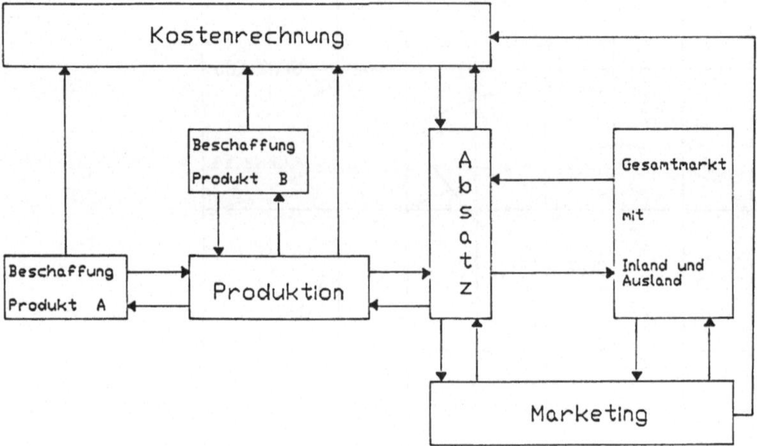

Bild 6-1 Schema der Unternehmensbereiche

In der *Beschaffung* wird Material für zwei Typen von Gütern (A und B) eingekauft. Sie unterscheiden sich in der Beschaffungsart. Für Produkt A wird nach dem Bestellpunktverfahren und für das Produkt B nach dem Drei-Behälter-System disponiert. Die *Produktion* ist nach Werkstätten organisiert. Der *Absatzbereich* besteht aus dem Gesamtmarkt mit inländischer und ausländischer Nachfrage- und Angebotsmenge (s. Kapitel 5, Bild 5-1, 5-52 und 5-53), den Zusammenhängen zur Berechnung der Absatzmenge, des Marktanteils und des Absatzpreises des Unternehmens (s. Bild 5-3) und den Marketing-Mix-Aktivitäten der Unternehmung (Bild 5-19). Als übergeordneter Bereich für alle Unternehmensfunktionen ist die *Kostenrechnung* anzusehen, wie dies in Bild 6-1 zum Ausdruck kommt. Sie spielt in der Beschaffung durch die Einkaufskosten, in der Produktion durch die Herstellkosten und im Absatz durch die Kalkulation von Absatzpreisen ein Rolle. In diesem Bereich wurde sie bereits in Kapitel 5 zur Bestimmung der Preisuntergrenzen (= Herstellkosten) herangezogen. Mit Ausnahme der Kostenrechnung wurden die genannten einzelnen Bereiche bereits in früheren Kapiteln vorgestellt, so daß wir uns bei der Beschreibung auf deren Besonderheiten beschränken können.

6.1.1 Beschaffung für Produkt A

Beim Produkt A handelt es sich um ein hochwertiges Teil (A-Teil), das am Lager vorrätig sein muß. Um dieses Teil möglichst geringe Zeit lagern zu müssen und für die Produktion dennoch verfügbar zu halten, wurde der Einkauf nach dem Bestellpunktverfahren organisiert, dessen Strukturdiagramm Bild 6-2 darstellt.

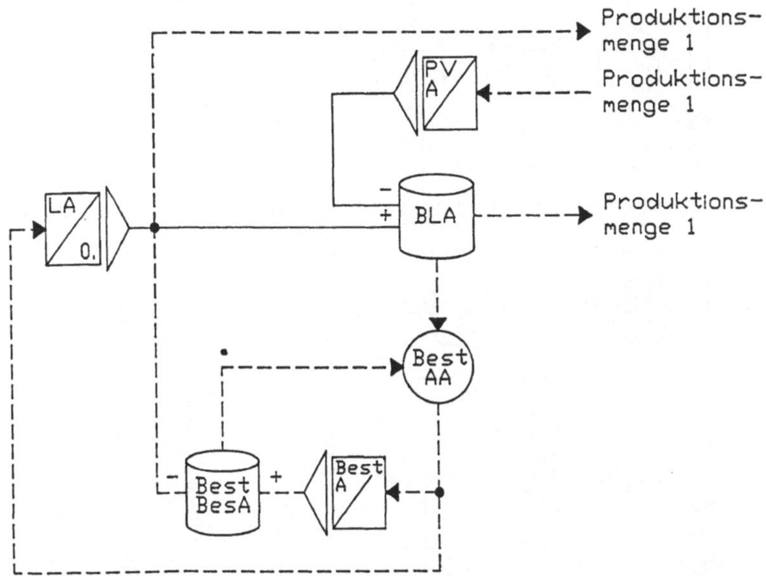

Bild 6-2 Strukturdiagramm für das Bestellpunktverfahren

Das Bestellpunktverfahren wurde bereits in Abschnitt 3.2 ausführlich erläutert, so daß wir hier nur die Modellfestlegungen schildern. Vom Zeitpunkt der Bestellauslösung bis zum Eintreffen der Lieferung wird eine Verzögerung von 2 Wochen angenommen. Bei einer durchschnittlichen Produktionsmenge von 400 Einheiten/Woche beträgt der Sicherheitsbestand 800 Einheiten und der Meldebestand 1 600 (sofern keine Bestellungen vorliegen).

6.1.2 Beschaffung für Produkt B

Das Material für das Produkt B ist nur zu 20 Prozent an den Herstellkosten beteiligt. Es handelt sich also um ein B-Teil, das nach dem Verfahren des Drei-Behälter-Systems beschafft wird (s. ausführliche Erklärungen in Abschn. 3.2.3, Bild 3-14). Bild 6-3 zeigt das Strukturdiagramm des Drei-Behälter-Systems.

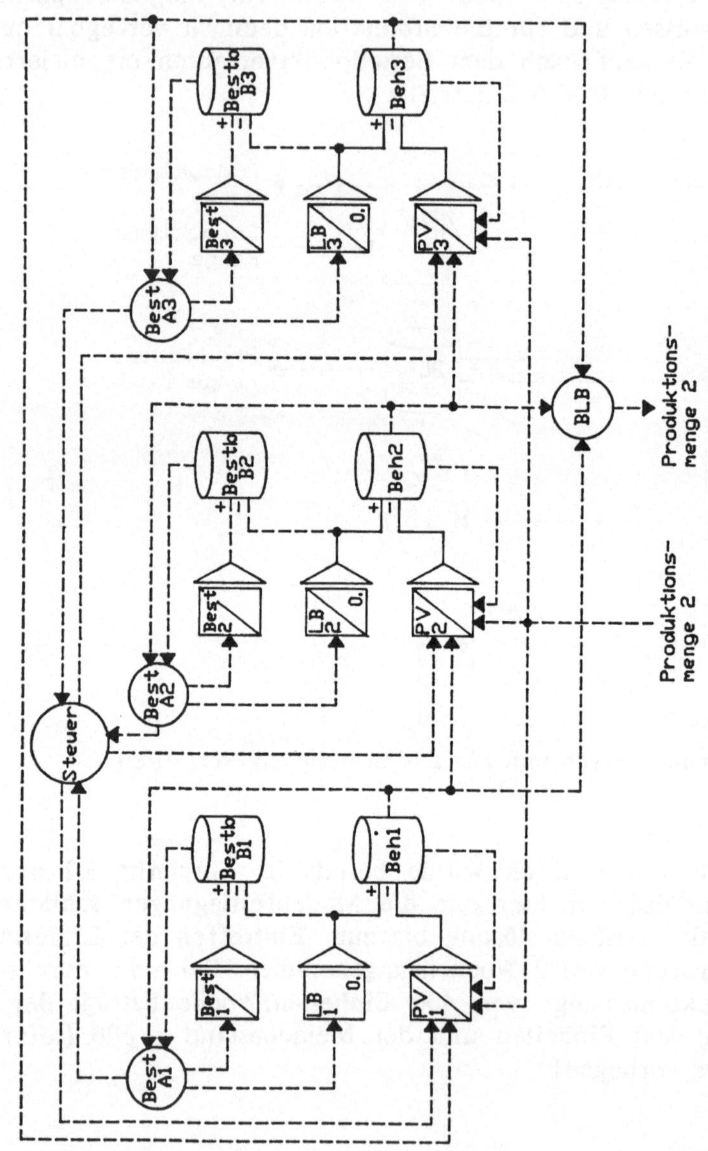

Bild 6-3 Systemdiagramm des Drei-Behälter-Systems

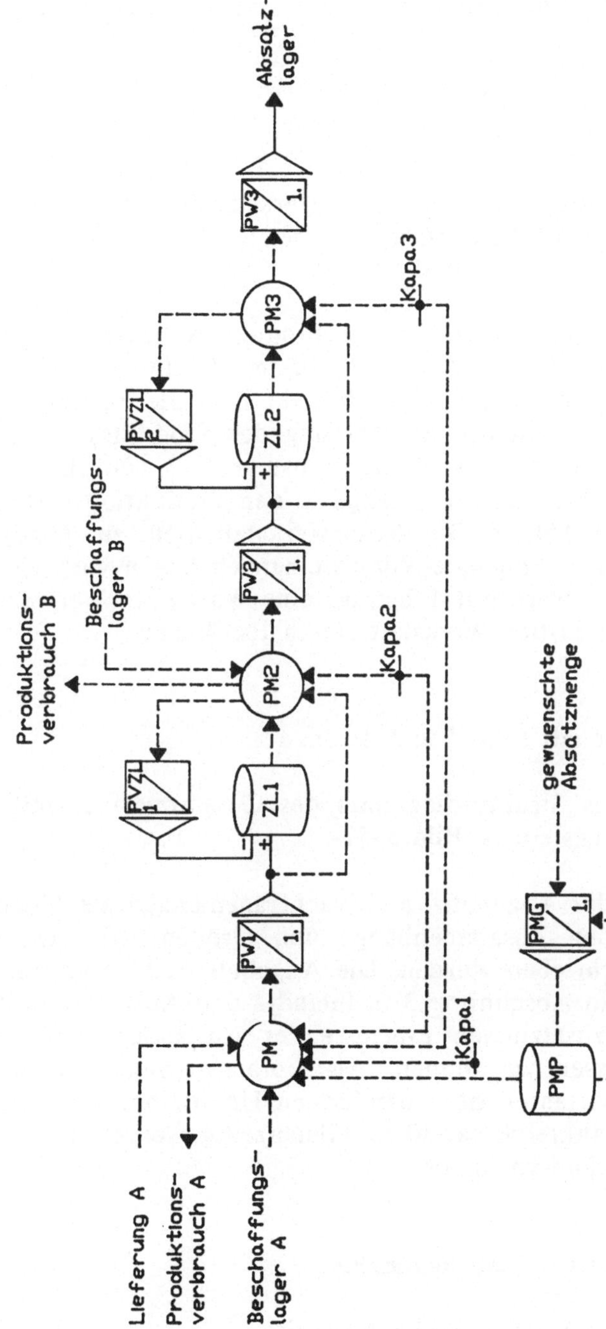

Bild 6-4 Strukturdiagramm der Produktion der Güter A und B

Folgende Daten wurden festgelegt: Die Kapazität der drei Behälter beträgt jeweils 800 Einheiten und die Lieferzeit für das Produkt B ist 2 Wochen.

6.1.3 Produktion

Die Produktionsstätten sind in drei Werkstätten unterteilt, wie dies bereits in Abschnitt 4.1 beschrieben wurde. Bild 6-4 zeigt die Werkstättenfertigung der Produkte A und B.

In der ersten Werkstatt wird nur das Produkt A bearbeitet, wobei die Schnittstelle zur Beschaffung des Produktes A die Produktionsmenge (PM) ist. Da in der Werkstatt 2 das Produkt B in die Fertigung mit einbezogen wird, beeinflußt die Beschaffung des Produktes B bei Lieferschwierigkeiten eventuell die Produktionsmenge 2 (PM2). Gleichzeitig ergibt sich aus der Produktionsmenge 2 der Produktionsverbrauch des jeweils benutzten Behälters. Die dritte Werkstatt dient zur Fertigbearbeitung beider Produkte. Folgende Voraussetzungen liegen vor: Die Produktionsverzögerung in Werkstatt 1 beträgt eine Woche, in Werkstatt 2 zwei Wochen und in der dritten Werkstatt eine halbe Woche.

6.1.4 Gesamtmarkt mit Inland und Ausland

In Bild 6-5 ist das Strukturdiagramm des Gesamtmarktes mit In- und Auslangsmarkt dargestellt (s. Bild 5-52).

Zur Bestimmung der Angebots- und Nachfragemengen des Gesamtmarktes dienen dieselben Zusammenhänge und Größen, wie sie bereits in Abschnitt 5.1 beschrieben wurden. Die Angebots- und Nachfragemengen werden dann wie in Abschnitt 5.3 in Inlands- und Auslandsanteile aufgegliedert, um die zusätzlichen Einflüsse des Auslandes (z. B. über den Wechselkurs) erfassen zu können. Als Voraussetzungen wurden angenommen: Der Exportanteil des inländischen Unternehmens beträgt in die USA und nach Frankreich ca. 30 %. Gleichzeitig werden etwa 20 % der Güter aus diesen Ländern importiert.

6.1.5 Absatzbereich der Unternehmung

Das Strukturdiagramm ist in Bild 6-6 gezeigt.

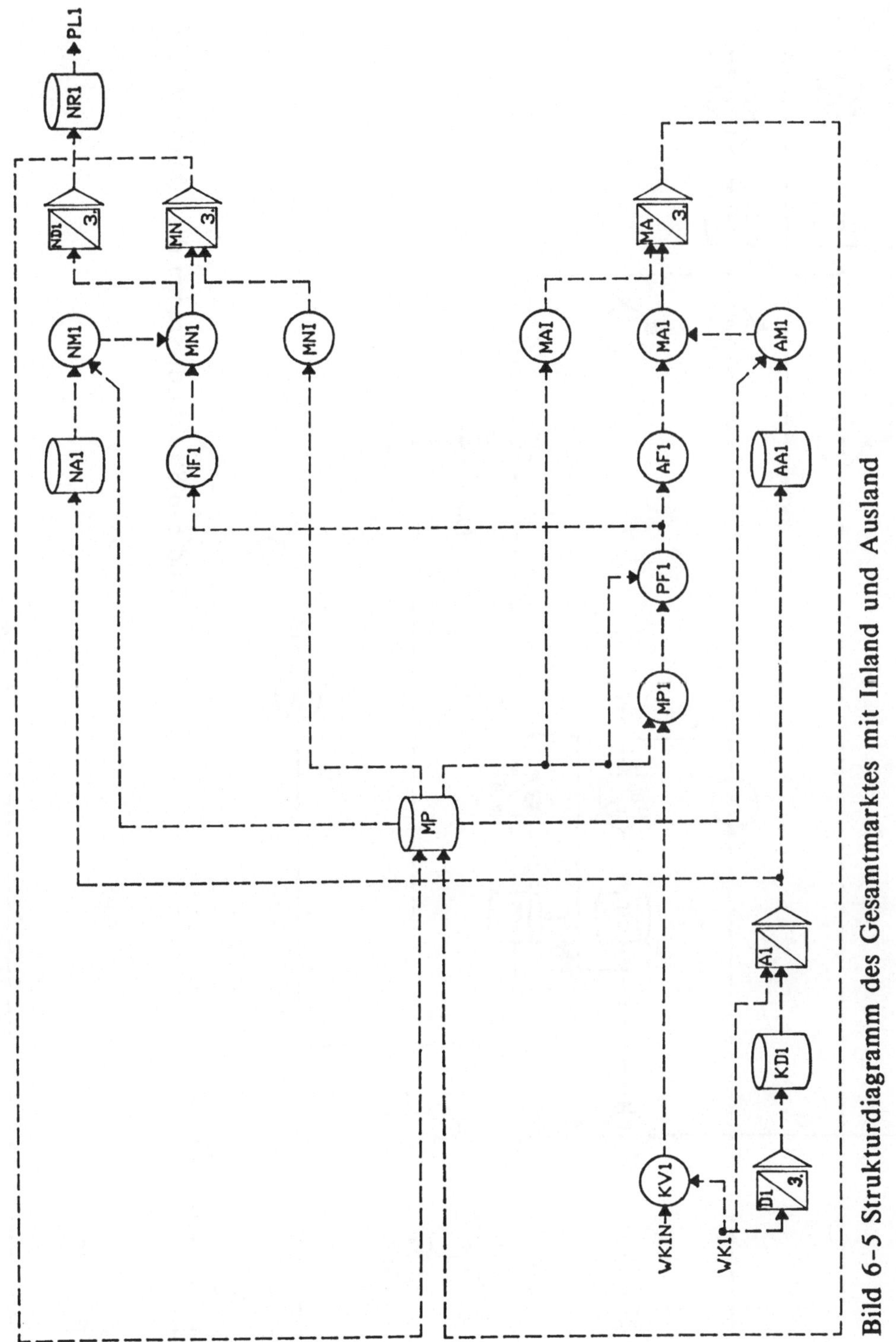

Bild 6–5 Strukturdiagramm des Gesamtmarktes mit Inland und Ausland

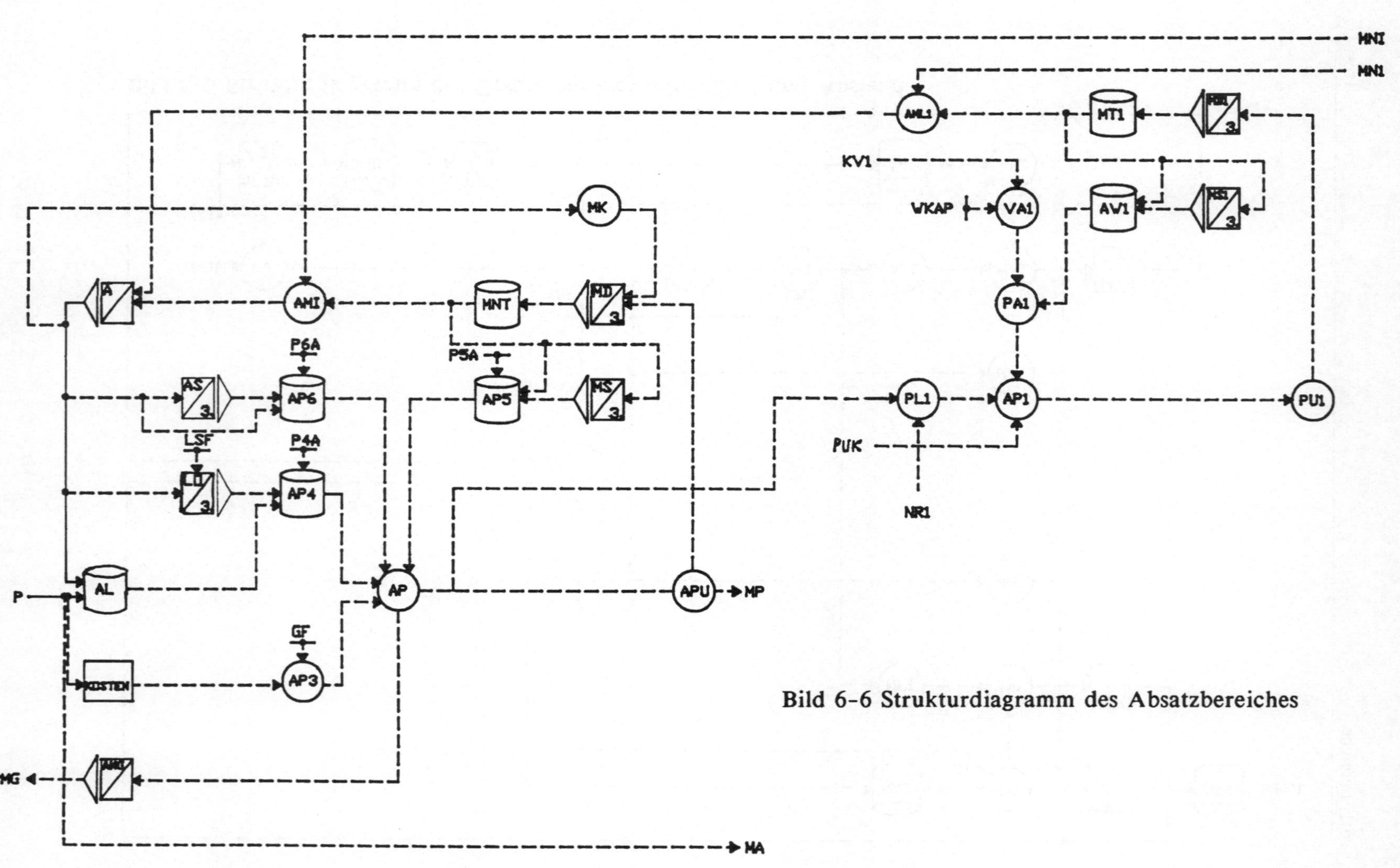

Bild 6-6 Strukturdiagramm des Absatzbereiches

Der Absatzbereich des Gesamtmodells (Bild 6-6) weist dieselben Abhängigkeiten auf, wie sie in Abschnitt 5.2 besprochen wurden, zusätzlich erweitert um den Auslandsmarkt. Die Absatzmenge der Unternehmung ergibt sich als Summe der Absatzmengen der einzelnen Länder, für die jeweils getrennt ein eigener Marktanteil bestimmt wird. Für jedes Land wird je nach Absatzlage und sonstigen Einflüssen (Wechselkurs und Gesamtmarktsexportanteil) ein gesonderter Absatzpreis berechnet, der in die Marktanteilsbestimmung eingeht.

6.1.6 Marketing-Mix

Bild 6-7 zeigt das Strukturdiagramm der Marketingaktivitäten.

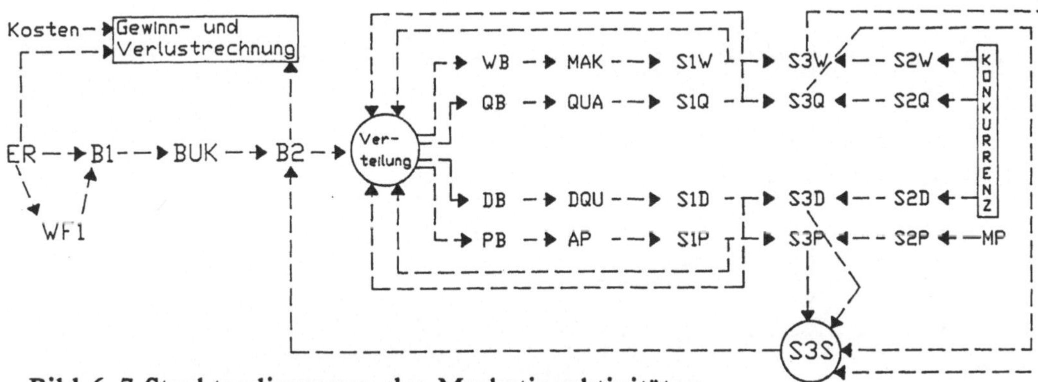

Bild 6-7 Strukturdiagramm der Marketingaktivitäten

Die Marketingaktivitäten (Bild 6-7) wirken weiterhin nur im Inlandsmarkt und bestimmen dadurch den inländischen Marktanteil der Unternehmung. Das Marketingbudget im Gesamtmodell wurde mit ca. 1 % des wöchentlichen Umsatzes festgelegt. Deshalb ergibt sich ein Betrag von 2 000 DM/Woche, der auf Werbung, zur Steigerung der Qualität und der Distribution sowie auf Preisaktivitäten verteilt wird.

6.1.7 Kostenrechnung

Der Umfang der Kostenrechnung wurde so gewählt, daß alle Kennzahlen und Werte für Entscheidungsprozesse in den genannten Bereichen Beschaffung, Produktion und Absatz zur Verfügung stehen. Wichtig ist dabei vor allem die Bestimmung von Preisuntergrenzen (variable Kosten), von Deckungsbeiträgen und des Betriebsergebnisses. In Bild 6-8 ist das Strukturdiagramm der Kostenrechnung abgebildet.

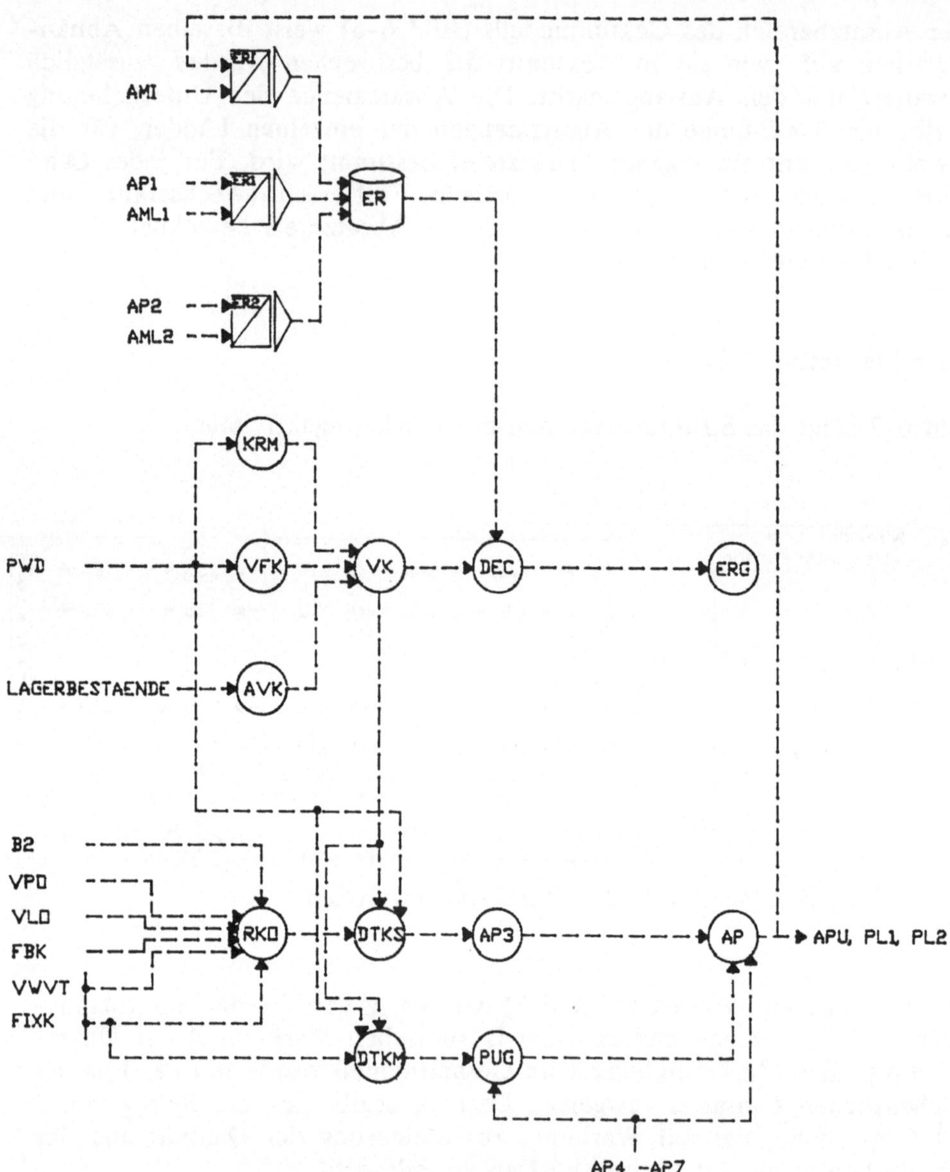

Bild 6-8 Strukturdiagramm der Kostenrechnung

Die Summe aus den Erlösen des Inlands (ERI), des Landes 1 (ER1) und des Landes 2 (ER2) ergeben den Gesamterlös der Unternehmung (ER). Die Differenz zwischen Erlös (ER) und den variablen Kosten (VK) ergibt den Deckungsbeitrag (DEC). Die variablen Kosten (VK) setzen sich aus den Rohmaterialkosten für Produkt A und Produkt B (KRM: 125 DM/Einheit), den variablen Fertigungskosten (VFK: ca. 40 DM/Einheit) und den "anderen" variablen Kosten, bestehend aus den

Kapitalzinsen und den variablen Lagerkosten, zusammen (AVK: ca. 4 DM/Einheit). Die variablen Fertigungskosten (VFK) sind vom Beschäftigungsgrad abhängig und steigen mit zunehmender Stückzahl. Subtrahiert man vom Deckungsbeitrag (DEC) die restlichen Kosten (RKO), so erhält man das Betriebsergebnis der Unternehmung (ERG). Es werden hier im Gesamtmodell die Fixkosten für Verwaltung und Vertrieb (VwVt: 27 000 DM), die fixen Bestellkosten (FBK: 90 DM/Bestellung), die Vertreterkosten (VLO: 10 000 DM), die Vertreterprovision (VPROV: ca. 10 000), die Marketingkosten (B2 ca. 2 000 DM) und die Fixkosten (FIXK: 50 000 DM) berücksichtigt. Zur Bildung des Kostenbestandteils für den Absatzpreis (AP) werden sämtliche Kosten addiert und durch die Produktionsmenge dividiert. Man erhält dann die durchschnittlichen Stückkosten (DTKS). Sie werden mit dem Gewinnfaktor (GF=1,2) multipliziert, um die Größe AP3 zu erhalten, die in den Absatzpreis (AP) einfließt. Zur Berechnung der Preisuntergrenze werden die variablen Kosten (VK) und die Fixkosten (FIXK) aufsummiert und durch die Produktionsmenge dividiert, um die unbedingt zu deckenden Kosten (DTKM) zu erhalten. Zusätzlich dazu finden dann die Einflüsse AP4, AP5 und AP6 Berücksichtigung und ergeben die Preisuntergrenze (PUG), die ebenfalls in den Absatzpreis eingeht.

6.2 Verhalten des Gesamtmodells

Nachdem die bisher in detaillierter Form beschriebenen Unternehmensbereiche zu einem Gesamtmodell zusammengefaßt worden sind, wird dieses auf sein dynamisches Verhalten geprüft. Als externe Einflüsse werden die folgenden Situationen getestet:

- kurzfristige, schlagartige Störung der Inlandsnachfrage,
- langsam steigende Rohmaterialpreise,
- langsame Abschwächung der Marktnachfrage durch auftretendes Substitutionsprodukt

6.2.1 Störung der Inlandsnachfrage

Um die Auswirkungen der Nachfragestörung gut sehen zu können, werden alle hier auftretenden Größen normiert, d. h. ihr normales Verhalten entspricht 100%. Im Modell sollen zum einen die mengenmäßige Entwicklung und zum andern die Kosten-, Preis- und Ergebnisveränderungen untersucht werden.

a) Entwicklung der Stückzahlen

In Bild 6-9 ist zu erkennen, wie sensibel das Absatzlager (PAL), die Absatzmenge (PPA) und die Produktionsmenge (PPM1) auf die Störung der Inlandsnachfrage reagieren und welche von der Störung am stärksten betroffen sind.

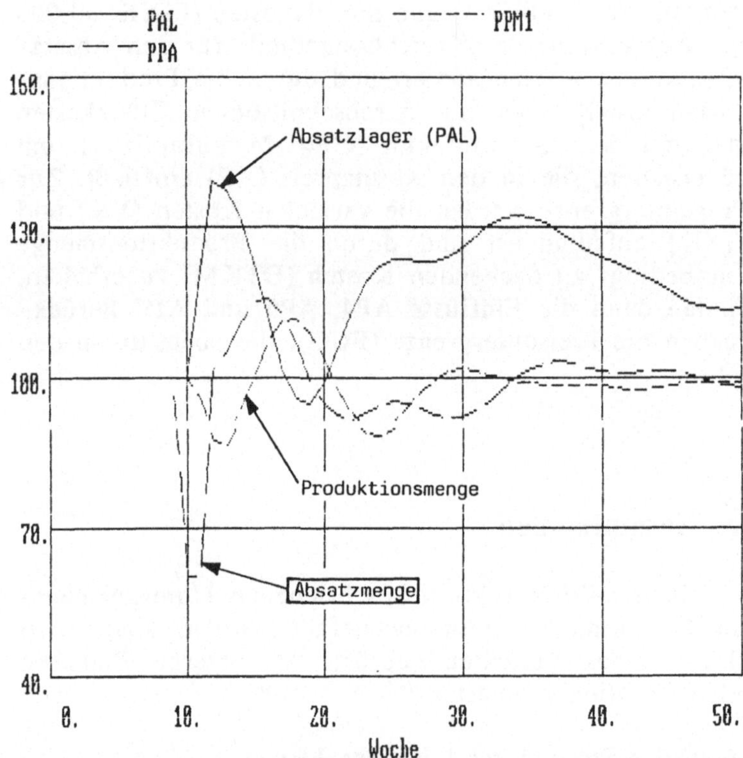

Bild 6-9 Entwicklung des Absatzlagers (PAL), der Absatzmenge (PPA) und der Produktionsmenge (PPM1) in Prozent

Die Gesamtnachfragemenge (PPA) verringert sich in der 10ten und 11ten Periode schlagartig um 40 Prozent. Ein so drastischer Umsatzeinbruch wurde gewählt, um das dynamische Verhalten der anderen Größen besser beobachten zu können. Mit dem Rückgang der Absatzmenge (PPA) steigt das Absatzlager (PAL) auf das 1,4 fache des normalen Zustandes an, da die Produktion (PPM1) nicht so schnell auf den Rückgang der Absatzmenge (PPA) reagieren kann. Die Produktionsmenge (PPM1) geht langsam bis zur 13ten Woche zurück. Unterdessen ist die Absatzmenge (PPA) wieder auf 115 % angestiegen, so daß das Absatzlager (PAL) auf 100 %

zurückgefahren werden kann. Aufgrund eines erhöhten Absatzpreises (PAP) steigt die Produktionsmenge (PPM1) ebenfalls wieder an und wird ab der 17ten Periode größer als die Absatzmenge (PPA). Dadurch steigt das Absatzlager (PAL) (abgesehen von einer kleinen Pause, die auf die minimale Schwankung der Absatzmenge (PPA) zurückzuführen ist) auf knapp über 130% an. Ab der 33ten Periode liegen die Absatzmenge (PPA) und die Produktionsmenge (PPM1) annähernd bei 100%, wobei die Absatzmenge (PPA) leicht höher ist. Dadurch baut sich das Absatzlager (PAL) langsam wieder ab. Die Untersuchung zeigt, daß das Absatzlager sehr schnell und empfindlich auf Störungen der Absatzmenge reagiert, während die Produktionsmenge mit ihrem trägeren Verhalten sich sogar 10 Wochen nach der Störung noch nicht auf die neue Situation im Absatzmarkt eingestellt hat und wiederum ein überhöhtes Absatzlager erzeugt.

b) Veränderungen in den Preisen, Kosten und Ergebnissen

Bild 6-10 zeigt den Verlauf des Absatzpreises (AP), der Produktionskosten (PDTKS) sowie des Ergebnisses (PERG).

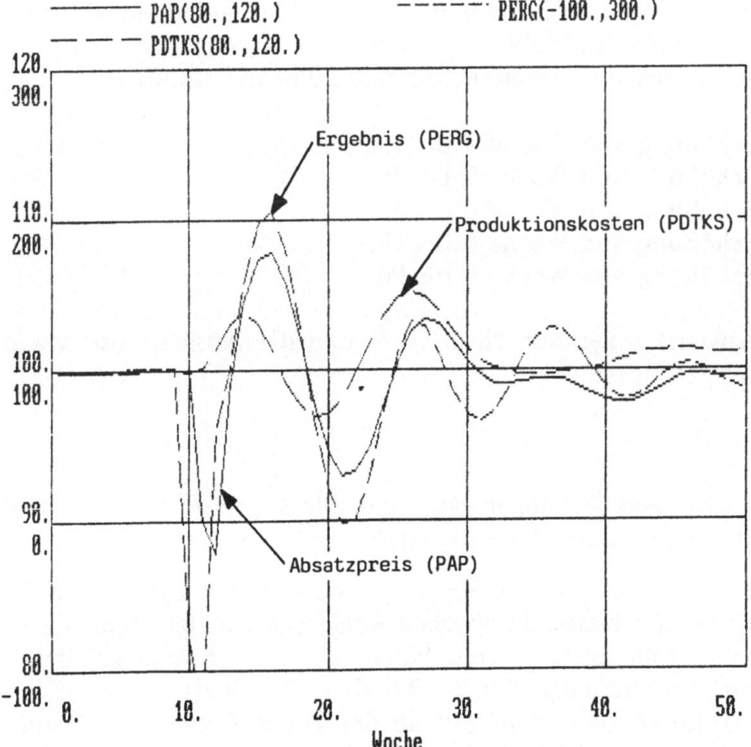

Bild 6-10 Verlauf des Absatzpreises (AP), der Produktionskosten (PDTKS) und des Ergebnisses (PERG)

Der Absatzpreis (PAP) reduziert sich aufgrund der 40prozentigen Absatzstörung um 13% und durch die geringere Produktionsmenge (PPM1) erhöhen sich fixkostenbedingt die Kosten (DTKS) um 4%. Diese beiden für das Unternehmen ungünstigen Entwicklungen bringen das Unternehmen kurzfristig in eine Verlustphase, die in der Ergebniskurve (PERG) von -130 % in der 11ten Woche zum Ausdruck kommt. Durch den steigenden Absatzpreis kann diese Phase jedoch schnell überwunden werden. Dadurch, daß der Absatzpreis (PAP) schneller schwankt als die Kostenkurve (PDTKS) ergibt sich in der 20ten Woche die beim ersten Blick erstaunliche Situation, daß die Kostenkurve fast zur selben Zeit ein relatives Minimum erreicht wie die Absatzpreiskurve und somit ein stärkerer Rückgang der Ergebniskurve vermieden werden kann. Danach schwingen sich alle Kurven gleichmäßig auf den stabilen Zustand ein.

6.2.2 Erhöhung der Rohmaterialpreise

Um die Auswirkungen von langsam ansteigenden Rohmaterialpreisen zu beobachten, wurde der nächste Test durchgeführt. Es werden für verschiedene Zeiträume die Beschaffungspreise in jeder Periode um 4 DM/Stück erhöht und die Nachfragemenge konstant gehalten, da eine Substitution durch andere Produkte ausgeschlossen werden soll. Für folgende Zeiträume wurden die erhöhten Rohmaterialpreise simuliert:

- Z10 Erhöhung von Woche 0 bis 10,
- Z30 Erhöhung von Woche 0 bis 30,
- Z50 Erhöhung von Woche 0 bis 50,
- Z70 Erhöhung von Woche 0 bis 70,
- Z90 Erhöhung von Woche 0 bis 90.

Es werden die Auswirkungen auf die Markt- und die Absatzpreise sowie auf die Absatzmengen untersucht.

a) Marktpreise

Bild 6-11 zeigt die Auswirkungen auf die Marktpreise (die Zusätze beziehen sich auf die oben erwähnten Fälle).

Der Marktpreis im Fall der Erhöhung von Woche 0 bis zur Woche 70 (Z10) erhöht sich in den ersten 10 Wochen entsprechend der Rohmaterialpreiserhöhung und fällt ab der 11ten Woche ab um schwach gedämpft sich dem stabilen Zustand anzunähern. Bei der 30-wöchigen Anhebung der Rohmaterialpreise (Z30) tritt bereits ab der 20ten Woche eine Reduzierung des Marktpreises aufgrund eines überhöhten Marktangebots auf. Ab der Woche 30 sinkt dann in diesem Fall die Kurve noch stärker ab.

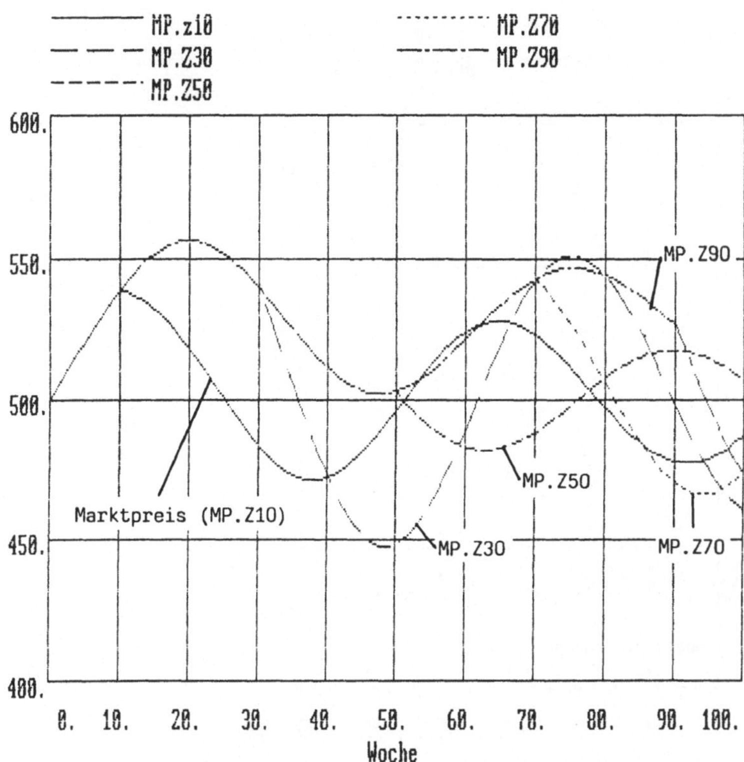

Bild 6-11 Verlauf der Marktpreise bei unterschiedlichen Materialerhöhungen

Bei der 50-wöchigen Preisanhebung (Z50) tritt bis zur Woche 30 derselbe Verlauf wie bei Z30 ein. Danach fällt die Kurve Z50 bis zur Woche 50 weniger stark ab und besitzt hier nur den Ansatz einer Marktpreiserhöhung, um anschließend sofort wieder abzufallen und gleichmäßig weiterzuschwingen. Die Kurve für die 70-wöchige Preiserhöhung (Z70) erhöht sich bis zur 70ten Woche und fällt danach verhältnismäßig schnell ab. Die Kurve für eine 90 Wochen dauernde Preiserhöhung (T90) erreicht in der 75ten Woche nocheinmal ein relatives Maximum und sinkt dann wiederum wegen des starken Angebots ab.

b) Absatzpreise

Bild 6-12 zeigt die Auswirkungen auf die Absatzpreise (die Zusätze entsprechen den Fällen).

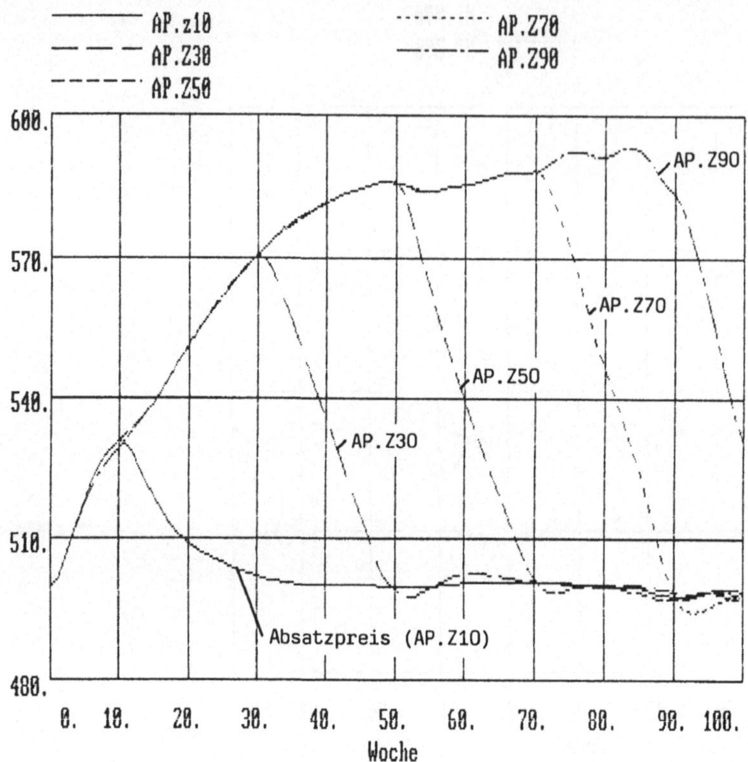

Bild 6-12 Auswirkungen auf die Absatzpreise

Die Absatzpreise zeigen klar die Auswirkungen der Preiserhöhungen für das Rohmaterial. In den ersten Wochen schlagen die Preiserhöhungen voll auf den Absatzpreis durch, was an dem steilen Anstieg aller Absatzpreiskurven ersichtlich wird. Für die Tests mit mehr als 40 Wochen Preiserhöhung kann man sagen, daß ab diesem Zeitpunkt die Rohmaterialpreiserhöhungen durch andere Einflußfaktoren beispielsweise das angewachsene Absatzlager, die abgefallenen Marktanteile und die sinkenden Absatzmengen teilweise kompensiert wurden. Jeweils nach dem Ende der Rohmaterialpreiserhöhungen fallen die Absatzpreis langsam auf ihr normales Niveau von 500 DM/Einheit zurück.

c) Absatzmengen

Durch das Zusammenwirken von Markt- und Absatzpreis ergibt sich für die Absatzmengen der in Bild 6-13 dargestellte Verlauf (die Zusätze entsprechen den oben erwähnten Fällen).

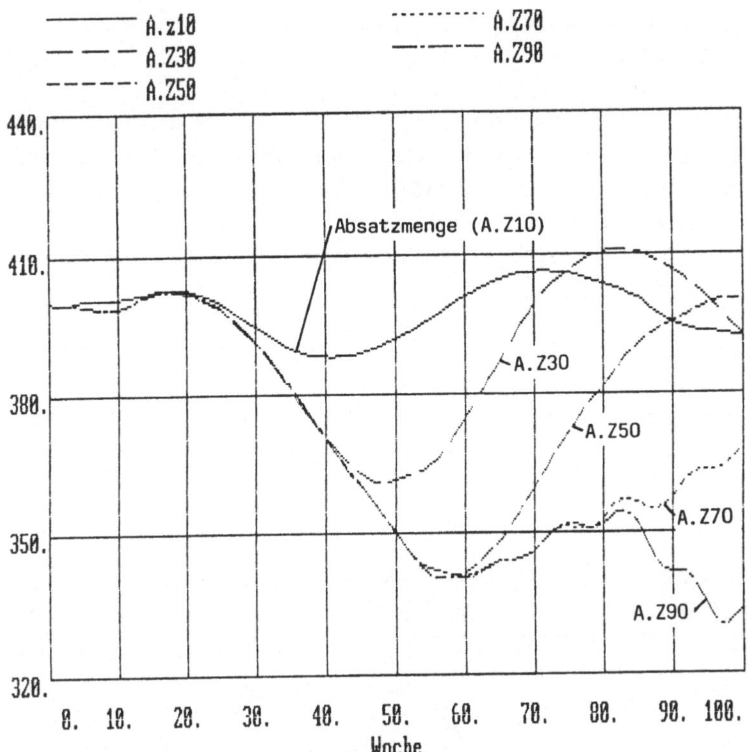

Bild 6-13 Verlauf der Absatzmengen

Im Fall der 10-wöchigen Preiserhöhung für Rohmaterial (Z10) treten nur geringe Schwankungen der Absatzmenge auf. Dauern die Rohmaterialpreiserhöhungen jedoch länger an, dann fallen die Absatzmengen der Unternehmung bis zur 60ten Woche deutlich ab. Dies ist auf den größer werdenden Unterschied zwischen dem Marktpreis und dem Absatzpreis (ansteigend durch die Materialteuerung) zurückzuführen. Im Fall der 50-wöchigen Materialpreiserhöhung (Z50) steigen die Mengen etwa ab Woche 60 wieder auf die ursprüngliche Menge von 400 Einheiten/Woche an. Durch den Anstieg der Marktpreise bei den Kurvenverläufen Z70 und Z90 zwischen der 50ten und 70ten Woche können von der 60ten bis zur 80ten Woche leicht steigende Absatzmengen verzeichnet werden. Die Kurve A.Z70 läuft danach in den stabilen Zustand, während im Falle einer 90 Wochen dauernden Preiserhöhung für Rohmaterial (A.Z90) fallen die Absatzmengen weiter ab. Grund dafür ist der erneute Rückgang des Marktpreises und die dadurch wachsende Differenz zwischen Marktpreis und Absatzpreis.

6.2.3 Reduzierung der Marktnachfrage wegen eines Substitutionsproduktes

In dieser Untersuchung wird angenommen, daß sich die Marktnachfrage wegen eines neuen besseren Produktes verringert und gleichzeitig der Marktpreis des alten Produktes stark verfällt. Die Auswirkungen werden zum einen auf die Entwicklung der Stückzahlen und zum andern auf die Veränderung der Erlöse, Kosten, Deckungsbeiträge und Ergebnisse untersucht.

a) Stückzahlentwicklung

Bild 6-14 zeigt die Auswirkungen für die Marktnachfrage (MN), das Marktangebot (MA), die Absatzmenge (A) und den Marktanteil (MANT).

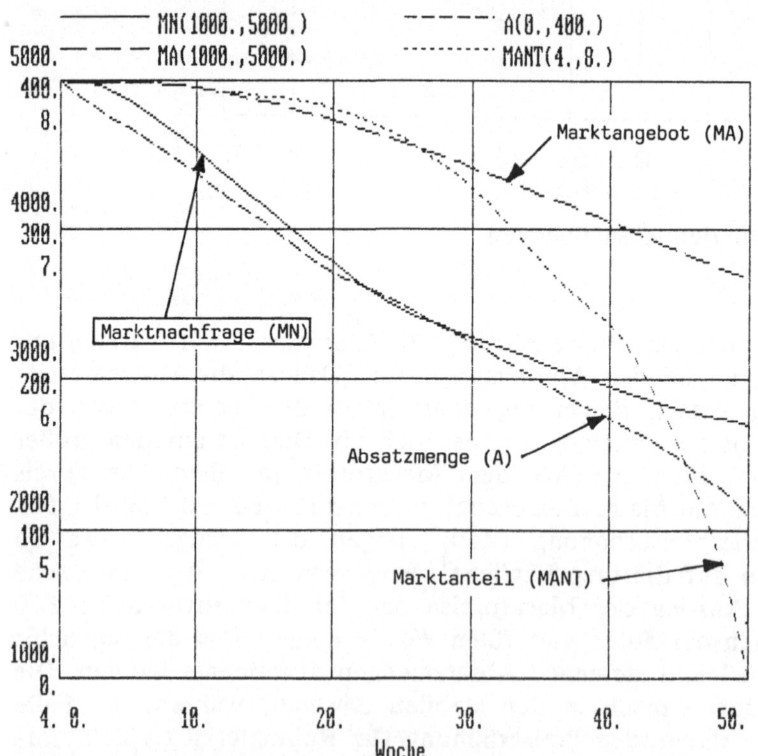

Bild 6-14 Marktnachfrage (MN), Marktangebot (MA), Absatzmenge (A) und Marktanteil (MANT) beim Aufkommen eines Substitutionsproduktes

Die Marktnachfrage (MN) verringert sich von anfangs 5 000 Einheiten/Woche auf nur noch 2 700 Einheiten/Woche (nach 50 Wochen). Durch den zusätzlichen Marktpreisverfall, dem das Unternehmen durch Anpassung seines Absatzpreises nicht folgen kann, fällt der Marktanteil (MANT) nach 50 Wochen von 8% auf 4% ab. Diese beiden Entwicklungen führen zu einem überdurchschnittlichen Rückgang der Absatzmenge (A) des Unternehmens um 75%, von anfangs 400 Einheiten/Woche bis auf 100 Einheiten/Woche nach Ablauf von 50 Wochen. Das Marktangebot (MA) paßt sich dagegen nur langsam an die neue Situation an.

b) Erlös-, Kosten-, Deckungsbeitrags- und Ergebnisentwicklung

In Bild 6-15 sind die Veränderungen der Erlöse, Kosten, Deckungsbeiträge und Ergebnisse zu sehen.

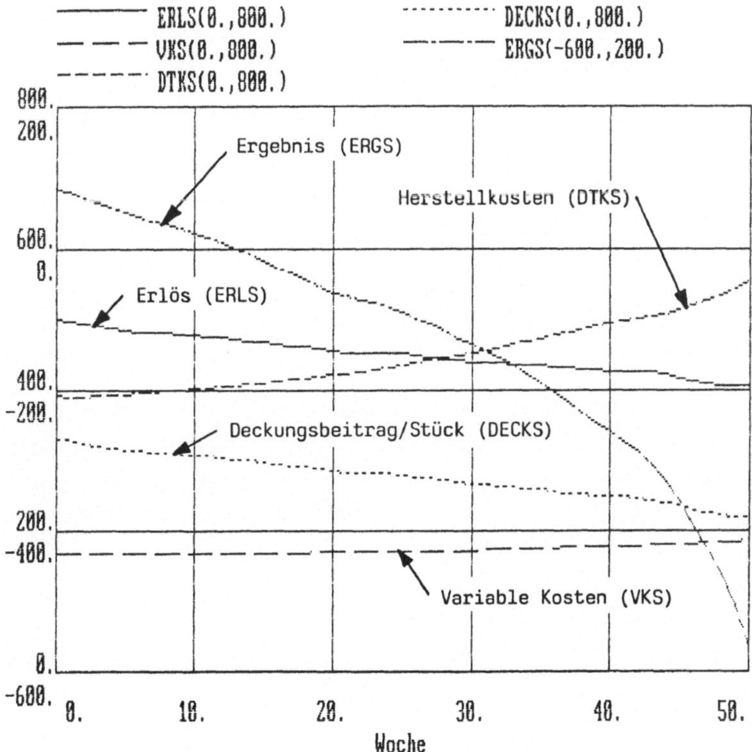

Bild 6-15 Entwicklung der Erlöse (ERLS), der variablen Stückkosten (VKS), der Herstellkosten pro Stück (DTKS), der Stück-Deckungsbeiträge (DECKS) und der Ergebnisse (ERGS)

Verbunden mit den oben genannten Entwicklungen fällt der Erlös des Unternehmens innerhalb 50 Wochen von 500 DM/Stück auf 400 DM/Stück ab. Die variablen Kosten pro Stück (VKS) können konstant gehalten werden, während die gesamten Herstellkosten pro Stück (DTKS) ansteigen. Dadurch ergibt sich, daß der Deckungsbeitrag/Stück (DECKS) in gleichem Maße wie die Erlöse/Stück abfallen, dagegen der Gewinn/Stück (ERGS) schnell in den negativen Bereich kommt. Man kann sagen, daß bei der gegebenen Situation das Unternehmen möglichst schnell nach alternativen Produktionsmöglichkeiten umschauen sollte, um die Verlustphase möglichst kurz zu halten. Solange kein Verlust eintritt, kann weiter produziert werden, da der Deckungsbeitrag noch positiv ist.

7 Prinzipielle Vorgehensweise zur Modellbildung

In Bild 7-1 sind die einzelnen Phasen zur Erstellung und Auswertung eines Simulationsmodells dargestellt, die im folgenden besprochen werden.

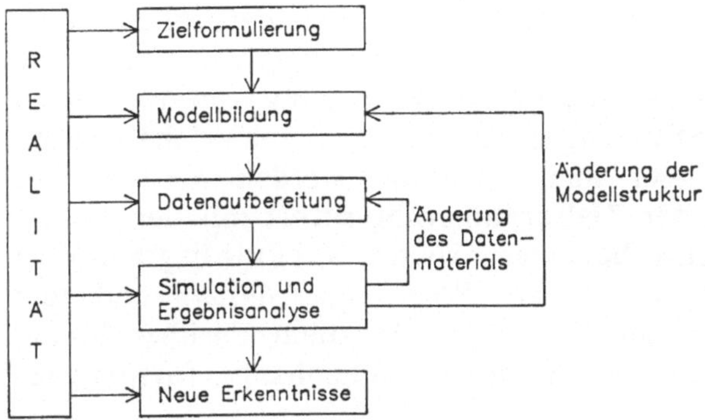

Bild 7-1 Phasen der Modellerstellung

a) Zielformulierung

Ein Simulationsmodell kann nicht allumfassend erstellt werden, so daß es auf jede beliebige Fragestellung eine Antwort liefern kann. So kann beispielsweise ein Modell, das die Materialflüsse eines Unternehmens simuliert, keine Aussagen über die Rentabilität von alternativen Investitionen liefern. Aus diesem Grunde wird ein Modell immer nur für einen *ganz bestimmten Zweck* erstellt, über den man sich zuerst Klarheit verschaffen muß. Das Thema und das Ziel der Simulation sollte schriftlich ausgearbeitet und festgelegt werden, bevor mit der eigentlichen Modellbildung begonnen wird. Mit der Zielformulierung wird nämlich festgelegt, welche Sachverhalte in das Simulationsmodell einbezogen werden müssen.

b) Modellbildung

Bei der Modellbildung wird die Realität in dem von der Zielvorgabe vorgegebenen Rahmen abgebildet. Man wird zunächst mit einer *schriftlichen Formulierung* beginnen, in der die ausgewählten Elemente und ihre Abhängigkeiten beschrieben werden. Viele sehr wichtige Informationen über Systemzusammenhänge sind nur als Wissen in den Köpfen von Mitarbeitern vorhanden, so daß eine Befragung oder eine direkte Mitarbeit der entsprechenden Personen erforderlich sein kann. Bei diesen Befragungen ist allerdings darauf zu achten, daß nur die für die Ziele relevanten Systeminformationen in das Modell einfließen. Um die Komplexität eines Simulationsmodells zu beschränken, muß an jeder Stelle die Frage erlaubt sein, ob die jeweiligen Elemente *überhaupt notwendig* und die Wechselwirkungen *entscheidend* sind.

Nachdem das Modell formuliert und die Abhängigkeiten beschrieben worden sind, sollte unbedingt ein *Strukturdiagramm* des Modells mit den in Kapitel 1 beschriebenen Symbolen entwickelt werden. In dieser grafischen Modelldarstellung werden die Elemente und ihre Wechselbeziehungen grafisch veranschaulicht. Da es sich bei dem Vorgang der Umsetzung in das Strukturdiagramm um eine endgültige Festlegung von Elementen und deren gegenseitige Beeinflussungen handelt, treten hier meist noch Unklarheiten auf, die in dieser Phase beseitigt werden müssen. Der geübte Anwender kann nach der Zielformulierung sofort mit der Ausarbeitung des Strukturdiagramms beginnen. Dieses Strukturdiagramm ist sehr wichtig, zum einen als *Vorgabe zur Programmerstellung* und zum andern für die *Interpretation* der Ergebnisse. Es dient darüber hinaus auch zur klaren *Dokumentation* der Systemzusammenhänge (Systemanalyse).

Aufgrund der Zielformulierung hat man einen Anhaltspunkt für die *Wahl der Systemgrenzen* und kann der Gefahr einer allzu globalen Modellbildung entgegentreten. Mit der Aufstellung der *Systemgrenzen* werden die *externen Einflußfaktoren* des Modelles sichtbar. Die Anzahl der externen Variablen sollte auf eine einzige beschränkt werden und dient bei der Simulation als Testinput. Werden zwei oder mehr externe Einflußfaktoren berücksichtigt, müssen Unsicherheiten über die gegenseitigen Abhängigkeiten der externen Faktoren in Kauf angenommen werden, was für die Simulationsergebnisse eine zusätzliche Fehlerquelle bedeuten kann.

c) Datenaufbereitung und Formulierung des mathematischen Modelles

Oft wird der Fehler gemacht, daß zuerst Daten gesammelt werden, auf die dann ein Modell gestützt wird. Im Normalfall geben jedoch die gesammelten Daten keine Hinweise auf Systemzusammenhänge und andere entscheidende Variablen. Deshalb sollte immer vor der Datenaufbereitung die Modellbildung abgeschlossen sein, um nicht unbewußt das Modell auf die zur Verfügung stehenden Daten zu begrenzen. Aus den genannten Gründen dient das Simulationsmodell als *Entscheidungsgrundlage* für die zu sammelnden Daten. Die Zielformulierung bestimmt ebenfalls die Datensuche und entscheidet mit, ob es sich lohnt, die gewünschten Daten zu sammeln, oder ob andere Daten oder Annahmen besser sind. Für ein Modell, von dem beispielsweise eine Vorhersage verlangt wird, muß ein exaktes Datenmaterial zur Verfügung stehen. Wird im Gegensatz dazu nur eine Veranschaulichung von sich gegenseitig beeinflussenden Faktoren gewünscht, so kann mit ungenauen Daten oder mit Annahmen gearbeitet werden. Zu jedem dynamischen Simulationsmodell gehören auch die *Anfangsbedingungen*, die mindestens für jeden Zustand (level) festgelegt werden müssen. Mit dem unter den genannten Voraussetzungen ausgearbeiteten Datenmaterial können dann die *Systemgleichungen* direkt aus dem Strukturdiagramm formuliert werden.

d) Simulation und Ergebnisanalyse

Zunächst sollten die Simulationsergebnisse auf *Plausibilität* überprüft werden. Sollten die Ergebnisse nicht mit der Realität vereinbar sein, so liegt meist ein Entwurfsfehler im Systemdiagramm und damit in der Modellbildung vor. In diesem Falle muß die Modellstruktur geprüft und gegebenenfalls abgeändert werden (s. rückwärts gerichteter Pfeil in Bild 7-1). Stimmen die Simulationsergebnisse überwiegend mit der Realität überein, so kann ein Feinabgleich meist mit dem Datenmaterial vorgenommen werden. Bevor jedoch nicht die Sensibilität und die Stabilität des Modelles überprüft wurde, kann das Modell nicht uneingeschränkt als richtig gelten. Reagiert das Modell auf eine Parameteränderung übertrieben stark, so sollte für diesen Parameter eine Strukturveränderung vorgenommen werden. Ist dies wegen zu wenig Informationen über die Zusammenhänge nicht möglich, dann sollte das entsprechende Datenmaterial möglichst exakt aufgenommen sowie die betreffenden Parameter eingegrenzt und kontrolliert werden. Eine Stabilitätsüberprüfung erfolgt mit der Zuschaltung von Schwingungen verschiedener Amplituden und Frequenzen an verschiedenen Stellen des Systemdiagrammes. Wichtig ist in diesem Zusammenhang der Einfluß externer Variablen, der auf jeden Fall überprüft werden sollte. Beim Auftreten von Instabilitäten müssen die Ursachen unbedingt analysiert und das Simulationsmodell (Strukturdiagramm) bei Bedarf entsprechend abgeändert werden. Entspricht das Modell den aufgezeigten Kriterien, dann kann eine Analyse der verschiedenen Einflüssen vorgenommen, oder auch die Modellstruktur, d. h. der Entscheidungsprozeß abgeändert werden.

e) Neue Erkenntnisse

Wie bereits im Vorwort erwähnt, ist der Grundgedanke jeder Simulation, neue Erkenntnisse über Ursachenzusammenhänge und Auswirkungen von Störungen bei komplexen, sich gegenseitig beeinflussenden Systemen zu erhalten. Deshalb schult das Denken in diesen Rückkopplungsstrukturen nicht nur die Erfassungskraft komplexer Systemzusammenhänge sondern ermöglicht ein Gespür für die Auswirkungen von Veränderungen.

8 Programmieren in Dynamo

Nachdem in den vorausgegangenen Kapiteln die Wechselwirkungen der einzelnen Systemelemente im Strukturdiagramm des Gesamtmodells grafisch sichtbar gemacht wurden (s. Kapitel 6) und die Vorgehensweise zur Modellerstellung erläutert wurde (s. Kapitel 7), wird in diesem Kapitel gezeigt, wie die Programmierung erfolgt. Grundlage dabei ist das Softwarepaket Professional DYNAMO Plus der Pugh-Roberts Associates Inc., Cambridge MA, USA.

Für jede Art von Systemelement (Zustand, Rate, Hilfsgleichung und Konstante) gibt es eine entsprechende sprachliche Formulierung (Syntax) in DYNAMO, die die Aufnahme beliebig vieler Einflußgrößen ermöglicht. Weiterhin gibt es mathematische Funktionen und logische Operationen, die für die Programmierung mathematischer Zusammenhänge und logischer Entscheidungen von Wichtigkeit sind sowie verschiedene, speziell von Dynamo zur Verfügung gestellte Werkzeuge, die die Arbeit mit der Simulationssprache DYNAMO wesentlich erleichtern (z.B. Dokumentationshilfen).

Weil es sich um die Simulation *dynamischer* Modelle handelt, spielen *zeitliche Veränderungen* bei den Systemelementen (Raten, Zustände und Hilfsgleichungen) eine wichtige Rolle. Zur Kennzeichnung der entsprechenden zeitlichen Zustände wird ein *Zeitindex t* mitgeführt.

8.1 Festlegen von Zeitpunkten und Zeitperioden (Zeitindizierung)

Da die erstellten Gleichungen während eines Simulationslaufes mehrfach berechnet werden, muß durch entsprechende Zeitindizes die Reihenfolge der Berechnungen festgelegt werden. Dadurch wird ebenfalls erreicht, daß die Zustandsgleichungen ein Gedächtnis über die Vorgänge der Vergangenheit erhalten. Für eine Berechnung sind immer nur zwei aufeinander folgende Perioden maßgebend. Deshalb müssen nur diese voneinander unterschieden und durch Indizes zeitlich abgegrenzt werden.

Tabelle 8-1 zeigt die Bezeichnung für Zeitpunkte und Zeitperioden.

Tabelle 8-1 Bezeichnung für Zeitpunkte und Zeitperioden

Zeitpunkt	
Kennzeichen	**Zeitpunkt**
J	Vergangenheit
K	Gegenwart
L	Zukunft
Zeitperiode	
Kennzeichen	**Zeitperiode**
JK	vergangen
KL	zukünftig

Die aktuellen Berechnungen (Gegenwart) erfolgen zum Zeitpunkt K. Dazu werden Größen zum Zeitpunkt J (Vergangenheit) oder aus der vergangenen Periode JK benötigt. Das Ergebnis einer Berechnung gilt immer für den gegenwärtigen Zeitpunkt K oder für die zukünftige Zeitperiode KL. Bei der Aufstellung der Gleichungen sind deshalb nur die folgenden Kombinationen der Zeitindizes für die verschiedenen Gleichungstypen erlaubt (s. Tabelle 8-2).

Tabelle 8-2 Erlaubte Indexkombinationen für Zeiten

Gleichungstyp		Linke Gleichungsseite	Rechte Gleichungsseite		
			Z	R	H
Zustand	Z	K	J	JK	J
Rate	R	KL	K	KL	K
Hilfsgleichung	H	K	K	KL	K

Der Zeitabstand zwischen J und K beträgt ein Zeitintervall DT, das bei Beginn der Simulation festgelegt wird. Bild 8-1 veranschaulicht die Zusammenhänge.

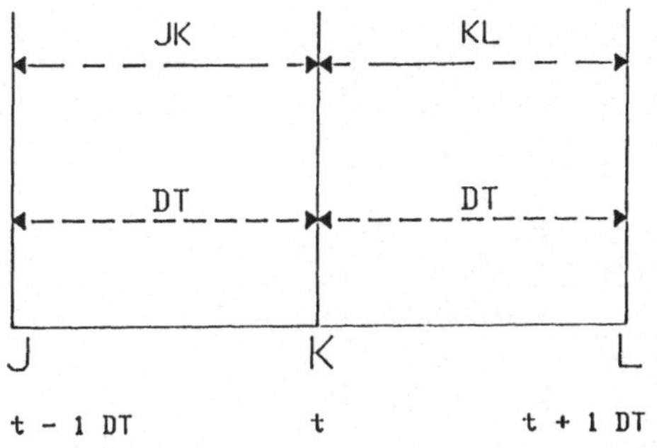

Bild 8-1 Zeitpunkte und Zeitperioden

Im nachfolgenden Beispiel wird der Zusammenhang zwischen dem Zeitintervall DT und den Zeitpunkten J (Vergangenheit), K (Gegenwart) und L (Zukunft) gemäß dem Strukturdiagramm in Bild 8-2 verdeutlicht.

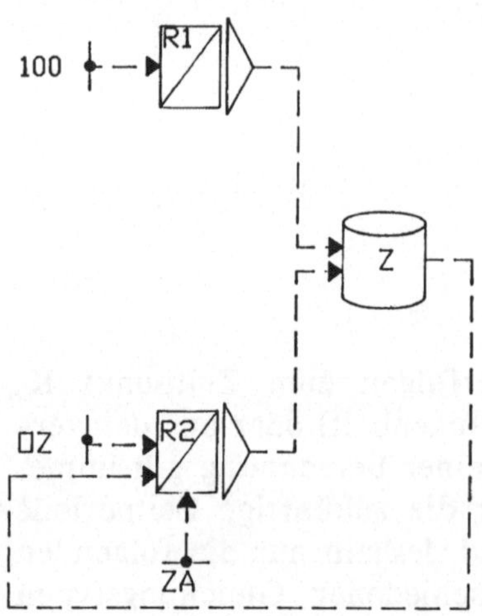

Bild 8-2 Strukturdiagramm der Beeinflussung eines Zustandes durch zwei Raten

Die Rate 1 (R1) bringt einen externen Einfluß von 100 Einheiten auf den Zustand (Z), der sich einem optimalen Zustand (OZ) annähern soll. Die Rate 2 (R2) dient als Regler, um Z möglichst nahe an OZ anzugleichen; ihre Anpassungskonstante ist ZA. Jede Zustandsgleichung benötigt für die erste Periode einen Anfangswert, um daraus die Ratenwerte für die zukünftige Periode ermitteln zu können (Z=100). Die folgende Tabelle 8-3 zeigt die Werte der drei Größen Z, R1 und R2 für aufeinanderfolgende Zeitintervalle DT (für DT=0,25).

Tabelle 8-3 Werte für einen Zustand Z und zwei Raten (R1 und R2) innerhalb verschiedener Zeitperioden

Zeit	J	JK	K	KL
0	–	–	Z = 100	R1 = 100 R2 = 25
0 + 1DT	Z = 100	R1 = 100 R2 = 25	Z = 131.25	R1 = 100 R2 = 9,375
0 + 2DT	Z = 131,25	R1 = 100 R2 = 9,375	Z = 158,59	R1 = 100 R2 = −4,29
0 + 3DT	Z = 158,59	R1 = 100 R2 = −4,29	Z = 182,52	R1 = 100 R2 = −16,26
0 + 4DT = 1	Z = 182,52	R1 = 100 R2 = −16,26	Z = 203,45	

In Tabelle 8-4 ist die Reihenfolge der Rechnung für den Zeitpunkt 0 und für eine Periode DT später dargestellt.

Tabelle 8-4 Rechengang für ein Zeitintervall DT

Zum Zeitpunkt 0: R2.KL = (OZ − Z.K) / 2 R2.KL = (150 − 100) / 2 = 25
Zum Zeitpunkt 0 + 1DT: L.K = L.J + DT × (R1.JK + R2.JK) L.K = 100 + 0,25 × (100 + 25) = 131,25 R2.KL = (OZ − Z.K) / 2 R2.KL = (150 − 131.25) / 2 = 158,59

Allgemein kann gesagt werden, daß sich für kleinere Werte von DT zwar die Rechengenauigkeit erhöht; jedoch werden die Rechenzeiten wesentlich länger.

8.2 Gleichungsarten

8.2.1 Zustandsgleichung

Eine Zustandsgleichung (gekennzeichnet durch L wie Level) besteht aus drei Teilen, wie am Beispiel des Auftragsbestandes AB zu erkennen ist:

- Zu berechnender Wert AB.K
- Wert der Vergangenheit AB.J
- Änderungen in der vergangenen Periode AE.JK - AA.JK

Mit diesen drei Werten ergibt läßt sich die Zustandsgleichung in Dynamo folgendermaßen formulieren:

```
L    AB.K = AB.J + DT * (AE.JK - AA.JK)
N    AB=200
```

Als Kennzeichnung von Zustandsgleichungen wird an der ersten Stelle einer Programmzeile ein L (für Level: Zustand) gesetzt. Die Größe AB.K stellt den neu zu errechnenden Auftragsbestand (AB) dar. Er errechnet sich nach obiger Gleichung aus dem Auftragsbestand der letzten Periode (AB.J), den Auftragseingängen (AE.JK) und den Auftragsabgängen

(AA.JK) der vergangenen Periode. Die Differenz zwischen Auftragseingang (AE.JK) und Auftragsabgang (AA.JK) stellt eine Rate (Auftragszufluß) dar, die mit dem Zeitintervall DT multipliziert werden muß, um den für diesen Zeitintervall DT hinzukommenden Auftragsbestand zu beschreiben. Damit wird der im vorigen Abschnitt beschriebene Rechenprozeß der Integration ermöglicht. Das Zeitintervall DT ist nur in Zustandsgleichungen erlaubt.

In einer Zustandsgleichung können beliebig viele Zu- und Abflußraten berücksichtigt werden, wenn ihre Dimensionen mit der des Zustandes übereinstimmen. Diese Zu- und Abflußraten müssen sich immer auf einen Zeitraum (Einheiten/Woche; DM/Woche; Verteter/Monat) beziehen, während ein Zustand eine feste Einheit darstellt (Einheiten, DM, Vertreter). Da sicherlich nicht alle Zustände zu Beginn eines Simulationslaufes Null sind, muß ihnen ein Anfangswert (Kennbuchstaben N) zugewiesen werden, der die Grundlage für die weiteren Berechnungen und Entwicklungen darstellt. Im vorliegenden Beispiel wird ein Auftragsbestand zu Beginn von 200 zugrunde gelegt. Die Anfangswerte ermöglichen, daß die Ratengleichungen für die erste Periode ermittelt werden können.

8.2.2 Ratengleichung

Für die Ratengleichungen (Kennbuchstaben **R** für **R**ate) gelten weniger Vorschriften als für die Zustandsgleichung. Es ist zu beachten, daß auf der linken Seite des Gleichheitszeichens immer eine zukünftige Zeitperiode (KL) angegeben wird, für die diese Rate gilt (s. Tabelle 8-1). Auf der rechten Seite dürfen nur Größen mit festen Zeitpunkten (für Zustände oder Hilfsgleichungen mit Zusatz K), mathematische und logische Funktionen stehen. Weiterhin darf nie das Lösungsintervall DT in einer Ratengleichung stehen. Eine Ratengleichung hat beispielsweise folgende Form:

```
R      P.KL = (AB.K/10) + (AL.K - ALO.K) / 4
```

Diese Gleichung berechnet eine zukünftige Produktionsmenge (P.KL), die vom Auftragsbestand (AB.K), dem Lagerbestand (AL.K) und dem optimalen Lagerbestand (ALO.K) abhängig ist. Es werden immer 10 % des Auftragsbestandes in Produktion gegeben (AB.K/10). Die Angleichung des Lagerbestandes (AL.K) an einen optimalen Lagerbestand (ALO.K) wird folgendermaßen vorgenommen: Die Differenz des Lagerbestandes zum gewünschten Lagerbestand (AL.K - ALO.K) wird durch vier geteilt, um eine langsame Anpassung zu ermöglichen und nicht auf geringfügige Schwankungen übermäßig zu reagieren.

Um unübersichtliche Ratengleichungen zu vermeiden, werden Vorberechnungen in Hilfsgleichungen durchgeführt und erst die Ergebnisse dieser Hilfsgleichungen in die Ratengleichung übernommen.

8.2.3 Hilfsgleichung

Da die Hilfsgleichungen (Kennbuchstaben **A** für Auxilary) nur Vorberechnungen der Ratengleichungen sind, müssen sie in ihren Abhängigkeitsbedingungen denen der Ratengleichungen entsprechen. Sie dürfen nicht von Zu- oder Abflußraten abhängig sein, sondern nur von Zustandsgrößen, Konstanten oder anderen Hilfsgleichungen. Das Ergebnis einer Hilfsgleichung bezieht sich immer auf einen Zeitpunkt, da es ein Bestandteil der anschließenden Ratenberechnung ist. Hilfsgleichungen sind also von den Zustandsgleichungen abhängig und fließen in die Ratengleichung ein. Der DYNAMO-Compiler durchläuft während eines Simulationslaufes dieselbe Rechenfolge (Zustandsgröße - Hilfsgleichung - Ratengleichung). Eine Hilfsgleichung kann beispielsweise so aussehen:

A PAL.K = (AL.K - ALO) / 4

Diese Gleichung würde den Anteil des Lagerbestandes an der Produktionsmenge (PAL.K, s. Ratengleichung) gesondert berechnen und könnte dann in die Ratengleichung einfließen. Diese hätte dann folgende Form:

R P.KL = (AB.K / 10) + PAL.K

Ein Rückkopplungssystem, das nur aus Hilfsgleichungen bestehen würde, ist unmöglich, da sämtliche Gleichungen gleichzeitig gelöst werden müßten und dies nicht durchführbar ist. Aus diesem Grund müssen sich Zustandsgleichung, Hilfsgleichung und Ratengleichung immer abwechseln.

8.2.4 Konstante

Weiterhin werden zur Beschreibung eines Modells Konstante (Kennbuchstaben **C** für Constant) benötigt, die, wie der Name schon sagt, während eines Simulationslaufes konstant bleiben. Einer Konstanten wird ein numerischer Wert zugewiesen, der dann in einer Zustands-, Hilfs- und Ratengleichung weiterverarbeitet werden kann. Als Beispiel gilt:

C DI = 100

Immer, wenn in einer Gleichung die Variable DI auftritt, wird der Wert 100 gesetzt. Ein weiterer Vorteil einer Konstanten besteht darin, daß sie zu Beginn eines Simulationslaufes abgeändert werden kann, ohne daß das Programm neu kompiliert werden muß.

8.3 Funktionen und Operationen

In einem Simulationsmodell ist es oft erforderlich, mathematische Funktionen einzusetzen, Verzögerungen einzustellen, nicht lineare Zusammenhänge in Form von Tabellen zu berücksichtigen oder Programmverzweigungen anhand logischer Entscheidungen vorzunehmen. Diesen Anforderungen wird DYNAMO, wie im folgenden gezeigt wird, gerecht.

8.3.1 Mathematische Funktionen

Außer den üblichen vier Grundrechenarten (+,-,*,/) können in DYNAMO folgende Funktionen verwendet werden:

Exponentialfunktion	EXP(A)
Natürlicher Logarithmus	LOGN(A)
Quadratwurzel	SQRT(A)
Sinus	SIN(A)
Cosinus	COS(A)

Mit dem arithmetischen Operator ** können Potenzierungen vorgenommen werden, beispielsweise $A.K = B.K^C$ wird: A.K = B.K**C.

8.3.2 Verzögerungsfunktionen

Die Verzögerungen (engl. Delay) werden nach der *Art* des zu verzögernden Mediums, der *Ordnung* der Verzögerung und der durchschnittlichen *Verzögerungszeit* unterschieden. Die Ordnung einer Verzögerung ergibt sich aus dem zu erwartenden Kurvenverlauf der verzögerten Antwort auf die Eingangsgröße.

a) Art des zu verzögernden Mediums

Es werden zwei Arten von Verzögerungen unterschieden:

- Materialverzögerungen,
- Informationsverzögerungen.

Die Materialverzögerungen stellen Verzögerungen eines Stoff-Flusses (in der Realität vorhanden) dar, während die Informationsverzögerungen Verzögerungen in der Informationsübermittlung darstellen. Durch diese Unterschiede entstehen für die beiden Verzögerungsarten unterschiedliche interne Strukturen, die bei der Modellbildung beachtet werden müssen. Solange die Verzögerungszeit während des Simulationslaufes nicht geändert wird, ist das Ergebnis für die beiden unterschiedlichen Verzögerungsarten dasselbe. Bild 8-3 zeigt den Unterschied zwischen einer Material- und einer Informationsverzögerung.

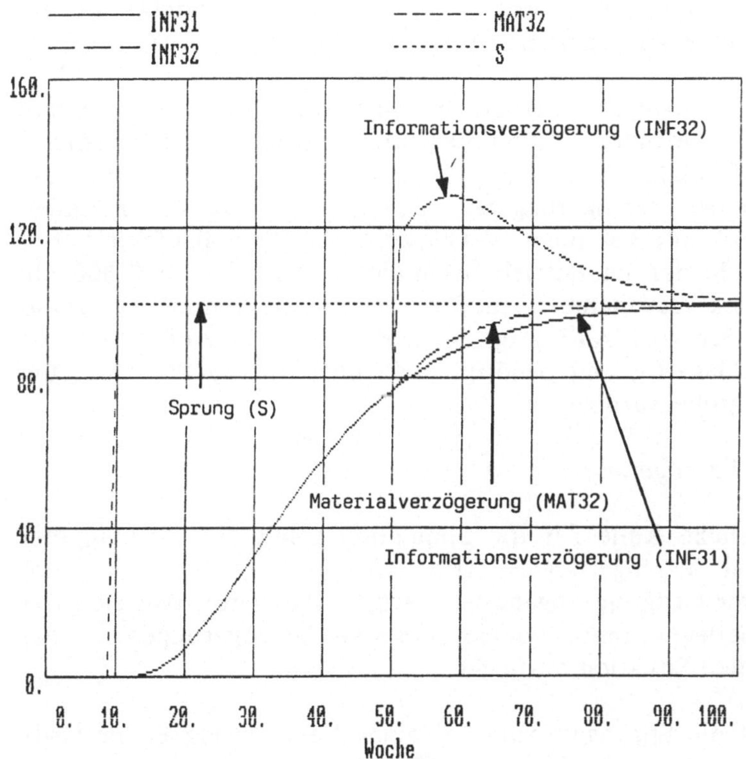

Bild 8-3 Material- und Informationsverzögerung

In Bild 8-3 sind zwei Informationsverzögerungen (INF31; INF32) und eine Materialverzögerung (MAT32) jeweils 3. Ordnung abgebildet. Die Informationsverzögerung (INF3) und die Materialverzögerung (MAT32) unterliegen sich ändernden durchschnittlichen Verzögerungszeiten, während die Informationsverzögerung (INF31) eine konstante Verzögerungszeit von 30 Perioden besitzt. Die Verzögerungszeiten werden in der 50. Periode von 30 auf 20 Perioden reduziert. Alle Kurven stellen das Ergebnis auf eine in der Periode 10 einsetzenden Sprung der Eingangsgröße (S) von 0 auf 100 dar.

Es ist zu erkennen, daß sich erstmals in der Periode 50, in der die durchschnittliche Verzögerungszeit geändert wurde, auch in den Sprungantworten unterschiedliche Verläufe ergeben. Die Kurve (INF31) zeigt, wie sich eine Informationsverzögerung sowie eine Materialverzögerung verhalten würde, wenn die durchschnittlichen Verzögerungszeiten konstant bleiben würden.

Bei einer Informationsverzögerung wirkt die Verzögerungszeit nur auf die Eingangsgröße und es ist unerheblich, wieviel Information zur Zeit vorhanden ist. Die verkürzte Verzögerungszeit in der Periode 50 macht sich an der etwas schnelleren Anpassung der Kurve (INF32) an die Grenze von 100 Einheiten gegenüber Kurve (INF31) bemerkbar.

Bei einer Materialverzögerung werden die stofflichen Einheiten, die sich in der Verzögerung befinden, mitberücksichtigt. Befinden sich beispielsweise in einer Produktion bei einer Eingangrate von 100 Einheiten/Periode und einer Verzögerungszeit (Durchlaufzeit) von 10 Perioden 1000 Einheiten, so fällt bei einer Verkürzung der Durchlaufzeit auf 8 Perioden die Anzahl der im Betrieb befindlichen Einheiten auf 800 ab. Um einen Ausgleich vorzunehmen, muß kurzfristig die Outputrate erhöht werden, wie dies Kurve MAT3 zeigt. In der Periode 50 erhöht sich die Ausgangsgröße schlagartig und benötigt dann ungefähr 40 Perioden, um sich der Eingangsgröße anzupassen.

b) Ordnung einer Verzögerung

Eine ganz wesentliche Rolle für die Simulation spielt die Ordnung der Verzögerung. Drei Verzögerungen erster Ordnung können mit einer Verzögerung dritter Ordnung abgebildet werden. Das heißt, daß sich der Modellbildner überlegen muß, wieviel einzelne Verzögerungen in der abzubildenden realen Situation vorliegen.

Bild 8-4 zeigt ist die Sprungantwort bei einer Verzögerung erster Ordnung (VER1) und dritter Ordnung (VER2) für eine durchschnittliche Verzögerungszeit von 20 Wochen.

Wie aus Bild 8-4 zu erkennen ist, reagiert die Verzögerung erster Ordnung auf eine Veränderung der Eingangsgröße schneller als eine Verzögerung dritter Ordnung, da diese zu Beginn der Änderung eine Reaktionszeit benötigt. Die Kurve mit der Verzögerung erster Ordnung nähert sich asymptotisch der Eingangsgröße, und die Kurve mit der Verzögerung dritter Ordnung zeigt einen S-förmigen Verlauf.

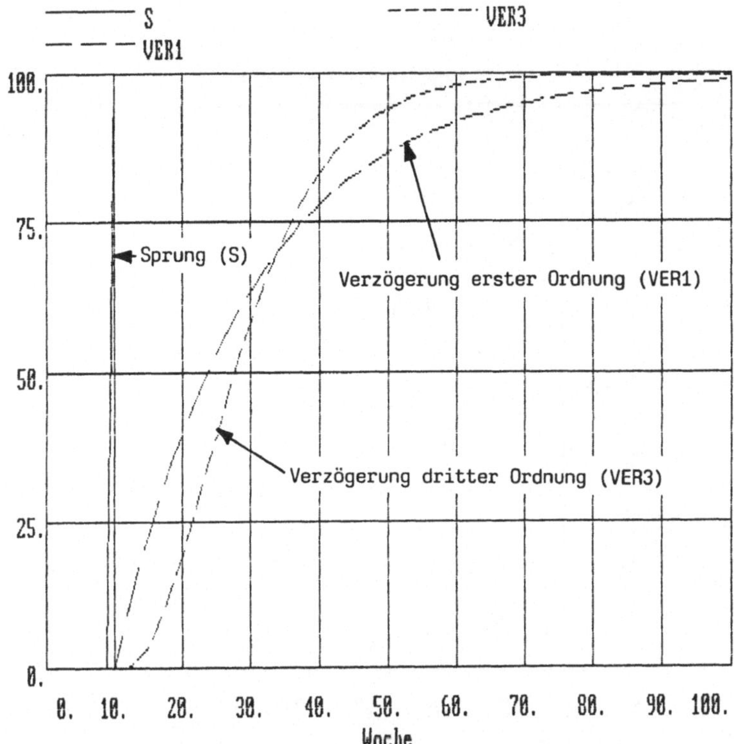

Bild 8-4 Sprungantworten auf Verzögerungen verschiedener Ordnungen

c) Unterschiedliche Verzögerungszeiten

In Bild 8-5 ist der Einfluß unterschiedlicher Verzögerungszeiten auf eine Verzögerung dritten Grades zu erkennen. Es sind folgende Alternativen dargestellt:

VZ10 - durchschnittliche Verzögerungszeit 10 Perioden,
VZ20 - durchschnittliche Verzögerungszeit 20 Perioden,
VZ30 - durchschnittliche Verzögerungszeit 30 Perioden,
VZ40 - durchschnittliche Verzögerungszeit 40 Perioden,
VZ50 - durchschnittliche Verzögerungszeit 50 Perioden.

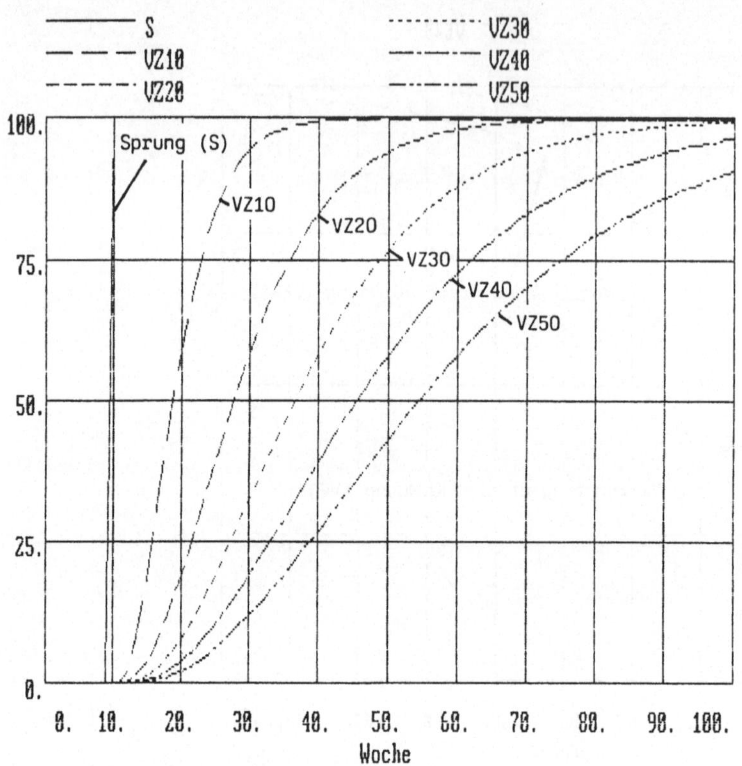

Bild 8-5 Unterschiedliche Verzögerungszeiten einer Verzögerung dritten Grades

d) Programmierung von Verzögerungsfunktionen

Sollen Verzögerungen im Modell selbst berücksichtigt werden, bietet DYNAMO folgende fünf Funktionen an, die in Ratengleichungen und Hilfsgleichungen eingesetzt werden können:

1. Materialverzögerung erster Ordnung:
- DELAY1(IN,DEL)

2. Materialverzögerung dritter Ordnung:
- DELAY3(IN,DEL)
- DELAYP(IN,DEL,PPL)

Die Verzögerung vom Typ DELAYP entspricht in der Funktionsweise und im Ergebnis dem DELAY3, nur daß er zusätzlich durch Angabe eines Wertes für PPL anzeigt, wieviele Einheiten sich in der Verzögerung befinden.

3. Informationsdelay erster Ordnung
- SMOOTH(IN,DEL)

4. Informationsdelay dritter Ordnung
- DLINF3(IN,DEL)

Die Variable IN steht für die Eingangsgröße und DEL kennzeichnet die durchschnittliche Verzögerungszeit.

8.3.3 Logische Operationen

Bedingte Verzweigungen (IF..THEN..ELSE) können in DYNAMO für Raten- und Hilfsgleichungen mit folgenden zwei Operationen dargestellt werden:

- *CLIP*

Die Anweisung CLIP erlaubt die Auswahl aus zwei Alternativen, die von weiteren zwei Parametern abhängig sind, und hat folgende Form:

CLIP(P,Q,R,S)

R und S stellen die Eingangsgrößen in die Funktion dar.

Für R >= S ist das Ergebnis P;

Für R < S ist das Ergebnis Q.

Um zum Zeitpunkt 20 die Größe Z (z. B. Zinssatz einer Kapitalanlage) zu verändern, kann die Funktion CLIP folgendermaßen in eine Hilfsgleichung geschrieben werden:

Z.K = CLIP(Z1,Z2,20,TIME.K)

Z1 = 5
Z2 = 6

Bis einschließlich der Periode 20 entspricht die Größe Z gleich 5. Anschließend übersteigt die Zeit (TIME.K) den Wert 20 und die Größe Z nimmt den Wert 6 an.

- SWITCH

Die Funktion SWITCH hat nur drei Eingangsgrößen (P,Q,R) und benutzt darum den Nullvergleich.

SWITCH(P,Q,R)

Für R >= 0 ist das Ergebnis P;

Für R < 0 ist das Ergebnis Q.

Die SWITCH-Funktion kann wie die CLIP-Funktion in eine Hilfs- und Ratengleichung geschrieben werden.

Zusätzlich bietet DYNAMO noch die Funktion Minimum und Maximum an, die von zwei Werten den kleinsten oder den größten auswählen. Dies ist sehr nützlich, um für bestimmte Größen Unter- oder Obergrenzen festzulegen.

8.3.4 Tabellen-Funktionen

Oft stehen wir vor dem Problem, daß sich die Abhängigkeiten zwischen zwei Größen nicht mit Hilfe von einfachen mathematischen Funktionen beschreiben lassen. Für diese Fälle bietet DYNAMO die Möglichkeit, die entsprechenden Werte als X- und Y-Werte direkt einzugeben. Dabei werden eine Reihe von gleich weit entfernten (äquidistanten) Stützstellen eingegeben, zwischen denen der Compiler automatisch interpoliert. Eine Tabellen-Funktion (Table), die wiederum in eine Hilfs- und Ratengleichung aufgenommen werden kann, hat folgende Form:

TABLE(TAB,XLOW,XHIGH,XINCR)

wobei

TAB:	Name der Tabelle	YTAB
X:	Eingangsgröße	X.K
XLOW:	Niedrigster definierter X-Wert	-3
XHIGH:	Höchster definierter X-Wert	3
XINCR:	Abstand zwischen zwei Stützstellen	1

Bild 8-6 zeigt einen allgemeinen nicht linearen Zusammenhang mit den oben festgelegten Werten für die X-Achse.

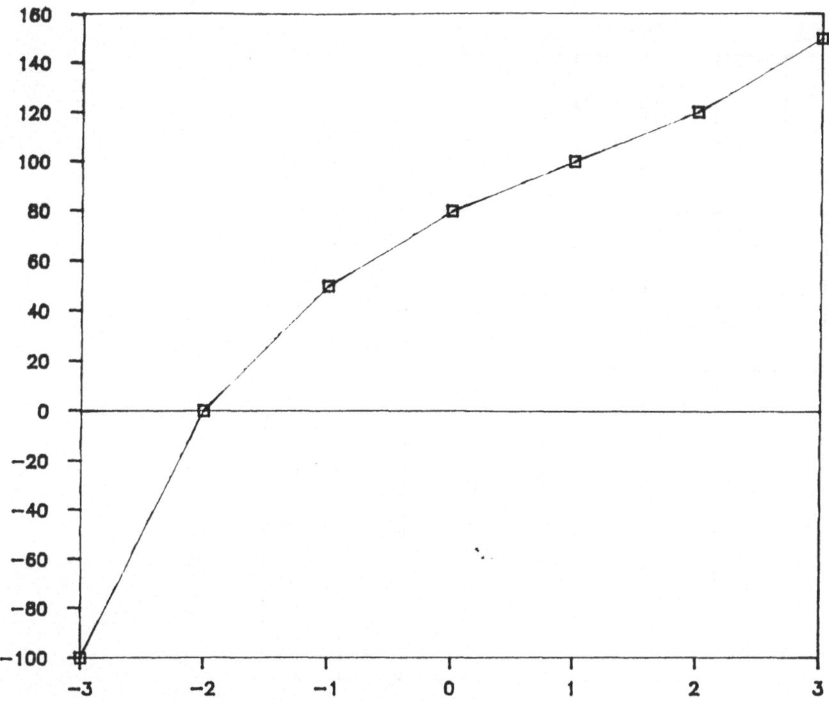

Bild 8-6 Nicht linearer Zusammenhang

Wenn beispielsweise der in Bild 8-6 dargestellte, nicht lineare Zusammenhang zwischen X und Y berücksichtigt werden soll, muß folgende Programmanweisung erfolgen:

```
Y.K=TABLE(YTAB,X.K,-3,3,1)
YTAB=-100,0,50,80,100,120,150.
```

8.3.5 Testinput-Funktionen

Um das Reaktionsverhalten eines Modells zu prüfen, können Störungen in Form von Funktionen von außen auf das Modell aufgebracht und die Auswirkungen betrachtet werden. DYNAMO stellt dazu verschiedene Möglichkeiten zur Auswahl:

1. Puls-Funktion

Bild 8-7 zeigt den Verlauf einer Puls-Funktion.

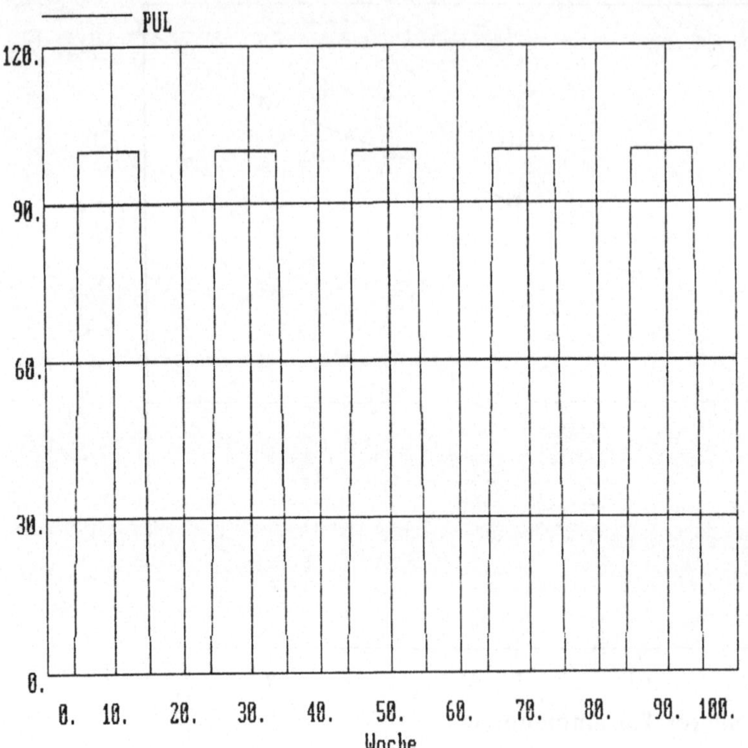

Bild 8-7 Puls-Funktion

Die Pulsfunktion hat folgende Form:

PULSE(HGHT,WDTH,FRST,INTVL)

wobei

HGHT:	Pulshöhe	100
WDTH:	Pulsdauer	10
FRST:	Zeitpunkt des ersten Pulses	5
INTVL:	Zeitdauer zwischen Pulsen	20

Mit den angegebenen Werten ergibt sich die Kurve PUL in Bild 8-7. Die Pulsfunktion ist sehr nützlich, wenn man die Auswirkungen von schlagartige Änderungen (beispielsweise ein Nachfrageausfall oder ein zusätzlicher Sonderauftrag) untersuchen will.

2. Ramp-Funktion

Bild 8-8 zeigt die Auswirkungen einer Ramp-Funktion.

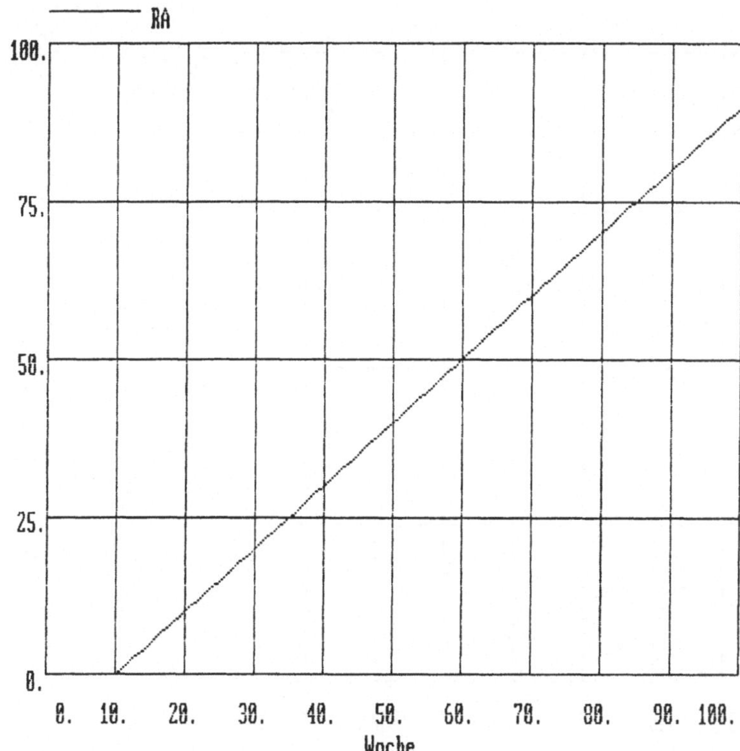

Bild 8-8 Ramp-Funktion (RA)

Die Rampfunktion hat folgende Form:

RAMP(SLOPE,START)

wobei

SLOPE:	Steigung der Funktion	1
START:	Startzeitpunkt	10

Mit dieser Funktion ist es möglich, langsame Veränderungen vorzunehmen. Anwendung findet die Ramp-Funktion zum Beispiel, um die Auswirkungen eines stetigen Wechselkursverfalls oder einer steigenden Nachfragemenge zu simulieren.

4. Step-Funktion

Bild 8-9 zeigt die Auswirkungen einer Step-Funktion.

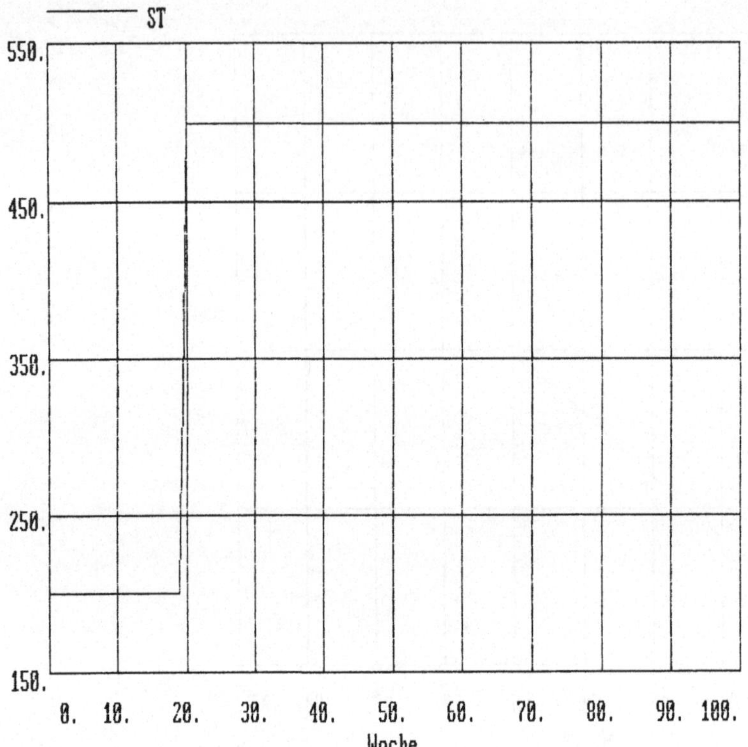

Bild 8- Step-Funktion (ST)

Die Step-Funktion hat die Form:

STEP(HEIGHT,STEPTM)

wobei

HEIGHT:	Höhe der Stepfunktion	100
STEPTM:	Zeitpunkt des Steps	20

Die Step-Funktion ermöglicht eine einmalige Änderung einer Größe von einem Wert auf einen anderen. Im Beispiel wird in der Woche 20 der Wert von 200 auf den Wert 500 verändert. Die Differenz von 300 entspricht der Stephöhe. Einsetzbar ist diese Funktion bei Veränderungen von Parametern innerhalb von Hilfsgleichungen. Es ist nicht erlaubt, die Stepfunktion in Zustandsgleichungen zu verwenden.

8.4 Menüsteuerung

Nachdem in den vorigen Abschnitten die Sprachelemente und die Funktionen von DYNAMO besprochen wurden, wird in diesem Abschnitt gezeigt, wie der Quelltext eines DYNAMO-Programms erstellt wird, wie der Kompilierungs- und der Simulationslauf gestartet werden und welche anderen nützlichen Funktionen im Umgang mit DYNAMO vorhanden sind.

Wenn Sie DYNAMO geladen haben, beispielsweise im Pfad C\DYN, dann geben Sie **Dyn** ein und drücken die <RETURN>-Taste. Es erscheint das Hauptmenü von DYNAMO (s. Bild 8-10):

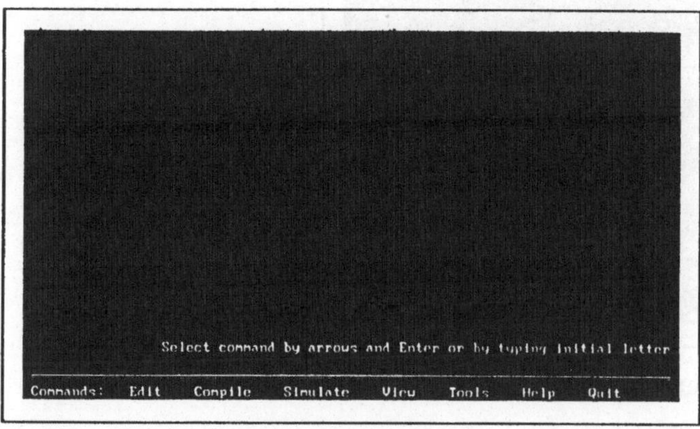

Bild 8-10 DYNAMO-Hauptmenü

Die einzelnen Funktionen werden durch Pull-Down-Menüs aktiviert und bieten zum Teil noch weitere Auswahlmöglichkeiten.

8.4.1 Edit

Die Funktion **Edit** ruft den Editor in DYNAMO auf, mit dem der Quelltext sowie weitere Dateien erstellt und abgeändert werden können. Er besitzt die üblichen Funktionen, um Text zu trennen, zu löschen, zusammenzusetzen und zu kopieren.

8.4.2 Compile

Die Funktion **Compile** übersetzt einen Quelltext in den Objektcode eines simulationsfähigen Programms und untersucht dabei den Quelltext nach Fehlern. Treten schwerwiegende Fehler auf, dann stoppt der Compilierungsvorgang und es wird an die Fehlerstelle im Quelltext zurückgesprungen und die Art des Fehlers beschrieben. Bei leichteren Fehlern wird zwar der Fehler angezeigt, trotzdem aber ein lauffähiges Simulationsprogramm erzeugt.

8.4.3 Simulate

Nach dem Aufruf des Simulators mit **Simulate** wird folgendes Menü sichtbar (s. Bild 8-11):

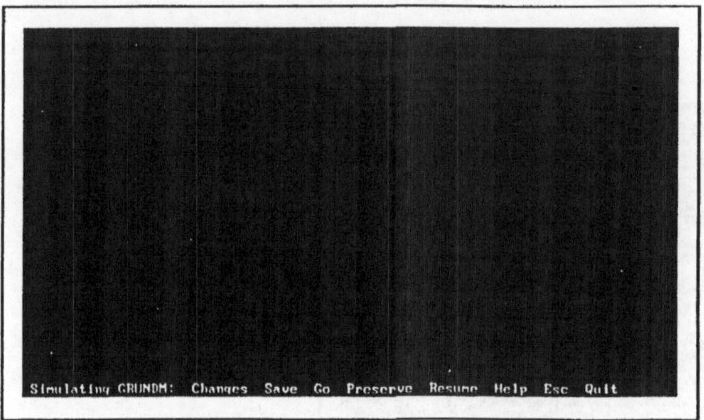

Bild 8-11 Simulationsmenü

Change

Der Befehl Change ermöglicht dem Benutzer, Parameter, Tabellen und Run-Spezifikationen abzuändern, ohne daß dabei der Quelltext neu kompiliert werden muß. Es erscheint folgende Übersicht:

```
-------------------------- Parameters --------------------------
  AAA=     12.     AD=      6.    ALA=     800.   APALF=  50.e-3
  DB1=      .3     ED=     12.   FIXK=   -20.e3      GF=     1.1
   II=    200.    IPP=    400.    IPQ=    1000.     IPV=     10.
  IPW=   1000.    KKD=      4.   KONF=      .1    MANTA=      8.
MARKA=    500.    MNA=   5000.    MND=      4.      MSD=      0.
  MSS=      0.    PB1=      .2    PD2=     10.     PEBD=      1.
PEHLA=      0.     PF=      0.    QB1=      .2    QUALA=    500.
 UMSO=     20.     US=      2.   VERF=      1.     VLOF=    500.
  VPR=      .1    WB1=      .3
---------------------------- Tables ----------------------------
              1       2       3       4       5       6       7
   AT2-      0.     25.     50.    100.    150.    400.    600.
              8       9      10      11
   AT2-    725.    800.    825.    850.
              1       2       3       4       5       6       7
BUDTAB-      .1     .15     .18      .2     .22     .25     .28
              8       9      10      11      12      13      14
BUDTAB-      .3     .32     .35     .39     .44      .5     .57
             15      16      17      18      19      20      21
BUDTAB-     .65      .7     .74     .77     .79      .8     .81
              1       2       3       4       5       6       7
KDEGTAB-   150.    100.     70.     50.     40.   34.54     30.
              8       9      10      11
Changes:  Arrows  Home  End  PgUp  PgDn  Values  Enter for GTC  Esc to cont
```

Bild 8-12 Menü für Change nach Auswahl des Modells (GRUNDM)

Alle als Konstante deklarierte Variablen im Quelltext werden angezeigt und können für den nächsten Simulationslauf abgeändert werden. Dasselbe gilt für die als Tabellen eingegebenen, nicht linearen Zusammenhänge, nur daß bei diesen eine gleichzeitige graphische Unterstützung durch den Graphical Table Changer (GTC) erfolgt. Geht man mit dem Cursor auf den Tabellennamen und drückt <RETURN>, dann erscheint die Tabelle in Form einer Kurve. Zusätzlich besteht dann die Möglichkeit, an jeder Stützstelle mit Hilfe des Cursors kleine Änderungen vorzunehmen, die dann für den nächsten Simulationslauf gültig sind.

Die Dauer des Simulationlaufes (LENGTH), das Zeitintervall DT und die Sicherungsperiode (SAVPER) können in dem Change-Menü neben anderen Parametern abgeändert werden.

Save

Bei der Wahl des Befehls **Save** erhält man eine Übersicht über die benutzten Variablen und kann erkennen, welche Variablen während des nächsten Simulationslaufes als Ergebnis gespeichert werden sollen. Es ist möglich, Variablen von der Speicherung in der Ergebnisdatei auszuschließen oder zusätzlich aufzunehmen.

Go

Dieser Befehl veranlaßt den Simulator, aktiv zu werden. Nach diesem Befehl sind keine weiteren Parameteränderungen mehr möglich. Um den Simulationsvorgang vorzeitig abzubrechen, muß die <ESC>-Taste gedrückt werden, wodurch man zum Menü zurückkehrt.

Preserve und Resume

Diese Funktionen bieten die Möglichkeit, die Daten der letzten Periode am Ende eines Simulationslaufes gesondert zu speichern und für einen weiteren Simulationslauf als Anfangswerte zu benutzen. Der Befehl Preserve wird immer in Kombination mit Resume benutzt, da dieser die Aufnahme des weiteren Simulationslaufes veranlaßt.

8.4.4 View

Der Befehl **View** bietet folgende Auswahlmöglichkeiten:

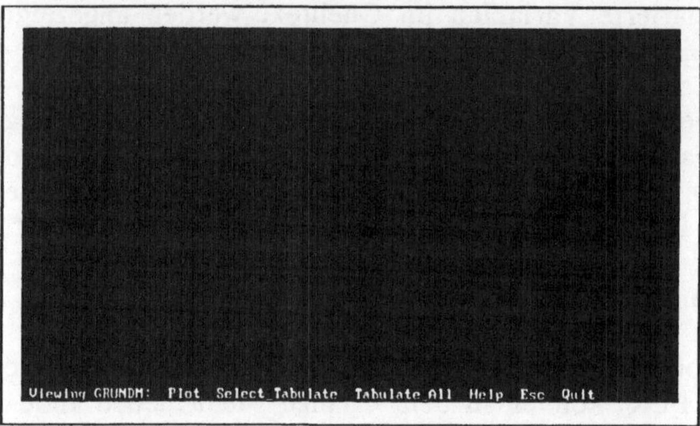

Bild 8-13 View-Menü

Plot

Bei der Eingabe des Befehls **Plot** erscheinen die gespeicherten Variablennamen, von denen maximal 6 ausgesucht werden können, um ihren Verlauf als Kurve auf dem Bildschirm, einem grafikfähigen Drucker oder einem Plotter zu erhalten. Die Skalierung erfolgt normalerweise automatisch und für jede Kurve gesondert. Möchte man jedoch eine einheitlich eingeteilte Y-Achse, so müssen die Variablen mit dem Größer-Zeichen ">" gekennzeichnet werden. Die Kurven erhalten die gleiche Skala, bis das Kleiner-Zeichen "<" gesetzt wird.

Select-Tabulate

Mit diesem Befehl erhält man wiederum die Liste der gespeicherten Variablen mit dem Unterschied, daß die Ergebnisse als Zahlenwerte und nicht als Kurve erscheinen. Es besteht keine Beschränkung der Anzahl der auszusuchenden Variablen, so daß die gewünschten gewählt werden können.

Tabulate-All

In diesem Fall erhält man keine Liste der Variablen, sondern gleich einen zahlenmäßigen Ausdruck aller gespeicherten Werte.

8.5 Werkzeuge (Tools)

Die bis jetzt beschriebenen Befehle reichen aus, um ein Simulationsprogramm zu erstellen, zu compilieren, die Simulation auszuführen und die

Ergebnisse zu betrachten. Zur weiteren Programmierunterstützung werden in DYNAMO folgende Werkzeuge angeboten:

- Documenter
- Dynex
- Report Generator
- Translate
- Convert
- Reformat
- Arrays.

Die Möglichkeiten dieser Werkzeuge werden im folgenden besprochen.

Documenter

Der Documenter hilft dem Programmierer, das Programm auf einfache Art und Weise zu dokumentieren. Dies ermöglicht anderen Lesern eine leichtere Einarbeitung in das Programm und gibt dem Programmierer selbst die Möglichkeit, später ohne große Mühe Änderungen vorzunehmen. Der Documenter besitzt folgende Fähigkeiten:

- Zusammenfassung von Gleichungen zu logischen Gruppen;
- Beschreibung der logischen Variablen in den Gruppen;
- Numerierung der Gleichungen;
- Verweis auf Gleichungen, in denen die berechnete Größe weiterverarbeitet worden ist;
- Erstellen einer alphabetischen Variablenliste.

Um diese Möglichkeiten auszuschöpfen, muß zuerst eine Datei erstellt werden, in der jede Variable einmal erklärt wird. Die Datei wird so aufgebaut, daß an der ersten Stelle einer Zeile immer ein Variablennamen steht, gefolgt von einem Leerzeichen, dem die Erklärung der Variablen folgt. Nach dem Aufruf des Documenter über die Menüsteuerung in DYNAMO wird jedesmal beim Auftreten einer Variablen die Erklärung in das Programm geschrieben. Anschließend wird eine neue Datei erstellt, die von einem Textverarbeitungssystem bearbeitet werden kann.

Dynex

Mit der Funktion Dynex kann ein Simulationsprogrammes unter verschiedenen Bedingungen ausgeführt und anschließend die entsprechenden Ergebnisse angezeigt werden. Es können Abfragen und Modellparameteränderungen in eine Dynexdatei aufgenommen werden, um dem Anwender verschiedene Simulationsläufe zu ermöglichen. Dazu werden dem Programmierer verschiedene Anweisungen zur Verfügung gestellt, die Abfragen von Modellparametern, Anzeigen von Informationen auf dem Bildschirm, Menüsteuerung und selbst erstellte Hilfefunktionen erlauben.

Report

Der Report Generator gleicht auf den ersten Blick dem Befehl View aus dem Hauptmenü. Er bietet jedoch komfortablere und mächtigere Befehle als View und ermöglicht auf diese Weise eine gute Darstellung der Simulationsergebnisse. Um einen Report zu generieren ist es notwendig, zuerst eine Reportdatei zu erstellen, die die verschiedenen Befehle beinhaltet, und dann den Report-Generator vom Menü oder direkt von DOS aus aufzurufen. Mit den Befehlen ergibt sich die Möglichkeit, den Variablen Erklärungen zuzuweisen, Kurven aus verschiedenen Ergebnisdateien in einem Bild zu zeigen (vorteilhaft, wenn man dieselbe Größe bei verschiedenen Parameterwerten betrachten will), die Skala der Y-Achse selbst zu bestimmen und Phasenbilder (Abhängigkeit einer Variablen von der anderen und nicht von der Zeit) zu erzeugen. Weiterhin können Erklärungen und Erläuterungen zu den Ergebnissen in die Reportdatei aufgenommen werden, die später als erklärender Text zwischen den Ergebnissen erscheinen.

Convert

Die Anweisung Convert erlaubt die Umwandlung von Programmen früherer DYNAMO-Versionen in Professional DYNAMO. Der Convert-, Translate- und Reformat-Befehl erscheinen im Untermenü von Utilities.

Translate

Es können Dateien aus Symphony oder Lotus 1-2-3 sowie Standard-ASCII-Dateien in DYNAMO-Programmen verwendet werden. Ein Beispiel dafür ist die Aufnahme des tatsächlichen Wechselkursverlaufes über 2 Jahre hinweg. Die entsprechenden Kurse wurden in einer Symphonydatei gespeichert und von DYNAMO mit dem Translater in eine exogene Variablen-Datei umgewandelt, die danach mit in das Modell aufgenommen wurde. Ferner können Ergebnisdateien aus DYNAMO wieder in die entsprechenden Dateiformate zurückverwandelt werden und stehen dann einer weiteren Auswertung zur Verfügung.

Reformat

Der Befehl Reformat gleicht dem des Documenter, nur daß eine differenzierte Aufgliederung des Textes möglich wird, die zwischen wichtigen Gleichungen (Kennbuchstaben L, R, A) und weniger wichtigen Gleichungen (N, T, C usw.) unterscheidet.

Arrays

Wie in anderen höheren Programmiersprachen auch, können in DYNAMO Datenfelder gleichen Datentyps (Arrays) angelegt werden. Die maximale Größe ist eine Matrix mit 8 x 55 Feldern.

Eindimensionale Felder (Vektoren) können gut als Verzögerungen eingesetzt werden, wenn das verzögerte Ergebnis nicht in einen kontinuierlichen Verlauf übergehen soll, sondern einen unstetigen Eingang wiedergeben soll.

Literaturverzeichnis

1 J. Forrester, Industrial Dynamics,
MIT Press, Cambridge, Massachsetts 1961

2 J. Forrester, Principles of Systems,
MIT Press, Cambridge, Massachsetts 1968

3 J. Forrester, Urban Dynamics
MIT Press, Cambridge, Massachsetts 1969

4 J. Forrester, World Dynamics
MIT Press, Cambridge, Massachsetts 1971

5 Meadows, D. Die Grenzen des Wachstums
Deutsche Verlags-Anstalt, Stuttgart 1972

6 Council of Environmental Quality
Global 2000
Zweitausendeins, Frankfurt 1980

7 E. Hering, A. Hermann, E. Kronmüller
Neue grafische Darstellungsmethode für
Simulationsmodelle
Angewandte Informatik 2 (1988), S. 90 bis 93

Sachwortverzeichnis

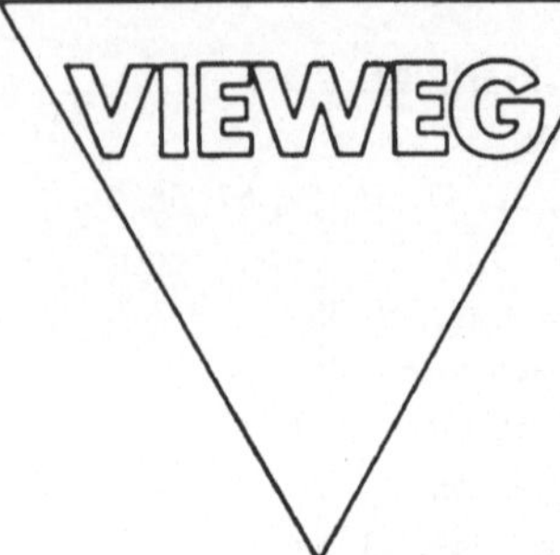

Ruth K. Witkin

Managementaufgaben gelöst mit Multiplan

Einsatz und Anwendung auf dem IBM PC

Aus dem Amerikanischen übersetzt von Gudrun Fabry. Ein Microsoft Press/Vieweg-Buch. 1986. X, 445 Seiten. 18,5 x 23,5 cm. Kartoniert.

Planen Sie die erfolgreiche Bewältigung Ihrer Managementaufgaben! Nach einer prägnanten Einführung in die Besonderheiten von Multiplan, erhält der Leser leicht nachvollziehbare Anweisungen zur Erstellung von Arbeitsblättern, die sofort in der Praxis einzusetzen sind. Die Autorin erläutert alle Schritte, die dazu notwendig sind: vom Einstellen der Spaltenbreite bis zum endgültigen Ausdruck des Arbeitsblattes.

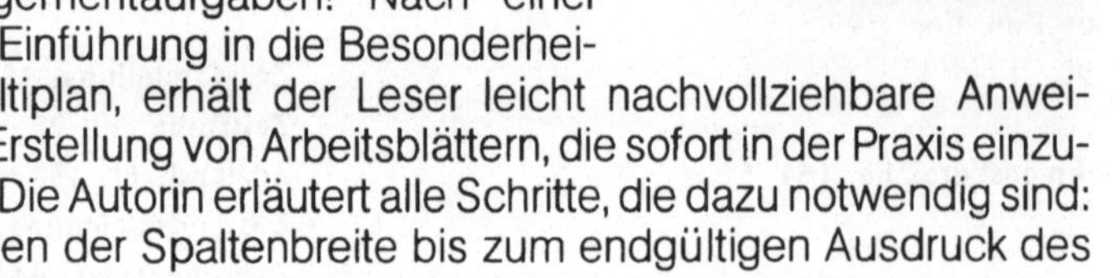

In diesem Buch findet der Leser Beispiele zur Erstellung folgender Arbeitsblätter:

- Geschäftsgründungsanalyse
- Kostenvoranschlag
- Kredittilgung
- Ertragsrechnung
- Kassenbericht
- Bargeldumlaufanalyse.

Eine Vielzahl praktischer Hinweise zur Arbeitsblatterstellung ermöglicht Ihnen optimales Kalkulieren.

Die Software zum Buch:
5 1/4"-Diskette für IBM PC und Kompatible unter MS-DOS ab Version 2.00.